本书系浙江外国语学院博达科研提升专项计划"语言与社会——西班牙语和汉语称呼语使用异同研究"（项目编号：2024GCC1）研究成果

浙江外国语学院博达丛书

称呼语性别差异与礼貌原则

Gender Differences And Politeness Principles In Address Forms

李一陶 著

经济管理出版社
ECONOMY & MANAGEMENT PUBLISHING HOUSE

图书在版编目（CIP）数据

称呼语性别差异与礼貌原则/李一陶著.—北京：经济管理出版社，2023.12
ISBN 978-7-5096-9523-4

Ⅰ.①称… Ⅱ.①李… Ⅲ.①称谓—研究 Ⅳ.①H034

中国国家版本馆 CIP 数据核字（2023）第 241242 号

组稿编辑：白　毅
责任编辑：白　毅
责任印制：许　艳
责任校对：王淑卿

出版发行：经济管理出版社
　　　　　（北京市海淀区北蜂窝 8 号中雅大厦 A 座 11 层　100038）
网　　址：www. E-mp. com. cn
电　　话：（010）51915602
印　　刷：唐山玺诚印务有限公司
经　　销：新华书店
开　　本：720mm×1000mm/16
印　　张：12. 25
字　　数：252 千字
版　　次：2024 年 4 月第 1 版　　2024 年 4 月第 1 次印刷
书　　号：ISBN 978-7-5096-9523-4
定　　价：98. 00 元

目 录

第1章　引言

　　语言与人类生活有着密不可分的关系，它是我们表达思想、抒发情感的工具，亦是跨越文化差异的桥梁。我们通过语言传递信息，游说他人，以此表达赞美、厌恶或诱导。更深层次地，语言折射出了我们对现实的认知，塑造了我们在他人眼中的形象，它是联系人际关系的纽带、通向世界的窗口。在语言中，我们不仅传递信息，还传递了时间、空间和因果关系的概念。此外，语言中蕴含着性别模式，反映了对隐私、权利以及公正的理解。因此，语言不只是沟通工具，它亦体现了我们对世界的看法，通过语言可以将我们的文化、信仰和价值观传承下去。

　　与此同时，语言作为人类情感和思想的媒介，还在情感表达、文化交流中扮演着至关重要的角色。共情，作为一项强大的人际关系工具，不仅对个体有益，在跨文化交流和相互理解方面也至关重要。当我们运用语言时，我们试图将自己的思想和情感传达给他人，同时也试图理解和分享他人的情感。这种能力被称为共情，它是一种情感智慧，允许我们站在他人的角度，试图体验他们的情感。在跨文化情境中，共情显得尤为重要，它推动着来自不同文化背景的个体联结在一起，分享彼此的情感和经验。这一过程也常被称为"文化接触"。在这种文化接触中，语言起到了关键作用，它是释放跨文化共情和理解力的基础。当我们使用语言来表达情感和思想时，也传递着我们文化的一部分。因此，语言成为不同文化之间建立联系的桥梁，帮助人们超越文化差异，实现相互理解。这就构成了"跨文化语言共情"，在现代社会的多元文化背景中显得尤为珍贵。

　　在全球化的浪潮下，文化之间的互动愈加频繁，意识形态的表现繁复多样，我们迎来了新观念的涌入。这一现象促使我们更容易接受不同文化的观点，打破了原有的界限。所以，全球化加强了人际关系，无论人们的出身或文化背景如何，都能亲近无障碍地交流。然而，尽管现在交流的条件越来越便利，但并不意味着交往之间没有障碍。恰恰相反，文化差异和语言多样性使有效的跨文化交流成为一项复杂的任务。为了克服这一挑战，语言和学习语言的重要性凸显出来，因为它们成为了消除文化障碍和促进相互理解的关键工具。

1.1　研究目的与要点

本书旨在探讨中国和西班牙之间的交际文化发展。我们将深入研究语言和社会之间的相互影响、语言的力量以及语言在促进文化理解中的关键作用。通过对这些因素的对比分析，我们希望揭示语言背后的文化联系，以及文化之间的相互学习之道。

在明确了研究的整体方向后，我们开始思考哪些语言现象将成为跨语言对比的核心要素。西班牙著名语言学家、西班牙皇家语言学院院士 Ignacio Bosque（1999）曾明确指出："对于说任何一种语言的人，事物的第一个特性就是它的名称。"这句话深刻地强调了名称在人类认知事物的过程中的关键性。而在人类之间的相互认识中，称呼则扮演着同样的关键角色。在言语互动中，名称是概念认知的第一步，而称呼则是人际认知的开端。

本书侧重于语言学和语用学的角度，深入研究称呼语的概念以及它在跨语言交际中的关键作用。这不仅有助于我们更好地理解不同文化背景下语言使用者如何运用称呼，还将揭示称呼语对语言互动和文化认知的深远影响。这一探究过程将帮助我们更为明晰地认识语言背后的文化联系，以及如何促进不同语言和文化之间的相互理解。

称呼语，作为一种与交际互动和直接会话相关的语法范畴，是信息或消息传递系统中的关键要素（Briz，2005）。汉语中的"称呼语"通常指的是口头称呼的方式，用于在面对面交谈时与他人建立联系。西班牙语中对应的 vocativo 则源自拉丁语"vocatus"一词，其语义内涵总是与"呼叫""识别"相关。它曾是古典拉丁语六大语格之一，也是其中唯一一种术语名称和语用功能一直保留至今的语格（Edeso，2005）。

在现代语境中，称呼语主要功能有以下三点：一是建立情感联系。称呼语可以传达好感，释放交际善意，如亲近、尊重和友好；或是表达憎恶，设置交际障碍，如贬低、不满或轻视。它往往被视为人际交往中表达情感的工具。二是建立社会身份认同。称呼语有助于对话双方第一时间确定社会身份和地位。通过使用特定的称呼语，人们可以"定位"自己与对方的关系，明确自己在关系网中的位置。三是建立文化联系。称呼语可以反映所属语言社区的文化理念，是不同语言文化基因的微观象征。通过使用特定的称呼语，人们可以加深对彼此文化和习俗的了解。

这些功能使称呼语成为一种丰富多彩且充满多样性的语言现象，它不仅为人际交往增添色彩，同时也覆盖了语言研究的多个层面。因此，对称呼语的研究，包括其形式和用法，构成了社会语言学研究的重要组成部分，并与语用学、方言学以及语言演化领域相互交融。此外，它在其他学科领域也具有重要的意义，如人类学、民族语言学和心理学等学科领域。关于称呼语的研究可以从多个角度进行。

首先，称呼语以其多场景应用、多功能互补的特性，清晰地表明它在不同话语策略中具有广泛的功能和干预能力（Cabrillana，2008）。当称呼语用于具体语域内引起对话者的注意时，我们谈论的是称呼语的语用功能；当被用作标记话语接收者的语域身份时，它具有显著的情感功能；而当用作人们会话互动的焦点元素时，它则体现出交际的礼貌策略（Principle of Politeness）的特点。

称呼语是人际指称（Interpersonal Reference）最明显的例子，因为它可以清晰地反映话语交际者之间的关系，涵盖了距离与亲近度、尊重与信任、权力与团结、正式与非正式等方面的信息（Calsamigalia Blancafort & Tusón Valls，2012）。正如加拿大认知心理学家和语言学家 Steven Pinker 所强调的，没有其他元素能够比称呼语（Forms of Address）更能深刻地揭示出人际交往的礼貌原则和面子理论等社交维度。这些因素共同构成了语言互动和社交交往的核心元素，使称呼语成为语用学研究的关键领域。

其次，从称呼语在言语行为中扮演的各种各样语用功能的背后，我们可以观察到它跨越了多种单词类别，从第二人称代词如"你"或"您"到某些动词命令，再到名词和某些形容词以及感叹式结构，几乎可以涵盖所有词性。理论上，可作为称呼使用的单词类别是无限的（Alonso-Cortés，1999）。无尽的词性意味着称呼语在形态和语义层面上具有强大的生命力，同时也凸显了它多元的语法功能。因此，我们不得不说，从传统语法角度来说，称呼语极具重要性，值得进行深入研究和分析。

最后，就其范例和适用规范而言，称呼语早已成为社会语言学领域中的一个核心议题。受到社会因素的影响，它呈现出多种不同的形式，可根据社会语言学和地理方言学等分层研究中的基本范式与变量进行考察。从这一点来看，称呼语的使用受到社会文化传统和个体心理语言习惯的影响，这些传统已经代代相传，成为每个语言社区的一部分。因此可以说，称呼语具有传播社会语言基因、传承社会语言遗产的重要职能。

在研究过程中，我们拟以一种不同寻常的角度来审视称呼语——性别。在广阔的社会语言学领域中，性别变量是备受关注的一个维度，既引发学术思考，又令人兴趣盎然。语言中的性别体现多重层面，如同多棱镜一般，一方面，反映了社会文化对性别角色的认知和期待；另一方面，性别差异也可以揭示社会中权力与地位的错综分布，深入研究有助于更好地理解社会关系中的权力动态。此外，性别在语言使用和语言变迁中扮演着关键角色，通过探究称呼语中的性别变迁，我们得以窥见语言演化的历史和社会变迁的影响。从形态学角度看，称呼语中性别标识亦为相关研究的对象，标识方式和相关规范成为深入研究性别认同和性别平等等议题的一部分。因此，性别在称呼语研究中具有重要的学术和社会意义，不仅能够深化人们对语言的理解，也可以启发我们对社会和文化的深刻思考。

在这一方面，William Labov 的研究为我们提供了指导，他将性别作为语言变化研究中不可或缺的社会变量之一，与年龄和社会地位同样重要。然而，除一些例外情况外，性别变量及其相关的语言选择在社会语言学研究中往往未受足够的重视。部分学者，如 Calero（2007）等，坚信男性和女性在言语交流中可能会展现出不同的语言特征、表达风格或交际策略，并且这一现象可以通过科学的研究设计实现客观的分析。

尽管在过去的一段时间内，性别问题在某种程度上受到冷淡对待，但近几年来，它再次引起了广泛的研究兴趣。同时，许多国家也加强了与女权主义和平等主义有关的研究。多年来，中国社会在某种程度上未能充分探讨社会性别问题，该领域长期以来并未引起广泛的关注和重视。因此，我们希望本书的研究可以唤起中国语言学者，尤其是社会语言学相关领域对性别因素的学术兴趣。我们将从不同视角来分析称呼语与性别的相互关系。需要注意的是，尽管性别因素在社会语言学领域的研究中存有一席之地，但其解释能力被部分学者认为相对不足，因此，选择以"性别"为反思和出发点需要我们格外认真严谨。

综上所述，本书将称呼语及其范例融入汉西语言对比研究的总体框架之中，研究其与性别变量以及其他社会语言学变量之间的相互关系。与此同时，我们将以两种不同社会文化观的视角审视这些语言元素之间的联系。更具体一些来说，我们将从社会语言学的角度出发，深入分析汉语和西班牙语中称呼语的用语规范，以及基于生理性别/社会性别二元概念进行跨文化对比。研究的整体目标是识别引导说话者语言选择的文化价值观和规范，提供描述性目的的元素，使这些方面在中西文化中都能被吸收和理解。通过这项研究，我们希望能够更好地帮助中国和西班牙两国人民了解彼此的文化及其各自的语言，促进两国人民对这两种文化的理解教育，同时提供有助于增强两国跨文化沟通和交流的科学依据。

1.2　内容结构

　　本书分为两个部分，第一部分为本书提供了理论基础，以便从多学科的角度研究第 2 章、第 3 章和第 4 章中的不同主题；第二部分是深入调查及结论部分，即第 5 章、第 6 章和第 7 章，以期使调查结果为研究提供支撑。

　　第 2 章重点介绍了关于称呼的定义和特征的理论，以及理解这一功能的关键概念——词源、古拉丁语格、特点和功能，以便为实现研究目标，塑造出一个具有实践性、交流性、动态性且明确定义的 "称呼"。此外，本书打算展示称呼具有高度的实践能力。例如，某些话语用法直接与礼貌策略相关（Edeso，2005）。它与社会指示的领域的联系使其不仅可以用作减弱副词，而且可以用来强化陈述。也就是说，称呼的使用可以通过表达尊重或情感来减轻潜在的侵略性动作，并在已经存在于话语中的礼貌意义上加强语义。

　　无论从社会文化还是从实践的角度来看，将称呼作为呼唤形式是一种明确的选择。因为除了表示呼唤和交际功能之外，说话者还在传达信息。关于称呼的范例，本书没有列出所有的使用形式，甚至不到所有形式的一半，只包括汉语和西班牙语中最常见的使用形式，以便能够获得有意义的对比结果。无论如何，通用性和多样性之间存在很大差异，因此，我们始终要考虑到所展示的形式或公式是每种语言的日常口语中最通用和 "正式" 的。

　　第 3 章的研究内容主要呈现语言、文化和社会之间的相关性，本书将两种语言嵌入特定社会现实之中，同时，将社会设定为不可或缺的组织，这些组织不能在没有语言的情况下建立。在这方面，文化因素与社会因素直接关联。从性别因素的角度看，性别对语言现象具有明显的影响。语言是通过与社会文化价值观的互动来学习和丰富的，同时，语言包括定义新的社会文化实际情况的创新内容。由于这些元素之间具有内在关联性，因此有必要从特定社会文化背景出发来分析语言的某些用法。因此，研究和分析对语言变化产生更大影响的社会语言学变量和因素是至关重要的。

　　在对社会语言学变量进行全面研究后，本书强调其中一个变量，这就是性别变量，因为它与我们的研究对象——称呼之间具有重要的内在关联。关于 "性别" 这个词，它虽然是社会语言学家达成共识的术语，但大多数情况下，本书在引用它时指的是历史上与男性和女性相关联的社会文化含义，而不是每个性别的内在生物特征。正是社会文化含义决定并凸显了男女在交际行为中的区别特征。

作为"性别—语言"主题的派生分支，本书还对汉西两种语言中存在的性别歧视现象，以及在交际行为中涉及男性和女性相关形象的称呼进行了简要研究。为此，我们始终考虑相关的社会、文化和意识形态因素。

第 4 章在提出相同理论框架的基础上，又列出了两种语言中的称呼范例，试图将最常见的称呼与性别变量联系起来。说话者使用的称呼形式反映了他们之间的关系，同时，称呼的使用也受到社会结构的反向制约。性别二元性也不会逃脱这些形式的使用，而且它还是反映不同类型和程度的社会中男女之间关系如何发展的一个例证。

第 5 章在结合研究内容对西班牙语和汉语进行专门设计的基础上，进行了一系列调查，以验证性别变量如何影响两种文化中称呼的选择。

第 6 章对调查中收集到的重要数据进行了分析。根据西班牙语和汉语两种语言中的称呼用法，分别给予了充分关注。虽然两者原则上是相互独立的，但通过对比分析，从中得出了在两种文化中进行比较的元素以及结果。

第 7 章为全书总结。

需要指出的是，本书的研究主要是面向中国和西班牙两国的学生所展开的，相关研究意义对于有些人而言可能太显而易见，但对于其他人来说则可能是必要的。

在方法论上，遵循社会语言学和对比语言学的研究技巧和程序，以获得更可靠和科学的结论。我们进行了调查和采访，以获得被访者的交际呼唤模式，包括主动和被动两方面。这一领域仍存在一些局限，即从被访者的回答中很难得出在口头交际中最常使用的语言形式，因为我们选择了两个因语言和社会文化异质性而著称的具体样本。我们试图确定在特定交际情境中哪些形式最常被使用，但正如 Wolfson 等（1989）所指出的，一个是他们的行为，另一个是他们的"思考"，因此我们在分类上很谨慎，更倾向于从一个比较专业的角度得出结论。

我们也认识到，进行对比比较的是两个非常不同的语言社区，这两种语言社区之间存在着隐含的对比性与等同性。因此，还需要结合这两个语言社区的不同展开研究。鉴于这些观点，我们认为，在本书中使用调查法是有用和适当的，它是一种策略，能够突出两种文化的最重要和最显著的特征，以有利于进行后续的对比分析。

第 2 章　称呼语的概念

2.1　称呼语与 vocativo：定义及特点

　　在几乎所有共知的人类语言社群中，词汇的丰富性和可使用性受到多重因素的制约，其中主要包括该社会的核心利益、经济基础、政治立场、地理分布和语言使用者的个人志趣。因此，每一个语言社群都存在着如下现象：人们日常生活中出现的每一个普通事物，依照语言使用者不同的观察视角或身份立场，可以拥有多种不同的指称方式。在越南首都河内有一个十分明显的例子，那里的人们可以用多达九十二个不同的词汇来表示大米。无独有偶，雪是因纽特人世界里的主导元素，他们对雪也有多达十三种不同的说法。思考至此，不免回想起汤姆·汉克斯在电影《天使与魔鬼》中扮演的符号学教授罗伯特·兰登教授，他以多种不同的视角赋予同一符号无数独特的含义。

　　若以社会学角度审视这些情境，不同社会网络中的每一成员因其在网络中所扮演的角色或所负担的职责不同，会有不同的称谓。类似地，在人际关系中人们也会因一系列因素，如性别、年龄、社会地位或信任程度等，在对话交往中赋予参与者不同的谓词。

　　因此，从社会学角度来看，这些现象表明在不同的社交背景下，个体的称呼方式会因其扮演的角色和承担的职责而产生多种变化。具体而言，一位大学教授在学术会议上可能会被尊称为"¡Doctor！"（博士），在商店中则会被销售员称为"¡Señor！"（先生）。而在工作环境中，学生或同事可能会使用更正式的"usted"（您）来称呼。然而，在非正式的社交场合，如酒吧里，朋友可能更倾向于亲昵地称呼他为"¡Gordo！"（胖子）。同时，孩子们或许会亲切地称呼他为"¡Papá！"（爸）或"¡Viejito！"（老头）。在家庭环境中，妻子可能会用更亲昵的方式称呼他,如"Cariño"(亲爱的)或"Juani"(亲爱的小胡安)。在与陌生人互动时,个体也可能被暂时称为"¡Ay, perdone"(诶,借过)。

类似地,对于前往拉丁美洲的旅行者来说,不同地区的街头文化和交往方式也会影响他们的称呼方式。在里奥普拉特地区(Las zonas rioplatenses),人们可能会用"¡Che!"(朋友)称呼路人,而在酒店前台,工作人员可能更倾向于使用"Vos"(你)来与客人互动。此外,在市场上讨价还价时,商贩也可能友好地称呼顾客为"¡Amigo!"(哥们儿)。这些示例凸显了社会语境和文化因素对称呼方式的多样性和变化的重要影响。

通过以上例子,我们可以明显地观察到,不论是在双向还是单向交际中,称呼方式始终扮演着言语行为的关键角色,并在某种程度上反映了其所依附的语言社会结构。

在简要的探讨之后,我们可以尝试从研究的角度提供以下定义:鉴于交际活动的多样性,我们采用特定的语言工具或元素来识别对话中的接收者,并鼓励其积极参与交际过程。在这些语言工具和元素中,称呼语作为语言学领域中的一个关键构件,起着重要作用。

这一定义为我们的研究提供了一个清晰的框架,使我们能够更深入地研究不同语言社会中的称呼方式,以及这些方式在语言和社会交流中的作用。

本书的主要目标是探讨称呼语的多重特征,尤为关注那些有助于完成我们研究目标的语用特点。我们将提出一个初步的称呼语定义,描述其在不同语境下的应用领域。然而,需要注意的是,我们的定义将着重探讨称呼语的一些基本特征,因为提出一个全面涵盖称呼语性质的定义并非易事。如前所述,直到近年来,称呼语在语言学领域仍被视为交际中的表层元素。相较于其他经过广泛研究的语言元素,称呼语仍然是语法研究中相对稀缺且相对较新的领域。

我们可以将称呼语比作一颗已经从广泛研究领域中提取出来但价值尚未充分被鉴定的珍珠。言语行为的复杂性及其在称呼方式中的显著作用一直以来备受关注,然而,对于称呼语的研究在相当长的一段时间内相对有限,其往往未能被纳入语法研究的核心领域。这一情况在过去的几十年中并没有得到明显改观。Levinson(1983)将称呼语称作"一个有趣的语法范畴,但尚未被充分探讨",形象地揭示了这一研究领域的相对空白。本研究领域最重要的参考著作之一——《西班牙语中的称呼语》(*El Vocativo En Español*)由 Bañón Hernández(1993)编写,尽管内容丰富,但也反映出当时称呼语领域研究的不足:"实际上,目前缺乏大量的(有关称呼语的)专著,这些专著应从称呼语在形式和功能上的复杂性作为恰当的出发点,而不是仅仅将其作为规避常规语法研究的借口,我们认为应该尽快解决这一问题。"García Dini(1981)认为,很多研究对称呼语的处理都比较浅显，没有将其作为主要研究对象，他在文章《关于称呼语的更多内容》中明确指出："我们仍然十分缺乏称呼语在口语交互范畴中的研究。"Haverkate（1991）也认为学术界对称呼语的讨论略显"懈怠"："无论是在传统语法还是在生成转换语法中，称呼语都未曾登上语言学研究的热门话题。"尽管称呼语领域的研究在 20 世纪八九十年代崭露头角，有关其功能特点的深入研究仍相对有限，但值得注意的是，自进入 21 世纪以来，学术界对这一语言现象表现出越来越浓厚的兴趣，称呼语领域的研究也得到了显著的增长。这一趋势在 Fernández（2006）提供的统计数据中得到有力印证。

我们需要处理称呼语的定义与其他类似概念（如呼语、称谓语、称呼系统、敬语、尊称等）之间界限模糊的问题。研究初期，该问题为研究带来了不少困扰，无形中增添了准确描述称呼语概念的复杂性。因此，我们计划对这些不同的概念进行详细解释和归纳总结。为更清晰地界定称呼语的概念，我们将首先介绍并深入探讨西班牙语和汉语中已有的定义。在这个阶段，我们将首要考察其句法和语义特征，而有关语用学和社会语言学的视角将在后续的研究中深入探讨。

2.1.1　汉语和西班牙语中的称呼语概念

通常情况下，人们对于称呼语存在一种模糊的概念。事实上，称呼语一直被看作一种语言现象、语法概念以及话语功能。根据西班牙皇家语言学院（RAE/ASALE）的定义，称呼语的含义如下[①]：

Vocativo, va（意为"称呼语"，源自拉丁语 vocatīvus）：

（1）在语法的范畴中可作形容词使用，语用上属于名词性表达，通常被用在交流或对话中发出呼唤或指称，即呼唤或称呼他人。例如，在"Pepe, ven un momento, por favor"（佩佩，请你过来一下）中的"Pepe"（"佩佩"）也指称呼用法。

（2）在语法的范畴中可作形容词使用，意为"称呼语"。如"Uso vocativo"（称呼用途）。

（3）在语法的范畴中可作名词使用，意为"呼格"。

（4）在语法的范畴中可作名词使用，意为"与呼格（语格）相关的表达"。

通过以上释义可以看出，西班牙皇家语言学院的词典一共列举了"vocativo"一词的四种用法，两种用作形容词，两种用作名词。然而，对于语法知识相对有限的读者而言，这些解释可能仍显得十分陌生，甚至有些拗口。因此，我们尝试针对每种释义进行进一步的解释，可能更有助于理解：根据第一种释义，

---

①　文中释义均摘自西班牙皇家语言学院出版的词典 *Diccionario de la Lengua Española*（2014 年第 23 版）。

vocativo 可以以形容词的形式出现（即 vocativo、vocativa），通常表现为人名的昵称形式。根据第二种释义，vocativo 可以在对话中构建特定的称谓用语。第三种和第四种释义之间存在一定的关联，即 vocativo 在现代西班牙语中的功能与其拉丁语起源密切相关，因此它往往也被定义为"用来表示称呼/称谓/呼唤的表达"。

　　如果研究对象的概念模糊不清，相应的研究也会陷入困境。面对这种情况，我们需要重新审视最初赋予 vocativo 的设定，即"人们在言语行为中用于**面对面**指称的'**工具**'"（"Herramientas"para dirigirse cara a cara a las personas en los actos de habla）。这一定义似乎仍存在缺陷，因为它将"称呼"和"称谓"都包括在内，虽然在很多情境下这两个术语可以被视为某种程度上的同义词。然而，解决问题的关键似乎在于"面对面"这个副词短语。该短语不仅表明了言语必须以口头形式表达，还强调了言语的使用始终需要言说者和接收者"同时在场"，凸显出使用该"工具"时存在的相互关系和相互作用。因此，从这个角度看，只有当称呼语被用于指称一个语域场内正在参与对话的个体时，它才能真正发挥"称呼"的功能。在这种情况下，言语接收者存在于使用称呼语的情境中，可以接收这一称呼并做出相应的反应。另外也必须考虑到 vocativo 的特性，它显然总是用于指称和呼唤其他言语个体。

　　若想比较，首先得确定比较对象是否具有可比性（comparability）和相似性（similarity）。追溯其词源而言，vocativo 是古代书翰拉丁语（Latín culto）语法中一个特定的语格，其形态受到词句中的人称和性数的影响。然而，"无基之对比，无稽之谈矣"，当我们尝试在语法功能不对等的两种语言中对比这一语法要素时，难度陡然增加。而这恰恰是我们的研究所面临的挑战：汉语作为一种孤立语，从未在其语法体系中引入语格的概念，这一点与西班牙语释义中"在语法的范畴中可作名词使用，意为与呼格（语格）相关的表达"的解释存在显著差异。然而，通过查阅词典和阅读文献，我们发现，汉语中有两个概念与西班牙语中的 vocativo 密切相关："称呼语"（los tratos apelativos o vocativos）和"称谓语"（el sistema de las formas de tratamiento）。通常情况下，这两个短语在概念上极为相似，易被混同。孙维张（1991）曾指出："称谓语与称呼语是完全相同的概念，因为它们都用来指示人们在交际情境中如何与人展开对话。"甚至在一些词典中，当查询这两个概念时，它们通常作为相互引用的词条出现（孙维张，1991；丁安仪，2001；祝克懿，2004）。然而，根据杨永林（2004）、曹炜（2005）、郑尔宁（2005）以及 Song Yang（2015）等学者的研究，尽管称谓语和称呼语在概念上相似，但利用它们的一些特征仍然可以将它们区分开来。曹炜（2005）认为，称谓语反映了口头交际中可能建立的关系以及说话者扮演的社会角色。换句话说，它是这些社会因素在词汇中的具体体现，词汇的选择是系统性和美学性的，因为它取决于对话伙伴的社会角色。相较之下，称呼语则被解释为在面对面交流中使用的"话语媒介"，其主要功能是呼唤对话伙伴，"这是在直接交往中与对话伙伴交往的方式"。关于这一点，他进一步指出，称呼语也具备反映人际关系和社会关系的能力，因此在大多数情况下，称呼语可以被视为称谓语。只有在不涉及人际关系的情况下，如在使用"老曹"（即以姓氏为基础的亲昵称呼）时，才能体现称呼语的概念。

李明洁（1997）从语义学的角度指出，指示性和指称性分别是语言中言语行为和词法句法的主要功能。基于这个前提，可以区分出指定形式和谓词形式。随后，指定形式进一步分为称谓式表达和普通指示式表达。根据李明洁的观点，我们可以将这些语言元素区分为两大类：一类用于人或拟人化的情境，归为称谓语；另一类则用于指代非生物事物，与一般指称语相关。进一步地，称谓语可以细分为两个子类：面称语（FTs cara a cara）和背称语（FTs sin presencia）①。前者是用于面对面言语交流的指称形式，通常采用第一人称和第二人称的语法结构；而后者则包括了"不在场"言语参与者，通常采用第三人称的语法结构。此外，面称语可以进一步细分为两个子类：一类用于言语接收者，具有交际功能和意动功能，被视为称呼语（或对称语）；另一类用于发话者本身，被视为自称语。具体如图 2-1 所示。

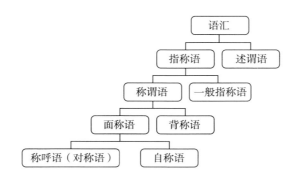

图 2-1　现代汉语的称谓系统

若将上述分类与曹炜（2005）的定义相比，我们可以得出结论：分类中的面称语（FTs cara a cara）与曹炜所谓的"称呼语"高度契合，而这两个术语在语义和社会语言学价值上都与西班牙语中"Vocativo"一词的含义相符。然而，考虑到表述的简洁性以及西班牙语涉及称呼方式的研究文献远多于汉语的情况，我

---

①　此处，cara a cara 的含义为"面对面"，sin presencia 的含义为"不在场的"。

们决定继续沿用"称呼语"这一术语来指代这一跨越两种语言的共同语言成分。这一决定有两方面的原因：一方面，后者的名称简洁明了，有助于我们更准确高效地表述研究对象；另一方面，由于本书绝大部分内容基于西班牙语文献撰写而成，西班牙语中关于称呼语研究的文献要远远多于汉语中的相关文献，对应术语更为丰富。为避免给读者带来不必要的困扰，我们最终选择采用"称呼语"一词来涵盖汉语和西班牙语中所有具备"面对面称呼"功能的词汇类型，期望能引起更多对这一主题感兴趣的读者的关注。

一旦界定清楚本书所采用的术语，我们就可以深入研究这个在汉语和西班牙语的语法体系中均占有重要地位的概念——称呼语。

2.1.2 拉丁语中的呼格概念

我们所谈论的"Vocativo"一词在今天的现代西班牙语中指的是言语行为人**在面对面交谈或直接对话**中可以用来引起交谈对象的注意的所有词汇类别，一般不具备句法功能。如上节所示，根据西班牙皇家语言学院词典的定义，如今 Vocativo 更多指的是一种具有名词性质的表达，用于唤起注意或称呼对话者，其所涉含义和类型均十分宽泛。然而，究其本质而言，我们今天所谈论的 Vocativo 实际上脱胎于古典拉丁语六大语格之一——"呼格"，其历史可以追溯到公元 1 世纪前后的古典拉丁语时期。为了更全面地理解这一概念，我们认为有必要在了解其现代应用的同时，略微了解一下它的演变历史。

从词源学角度来看，"Vocativo"一词源自拉丁语 Vocativus，而后者与动词 Vocar 同源。"呼格"一词在古代被视为拉丁语的六种格之一，根据西班牙皇家语言学院词典的解释，这个拉丁语语格只用于召唤、呼喊或为人和拟人事物进行命名。[①] 但汉语使用者可能会对"语格"的概念感到困惑，因为在汉语中并不存在"语格"的概念。鉴于此，我们首先需要明确一个问题：什么是"语格"（caso gramático）？根据 Commeleran（1897）的说法，语格是名词词尾的一种变化，用于表示句子成分之间的语法关系。近年来，西班牙皇家语言学院词典进一步在其释义中明确："格"是一种语法范畴，是大部分屈折语表达不同句法关系的手段之一。[②]

倘若与其他印欧语系的语言相比，如俄语或芬兰语，拉丁语的语格系统并不是非常复杂。在拉丁语中，一共有六种格：主格、宾格、属格、与格、夺格和呼

---

① 西班牙皇家语言学院词典释义原文：El caso vocativo sirve únicamente para invocar, llamar o nombrar, con más o menos énfasis, auna persona o cosa personificada。

② 西班牙皇家语言学院词典释义原文：El caso es una categoría gramatical que expresa en muchas lenguas diversas relaciones sintácticas a través de marcas flexivas。

格，每一种格都负责句法中不同的功能，表示不同的意义。根据 Commeleran（1897）的阐释，这些意义如下：

（1）主格（El nominativo）用于陈述一个名词所代表的现实或实际情况，例如，Homo/homines（el hombre/los hombres）。[1]

（2）宾格（El acusativo）用于表示行动或运动的目标，例如，Hominem（hombre/el hombre/al hombre）、Homines（hombres/los hombres/a los hombres）。

（3）属格（El gentivo）表示所有或归属，例如，Hominis/hominum（del hombre/de los hombres）。

（4）与格（El dativo）表示受益或损害，例如，Homini/hominibus（o para el hombre/o para los hombres）。

（5）夺格（El ablativo）可以表示多种关系，包括原因、工具、材料、伴随、持续、起源、方式等。例如，Homine（con，de，en，por，sin，sobre...el hombre）、Hominibus（con，de，en，por，sin，sobre...los hombres）。

（6）呼格（El vocativo）[2] "除了用于简单陈述名词所指实体之外，还可以包含惊奇、恐惧或惊讶的含义"，例如，Homo/homines（Hombre，oh hombre/hombres，oh hombres）。

至于它们在句法中所代表的功能，每个语格都与特定的句子要素相对应：主格对应主语，宾格对应直接宾语，与格对应间接宾语，夺格一般来说对应状语，属格对应名词的补语。然而，随着时间的推移，拉丁语中丰富的语格或屈折词尾逐渐减少或消失，但其语法功能仍然存在，并且通过其他语法手段来表示，如使用介词或调整句子中各成分的顺序。从如下句子中可窥见一二：

（拉丁语）：Puer，uxorem inaugurationi mecum adesse vellem，liceretne duas tesseras dari，quaeso?

（西班牙语）：**Chico，yo** quiero que **mi** mujer vaya **conmigo** a asistir al acto de inauguracioón. ¿Puedes **darme** dos entradas?（**孩子，我**想让**我**妻子和**我一起**去参加开幕式。能给**我**两张票吗?）

根据 Gili Gaya（1970）的观点，西班牙基督教王国时期的早期西班牙语继承了拉丁语语法的传统，保留了六种类似于拉丁语格的结构。但这些拉丁语格在西班牙语中的呈现是句法上的，而非形态上的，这是因为在现代西班牙语中，名词不再具有词尾屈折。因此，每种语格的意义"依赖于其与拉丁语屈折语格的对应关系"（Edeso，2012）。随着时间的推移，西班牙语中与名词相对应的拉丁语格

---

① 本组示例括号外为拉丁语，括号内为现代西班牙语，下同。

② 值得注意的是，根据 Edeso（2012）的补充说明，拉丁语中主格和呼格被称为直格（casos rectos），而其余的则被称为斜格（casos oblicuos）。

和其格名的功能逐渐分离，人们开始只关注它们在现代语言中的语用功能。如今，现代西班牙语中所具备的拉丁语格特征都已基本消失，不再用于描述名词的功能，唯独呼格是一个例外。

如若我们从句法和语义角度考察呼格，它是否与其他语格一样呢？从形式上看，呼格的识别并不成问题。除了必要的词尾屈折，它的独立音位特性赋予了它独特的身份。也就是说，呼格可以通过特定的音位模式来区分，无须形态上的区分（Cabrillana，2008）。换言之，尽管呼格在形态上与其他语格不同，但在音位上具有自己的特点，从这一特性来说可以被视为独立的语格。此外，从句法角度考虑，倘若我们以"是否可以指出该名词在句法结构中的位置及其与其他句子成分的关系"为标准，呼格与其他语格亦有着显著不同。

作为拉丁语六大语格，呼格以其在上下文中的独立性而著称。因此，它经常被视为一个结构完整的"语句"，与句中的其余部分没有明显的句法关系。正如Cabrillana（2008）所言："呼格（在句子中是独立成分），它与其后出现的句子并不相关，因为它未与句中任何元素建立句法关系，也不会被任何句子成分干涉而产生形态变化。"

Moralejo（1986）也提到，呼格与其他句子成分之间的关联性较弱，这并非巧合，而是因为拉丁语呼格"不受句中任何成分的支配，只与从属于呼格的其他元素建立句法关系"。此外，Moralejo（1986）还将呼格与其他的语格区分开来，因为呼格明显无法承担句法或语义功能，"呼格具有跟其他语格不同性质的价值，它既没有句法内容，严格地说，也没有语义内容，更多地表现为一种发话者的话语态度"。

此外，关于呼格的本质，Moralejo（1986）还提出了一个非常有趣的观点：呼格就像是"日常生活中的语格"，而其他格则是"句子中的语格"，"（呼格）将我们从句子转移到言语行为的外部世界中，更具体地说，将我们引向一个个鲜活的对话者"。这句话表明，呼格具备将我们从二维的符号空间转移到三维的对话空间的能力。更甚者，它可以将我们从具有单一信息的句法结构引向充满多重信息的现实，这是它具有的与其他语格迥然不同的作用。换句话说，从句法和语义的角度来看，呼格留下的句法空白可以通过其语用价值来填充，这恰恰展示了它的重要性以及其在更广泛语境中的应用价值。

拉丁语的呼格在多方面与其他语格存在差异，具有以下特点：①呼格仅与其相关的从属成分（如属格补语）建立句法关系，或者在与之达成一致关系（如同位语等）时才与其他成分建立句法关系。②它有助于我们获取有关交际对象身份的信息，而其他语格无法实现。③通常它可以单独出现，独立成句。

需要注意的是，在传统语法观点下，有时会出现歧义，因为在某些情况下，呼格（vocativo）和主格（nominativo）之间是可以互换的，它们之间存在交叉使用的情况。示例如下①：

（1）当主格充当解释性短语与呼格一起出现，广泛出现于诗歌体裁中时。例如：（拉丁语）Leonida，argentum mihi；（现代西班牙语）Leónida，ojito mío，rosa mía，amor mío，dame el dinero；（中文）蕾奥妮塔，我的小眼睛，我的玫瑰，我的爱人，快把钱给我。

（2）在有些姓名没有可匹配的呼格形式的情况下。例如，（拉丁语）Audi tu，populus Albanus；（现代西班牙语）Escucha tú，pueblo albano；（中文）你听着，阿尔巴尼亚人。

（3）当出现在句中的同位语中时。例如：（拉丁语）Rufe mihi frustra ac nequiquam credite amice；（现代西班牙语）Rufo，considerado en vano y sin motivo como amigo mío；（中文）鲁弗，毫无理由地被视为我的朋友。

此外，Cabrillana（2008）还指出，当这两种语格都以单数形式出现时，两者之间的混淆情况发生的频率会更高，因为"将所指称人/物具体化是呼格的明显特征"，也即呼格在语法中通常用来表示对某人或某事物的具体称呼或指代，而不仅仅是泛指或抽象用法。

在深入探讨现代称呼语之前，让我们简要回顾一下拉丁语呼格的定义的演变。如前所述，呼格是唯一一个名称和功能一直延续至今的拉丁语格。因此，了解其最初的定义将为后续研究提出更全面的现代称呼语定义提供坚实基础。

首先，从历史的观点出发，Sánchez de Las Brozas（El Brocense）在他的作品 *Minerva sive de causis linguae latinae* 中提到，呼格"不是第二人称，正如语法学家所说，而是一种我们进行交流的对象；就像工匠呼唤观众来观赏完美的作品一样，构建句子的人在呼唤听众听他说话"。通过 El Brocense 的解释，我们可以了解到拉丁语呼格的主要功能是呼唤，其根本用途在于人际交流。不过，呼格并非总是用于指代我们交流对象的姓名，其涵盖范围更为广泛。最重要的是，呼格常常被看作句子结构中的一个独立元素。

同时，Meiner 认为，呼格是"表示第二人称主语的一种语格"，并将其与主格一并称为"直格"（casos rectos），这意味着通常在一个句子中，只有主格和呼格能够直接控制谓语的内容。

此后不久，Bertrand 指出，呼格的不可或缺之处在于其主要用途是"apostro-far"（呼唤）。他强调："总而言之，我们说话的目的在于让别人倾听，而我们的话语通常是直接面向听话者的。因此，对于我们希望与之交流的人进行呼唤是不

---

① Cabrillana Leal C. Nominativo y vocativo en latín：sintaxis，semántica y pragmática［M］. Liceus：Servicios de gestión y comunicación，S. L.，2008.

可或缺的，这正是呼格存在的原因。"在这段文字中，他强调呼格是交际中不可或缺的元素，因为它的出现影响着称呼的准确性，即信息是否能够正确传达给我们期望与之交流的人，而不是误传给其他人。

19 世纪，Thiersch 的观点备受瞩目，他将语格描述为话语所涉物体之间可能存在的联系，并且认为，呼格往往用于人们需要称呼或命名一个被视为独立实体物体的情况之下。

其次，Thurot 对拉丁语的呼格给出了以下定义：Sed vocativus cum imperativo secunde persone constituit orationem. Ergo cum eodem construitur（意为：呼格通常与命令式的第二人称一起出现构成句子）。这一定义表明呼格与祈使句之间存在关联。

迄今为止，我们已经对不同时期关于拉丁语呼格的描述进行了简要回顾，所有这些描述都为我们逐渐接近现代语法中称呼语的定义提供了重要线索：①呼格通常被视为句子的边缘成分，有时具有独立性。②呼格的主要功能在于呼唤交谈对象。③呼格有助于准确标识话语的接收者。④呼格可明确指示交谈对象之间的人际关系。⑤呼格需要发话者和接收者之间建立直接的语域联系，即二者必须同时在场。⑥它与某些语法结构（如祈使句）之间存在紧密的关联。⑦在句子内部，呼格不具备明确的句法功能。

尽管上述特点可能存在一定的片面性，但它们在某种程度上反映了拉丁语呼格的诸多关键特征。毫无疑问，这些描述将有助于界定当代称呼语的本质，以及它在现代语言中的实际价值。

2.1.3　现代语境下的称呼语概念

如今，古典拉丁语的呼格已经失去了其原初特性。然而，从词源学的角度看，它仍保留了自身古老的命名方式，其用法也延续至今。实际上，由于其表现出的高超的话语行为能力，"称呼语可以在任何言语行为中出现"（Edeso，2005）。此外，称呼语被认为是可以分析社会交往和社会关系的一个重要维度，因为它可标识出对话双方之间的人际互动。与其他语言要素一样，称呼语的使用能够体现社会规范和语言之间的相互关系，如语言使用中的礼貌和不礼貌（Álvarez，2005）。基于这些陈述，我们可以得出结论：与以前的不同历史时期相比，如今称呼语更广泛地出现在交际领域之中。

从语义学角度来看，称呼语并未受到充分关注，语法学家也对其兴趣不一。最被普遍接受的一个定义是："（称呼语）是用来称呼或呼唤我们所交谈的人或拟人化事物的名称"（Seco，1968；Gili Gaya，1970；GDLE①，1999）。简而言之，称呼语通常被归类为人或物的姓名或名称。与此同时，从结构主义的角度来看，称呼语被视为语言表现层面上的名称，主要承担语言的表达性功能（Moralejo，1986；Serbat，1996）。与之类似的描述还有称呼语是"用于称呼或召唤某人的名字"（Escarpanter，1979）。这与 Bühler（1934）的观点相符，Bühler 认为，"称呼语是使用名字呼唤语言接收者或语法上第二人称所指代的人，这种用法相当于语言的称谓功能"。

上述所提到的定义大多获得学术界一致认同。然而，从话语角度来看，在称呼语的定义中，关于哪些元素在句子中能够发挥相应作用，目前仍无统一的标准。

多数学者认为，称呼语仅是名词在句子中扮演的一种句法角色。例如，Noboa（1839）认为，称呼语是名词或名词短语在句子中的一项"职责"。Gili Gaya（1961）也将称呼语描述为名词的句法功能之一。Pérez Rioja（1978）和 César Hernández 同样认为称呼语是名词的一种句法功能，更具体地说，是名词的附加功能或意动作用（función extraordinaria o apelativa del nombre）。Beristáin（1981）将称呼语描述为"就像是一个被'高声呼喊'的名词，其目的是吸引说话者的注意，其对象可以是人、动物或是比喻性语境中的物体"。Juan Alcina Franch 和 José Manuel Blecua 两位学者在描述称呼语这一类别的功能时亦强调了名词的意动功能。在英语语言学领域，Leech（1999）将称呼语视为一种特殊类型的称谓用语形式，是一种独立于句子其余部分的名词性成分，通常由一个名词短语或仅由一个名词构成〔typically consists of a noun phrase or（...）of a single noun〕。此外，Gerhard Schaden（2010）在他的研究中将称呼语解释为"话语中指代听众的名词性成分"〔a nominal element referring to the addressee（s）of a sentence〕。此外，值得注意的还有 Álvarez（2005）的观点，他指出人类绝大多数语言中都存在着两种称呼系统：代词称谓系统（las fórmulas de tratamiento pronominal）和名词称谓系统（las fórmulas de tratamiento nominal）。据其分类方式，前者主要由代词组成，后者则是"具有呼唤价值的名词表达"，即通常由名词组成。

然而，称呼语是否真如上文所说，只是一个名词或名词性短语结构呢？Bañón（1993）在形态结构方面曾提到以下观点：

> 主流观点倾向于认为，称呼语即那些根据名词核心衍生出的一个个短语结构，它们无论从复杂程度，还是从数量和性质上来说均有所差异。它们可能形态复杂，也可能结构简单，各式各样，不一而足。

---

① GDLE 为 *Gramática Descriptiva de la Lengua Española*（《西班牙语描述性语法》）一书的首字母缩写。

诚然，如 Gili Gaya（1970）、César Hernández（1971）、Beristáin（1981）和 Leech（1999）等所言，我们不能否认名词毫无疑问是称呼语最常见的构成元素（Edeso，2012）。但前述观点并不绝对，我们不能忽视这类说法，如有些学者认为除名词外还有其他语言元素能够扮演这一角色。例如，Alonso（1968）指出，称呼语用于"呼唤或命名"，代表"被称呼的人或物，也就是我们说话的对象，或更明确地说，是被呼叫、被呼唤、被祈求或被命令的人"。而 Beristáin（1981）的观点则倾向于称呼语"可以是一个单词、短语或句子"。《现代西班牙语词典》（*Diccionario del español actual*）中也有类似的观点，其中，称呼语被定义为"用于明确指定对话中的特定对象的用词，以便直接与其互动或提出问题"。这个定义则与 Choi（2013）的观点不谋而合：称呼语是"指向交谈对象并吸引其注意的词语"。同样，我们可以回顾前文中提到的《现代西班牙语词典》对称呼语的定义，即包括两个形容词和两个名词词性成分。因此，不难看出，称呼语并非局限于名词，而是还包含诸多其他形式的语言元素。

到底有哪些元素的形式或范式可以充当称呼语？带着这个问题，让我们回顾一下 Benito de San Pedro 的一些观点：

> 充当称呼语的名词总是以第二人称的形式出现，因为它们表示与我们交谈的人；而动词此时也应该与这一人称保持完全一致，即人们口中的"你"和"您"。

关于称呼语，Alonso-Cortés（1999）提出："在言语行为中，发话者可以使用名词或代词与听话者交流。" Bühler（1934）进一步指出："使用专有名词和第二人称代词是使用称呼语最自然而然的方式。"他还提及了称呼语与祈使句之间的关系："语言的意动功能可以在祈使句中表现出来，祈使句的主语本质上就是一种称谓形式。"

如果我们翻开 *El Buen Uso del Español*（《西班牙语的正确使用方式》）①，就可以看到称呼语已经被定义为："是用于与对话者交流的**人称代词**或**名词短语**。"该书还提到：包括人名、亲属称谓、职业名称、荣誉头衔和其他各种类似的名词短语都可以充当称呼语。此外，Martín Valbuena（2009）在她的研究中指出，除了专有名词和第二人称人称代词外，其他词性范畴，如形容词、动词原形、人的姓名、物品名称、动物名称、身体部位名称、亲属关系名称等，也可以充当称呼语。

因此，我们认为无论是与本书研究的目标相关还是与一般的称呼语相关，Edeso 的定义都更为合适。他以创新的观点提出了一系列明确的分类，在认可称

---

① 中文名为笔者译。

呼语是一种用于呼唤的表达的基础上，认为尽管名词占主导地位，其仍可以由多种不同的词类构成。具体分类如表 2-1 所示。

表 2-1　一般称呼语的词性构成①

Vocativos（称呼语）	Sustantivos（名词）	Nombres propios（专有名词）	Juan（胡安）、Ali（阿里）、Lucita（露西塔）、Pedrazo（佩德拉佐）、Señor Lucio（卢西亚先生）、Coca（古柯）、José（何塞）等
		Nombres comunes（通用名词）	joven（青年）、chica（姑娘）、hombre（男人）、señor（先生）、padre（父亲）、madre（母亲）、camarero（服务员）等
		Pronombres（代词）	tú（你）、vos（你们）、vosotros（你们）、vosotras（你们）、usred（es）（您/您诸位）等
	Adjetivos（形容词）	Adjetivos con connotaciones positivas（正面含义）	preciosa（美女）、bonita（好看的人）、El Prudente（谨慎有分寸的人）、sabio（有智慧的人）等
		Adjetivos con connotaciones negativas（负面含义）	loco（疯子）、penco（粗鄙的人）、tonta（傻子）、asqueroso（令人厌恶的人）等
	Sintagma Normal（一般短语）		¡Adiós, mala persona¡（再见, 坏人！） ¡Ey¡, los que estáis ahí, pasadme esas cajas（哎！那边的, 把那些盒子递给我）

为了深入理解当代称呼语的本质，我们主张采纳 Edeso 的定义。该定义揭示了称呼语的关键特征，而这些特征在现实中容易理解和验证。实际上，称呼语的范围几乎不受限制，几乎任何语言元素都可以用作称呼语，甚至在某些情境下，如引起某人的注意或调侃某人时，可以使用诸如 "psss" 之类的声音。或如表 2-1 所示，即使是一个感叹词 "Ey"（嘿）也可以被重新归类。换言之，这些词类最初并不是名词，但它们经历了 "名词化的过程"（proceso de nominalización o sustantivación），最终具有与名词相同的功能。

因此，我们认为称呼语的形成并非完全依赖于词类，而更关键的是言语行为的发出者和接收者是否同时在场，因为所有交际行为都必须涉及话语发出者的 "我" 和接收者的 "你"②，并且需要兼顾双方所处的语境。

综上所述，本书主张称呼语应首先具有语言的意动功能（función apelativa），最初由名词实现，后来也扩展到具有名词性质的短语或词组。然而，意动功能仅代

---

① 该表格分类依据来自 Edeso，具体例子由笔者完成。

② 我们自然也不能忽视话语的第三方在交际行为中的作用，因为在很多情况下，其也会对话语中的主题、内容、情感或态度产生影响。

表了称呼语的部分特性，因为它还具有更多的语用功能，我们将在下文详细探讨。

2.1.4　称呼语的功能

在前文中，我们已明确称呼语作为一种呼唤方式，主要用于面对面的对话情境，现在我们有必要深入地探讨称呼语在不同交际媒介和交际渠道中的作用。为此，我们需首先明确对话发生的媒介，即口头交际或书面交际。

2.1.4.1　先导问题：口语、书面语或交际语

一个被广泛认可的观点是：交流是不同个体之间互动所必需的语言交换，它是对语言本身的表达，以口头或书面形式呈现。然而，如前文所述，称呼语的使用要求对话的双方都同时在场，这意味着它通常出现在由两个或多个交谈者（interlocutores）同时参与的交际场合中，这一特点将称呼语与其他话语类型，如个人独白或科学性文本明显区分开来。因此，我们可以认为称呼语主要出现在口头交互中，但同时也必须承认"口头表达可以在书面语言中找到，反之亦然"（Briz，2011）。

众所周知，口头语和书面语之间存在多种属性或特征差异。口头语具有自发性、自然性和随意性等特点，而书面语则更多表现出人为的精心设计和计划性。从语言学角度来看，它们之间存在多种区别。原则上来说，这两者似乎可以被视为"对立的、拥有不可调和的风格"。然而，实际上，这种对立只是一种表象。正如 Briz（2011）所言："虽然（口头表达和书面表达）存在二元对立，但它主要涉及交流的媒介或渠道。另外，口头表达和书面表达之间的相互关系是由交流条件决定的。因此，当我们探讨完成口头表达或书面表达的方式时，其沟通媒介或渠道的对立实际上呈现为一个渐进的连续体（continuumgradual）。"

Briz（2011）将书面语中的口语表达现象称为"oralidad"（口语性），将口语中的书面语表达现象称为"escrituridad"（书面性），两者之间"你中有我，我中有你"。Bustos（1995）指出："口头表达和书面表达之间持续的'对抗'，实际上是相互丰富的过程。"具体而言，当采用模仿口语中更常见的句法结构和表达方式以增强信息、叙述和对话的表现力时（如在新闻报道或戏剧对话中），我们可以观察到这些现象。而将书面语用于口头表达时，我们亦可以在日常对话中发现某些新词、外来语和专业术语（如药学、医学、政治、体育等领域的术语）的使用。

基于这一观点，我们认为称呼语是可以帮助我们分辨口头书面表达（lo escrito dentro de la comunicación oral）或书面口头表达（lo oral dentro de la comunicación escrita）的符号元素之一。因此，在本书中，我们不主张单纯通过信息的传播媒介，即声音或文字，来明确区分口头表达和书面表达，因为它们在交际中是相互

交织的。

根据 Briz（2011）的观点，与其他类型的口语表达相比，真实的对话（conversación）应具有以下特点：

- Una interlocución en presencia, conversación cara a cara；
  （对话以面对面的交流为基础）；
- Inmediata, actual（aquí y ahora）；
  （对话以即时、实时的形式呈现）；
- Contoma de turno no predeterminada；
  （对话双方采取非确定性的轮次进行话语交互）；
- Dinámica, con alternancia de turnos inmediata, que favorece la mayor o menor tensión dialógica〔la relación hablante-oyente es simultanea y/o sucesiva, es decir, supone una conversación más o menos prolongada, y no pares mínimos de intervenciones（rituales）〕；
  （对话具有动态性，对话双方交替次序具有即时性和无序性，有助于增加或减少对话张力。换言之，说话人与听话人的二元关系应是同步和/或连续的，即对话应持续较长时间或者包含较少干预或"程序感"）；
- Cooperativaen relación con el tema conversación y la intervención del otro.
  （对话双方应积极合作，共同探讨对话主题，响应彼此的"干预"或意见）。

这些特征被视为对话形式确立的必要条件，构成了一种话语类型的原则。因此，一旦我们接受口头表达和书面表达"你中有我，我中有你"的观点，我们便能够不再局限于对话空间应达到"物理可触"的特性，而是将"面对面对话"作为适用于任何允许双方共同交流的形式。

总之，本书的研究焦点并不在于区分对话的口头形式或书面形式，而是更加注重探讨是何种动机促使对话双方选择恰当的方式来称呼他们的对话伙伴的，以及在真实对话（无论是口头还是书面）中如何定位自己。

2.1.4.2 称呼语的功能：意动功能和接触/交际功能

从市场营销的角度来看，应用经济学（la economía aplicada）强调公司、市场和客户之间的关系，重视多方之间的有效沟通，以促进三者的有效对话。这意味着我们不仅需要考虑对话的双方，即发话者和接收者，还应了解和协调语言交际中的所有中介（intermediarios）。与上述情况不同的是，生活中的常规对话通常更为具体，一般仅涉及两个主要参与者，即发话者和接收者。在语言学研究范畴中，从事话语分析的语言学家通常会将话语行为分为两种类型：

（1）Discursos monogestionados：función transaccional（单向话语管理：传递

功能）；

（2）Discursos plurigestionados：función interaccional（多向话语管理：互动功能）。

如类型名称所示，"单向话语管理"指话语的单向传递。一般来说，此类话语由一个单独的发话者负责，其"传递功能"说明这种话语类型的主要目的是向受众传递信息。课堂授课是一个典型的单向话语管理范例，大多数时候课堂话语以教师为主。简言之，"单向话语管理"描述了一种用于传递信息或完成特定任务的单向交流方式，而不是强调更深入的对话或广泛的听众参与。与之对应的"多向话语管理"指的是由多个个体共同管理和控制的话语，通常牵涉更为广泛的互动和对话。该类型话语的"互动功能"说明其主要目标是促进互动和信息交流，而不只是传递信息或执行特定任务。典型的例子包括平等语境下的各类对话，依赖于不同参与者之间的协作，以实现有效的沟通。在这种情况下，信息传递是多方共同参与的结果。

口头交流过程中的语言解码涉及多个方面，其中的两个主要方面是话语的生成模型（modelo de producción）和解释模型（modelo de interpretación）。这两个模型对应着言语行为的两个关键角色，即发话者和听话者。一般来说，发话人通常被称为"我"，在话语行为中扮演第一人称的角色，通常是交际活动中的第一个参与者；而听话者则是"你"，即"我"在话语行为中所定位的交际对象。然而，交际互动是一个双向的过程，每个参与者都在等待自己的轮次，这是一种相互的交流。所有参与者都同时参与其中，也就是说，每个发话者也是自己的听众，每个听众也是潜在的发话者，而每个发话者同时也是自己的接收者，而每个接收者则是潜在的发话者。

在语言交际中，当话语被解码时，往往涉及两个关键方面：话语的生成和解释（los modelos de producción y de interpretación）。话语的生成包括如何产生和表达信息，而话语的解释则涉及如何理解和回应所听到或阅读到的信息。这两个方面分别对应着语言交际的发话者（emisor）和接收者（receptor）。发话者通常以第一人称"我"出现，在言语行为中扮演主要角色，而此时话语接收者是"你"，也就是"我"在言语行为中的交际对象。然而，交际过程并不是单向的，因为一场对话往往需要语域场内所有个体同时参与，每个人都在等待自己的回合。这是一个双向过程，其中每个发话者同时也是信息传递过程中的接收者。同样地，每个接收者也是潜在的发话者。简言之，身处对话中的每一个人都身兼双职：既是发话者也是接收者。这意味着在对话中，每个人都在进行信息的生成和信息的理解，发挥着双重作用。发话者生成信息，接收者处理并回应这些信息。这种双向性是语言交际的关键特征。

在进一步谈论称呼语及其功能前，我们首先要了解话语功能和对话过程中涉及的相关因素。Jakobson（1963）将语言交际视为一种天然的社会符号，认为"语言即交流"①。他重新定义了 Bühler（1934）的理论，并将言语行为和语言功能所涉及的要素从最初的三个（表达功能、祈使功能和指称功能）扩展为六个：发话者（表达功能）、接收者（意动功能）、语境或背景（指称功能）、接触或渠道（交际功能）、代码（元语言功能）和信息（诗意功能）（见图 2-2）。

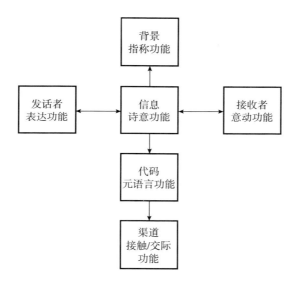

图 2-2　语言的功能

当人们交流时，往往带有特定的意图，这些意图使人类语言具有不同的功能，发话者在建构词句、传递信息时需要根据这些功能选择其中一个或多个。

（1）Función expresiva o emotiva（表达功能或情感功能）：该功能主要关注话语中的个人情感和主观态度。表达功能经常使用第一人称形式来表达感受，说话者将自己置于动作或情感的中心（如"我喜欢""我希望""我感到"等）；有时该功能也倾向于使用感叹表达，如当我们说"¡Qué rico el plato!"（这道菜真好吃！）或"¡Qué sitio tan hermoso!"（这个地方真美！）时，这些话语表达了发话者的情感体验，展示了他们对食物或场所的喜爱，这种方式就是在使用语言的

---

① 此处我们采用了 Roman Jakobson 最为读者所知的分类方式。然而，还有其他相关理论，例如，韩礼德在 1975 年提出的语言模型，他将上述语言功能进行重新分类，并在此基础上增加了一些新的功能，如人际功能（交际双方的关系）、思维功能（语言对现实的表征）、启发功能（通过语言获取知识）和文本功能（语言对其自身机制和结构的参考）。

表达功能。

（2）Función conativa o apelativa（意动功能或指令功能）：该功能重点在于影响和引导话语接收者的行为或反应。发话者的目标是对话语接收者产生一定的影响，并期望听话者做出相应的反应。这种功能通常包括命令和疑问，并且伴随着称呼语、祈使句、疑问句等语法结构的使用。具体而言，当我们说"María, tráeme más pan"（玛丽亚，给我多拿点面包）或"¿Terminaste la tarea?"（你完成作业了吗？）时，我们正是运用了语言的意动功能。

（3）Función fática o de contacto（交际功能或接触功能）：该功能主要关注话语交流的渠道和互动，用于启动、中断、维持或结束交流。与其他功能不同，它的主要目标不在于传达信息，而是促进交际双方之间的互动。因此，其信息内容通常相对有限，甚至有时信息载量为零。其经典示例包括：问候和告别，如"¡hola!"（你好！）、"¿cómo estás?"（你好吗？）、"adiós"（再见）；或者维持对话的话语标记，如"¿Verdad?"（真的吗？）、"¿no?"（不对吗？）、"Por supuesto"（当然啦）；以及用于打断或延续对话的语言表达，如"perdón"（对不起）、"espere un momento"（等一下）；等等。由此可见，该类话语表达主要用于维系对话的通畅，而非信息传递。

（4）Función referencial o representativa（指称功能）：该功能与交际的具体情境和语境有关。它不仅包括描述发话者和接收者共享的情况，还涉及我们周围的整个现实世界，超越了语言的界限。这个功能用于提供客观信息，涉及针对事件或状态的陈述。它通常使用指示词、名词、动词以及陈述句等语法结构。举例来说，当我们说"El alcohol reduce las inhibiciones"（酒精可以减少抑制力）、"Hace calor"（天气很热）或"La fórmula del Ozono es O_3"（臭氧的化学式是O_3）时，就是在使用指称功能。

（5）Función metalingüística（元语言功能）：该功能主要关注语言自身的编码和性质，通常用于探讨语言的结构、性质和规则。当我们使用话语来探讨语言本身这一现象时，即在使用元语言功能。这一功能主要体现在定义中，无论是在书面语还是口头语中，可以说是所有表达的基础。当我们提到"La palabra 'lenguaje' es un sustantivo masculino"（"语言"这个单词是一个阳性名词）或"Este es un enunciado"（这是一个陈述句）时，就是在使用元语言功能。

（6）Función poética o estética（诗意功能或美学功能）：该功能关注话语本身，通常涉及语言的美学观，包括幽默、文字游戏、讽刺、押韵、叠韵等修辞手法，主要在文学作品中得以体现，以传达信息之外的美感和情感。典型的例子包括各类常用谚语，如"Bien vestido, bien recibido"（穿得体面，受得体面）；或"Quien mucho abarca, menos aprieta"（贪多嚼不烂）。这一功能通过文字的艺术表达丰富了语言的表达，为文学作品赋予了深层次的美感。

不同的语言功能在各种交际情境中都会发挥作用，而发话者在选择话语时会权衡这些不同功能的需求。虽然在任何一种语言交际行为中会同时涉及多种功能，但这些功能并非完全对等，往往某种功能可能会占据主要地位，主导交际情境，而其他功能则发挥从属作用。

在研究称呼语时，无疑需要考虑语言功能的角度。在很多情境下，使用称呼语实际上牵涉语言的意动功能或接触功能。因此，当说话者运用这些语言元素时，一方面是为了引起言语接收者的关注，另一方面则是为了强调即将传达的信息。此外，还存在着一个关键目标，那就是协调和管理交际双方之间的关系。

最初，我们认为称呼语的主要语用功能是"呼唤"或"召唤"（apelación）。这意味着在使用称呼语时，发话者旨在引起听众的注意，影响他们的情感或态度，并期待他们作出某种反应。该作用明显与语言的意动功能相吻合，因为它主要用于明确传达信息，最大限度地反映接收者的语言地位，并且使交际双方的社交关系变得更加和谐舒适。考虑到话语接收者的地位是称呼语"最明确的指示区域"，因此，称呼语的意动功能有时与"función del receptor"（接收者功能）相一致。然而，传统的句法学家通常将呼唤功能视为称呼语的唯一功能，或者说仅将称呼语视为一种意动功能。这是因为从句法的角度来看，称呼语通常不在句子内部扮演具有明确定义的句法角色，因此在句法分析中通常被描述为句子的非句子成分或句子的外围成分（elemento extra-oracional o periférico）（Gili Gaya，1961；Fuentes，2007）。这种描述凸显了呼唤语的独特性，将其视为一种话语的呼唤单位。

然而，在语用语言学领域，仅从句法角度解释是不够的。因此，仅强调意动功能不能完全解释称呼语的所有用法。实际上，称呼语的功能通常伴随着多种其他功能，而在许多情况下，这些附加功能甚至比最初的意动功能更为重要。

考虑到称呼语在日常语境中的语用自足性（la autosuficiencia pragmática），Bañón（1993）提出了一种充分考虑其语用功能的类别分类方式，具体如下：

（1）Vocativo salutario y honorativo（问候或尊敬称呼语）。问候称呼语和尊敬称呼语的使用情境类似，即在与他人直面交往时表示尊重和礼貌。其中，问候称呼语用于发话者向一个或多个话语接收者致以问候；尊敬称呼语用于向在交流语境中担任特殊职责或地位的人表示尊重，以示礼貌。

（2）Vocativo de llamada o apelativo puro（呼唤或纯粹称呼语）。这是一种具有纯粹功能的称呼语类型。在研究此主题的大多数文献中，都强调了这一特征。

发话者通过使用名字或代词来与话语接收者互动，以引起其注意。

（3）Vocativo exclamativo（惊叹称呼语）。该类称呼语指以感叹的方式来称呼对话中的特定接收者，用于表达发话者对接收者的某种行为或言论的惊讶或强烈反应。举个例子，当对话中出现潜在危险并需要通知对方时，可以使用这种类型的称呼语来表示强烈的情感。

（4）Vocativo de mandato（命令称呼语）。类似于"¡hijo!"（儿子！）这样的称呼可以发挥命令的作用。例如，"¡mamá, ven!"（妈妈，过来！）或"¡Hijo, sube ahora mismo!"（儿子，立刻上来！）。需要指出的是，就其语义和语用功能而言，该类型称呼语和命令式非常相似，例如，命令式"¡mira!"（看！）、"¡oye!"（听！）都具有意动功能。

（5）Vocativo de ruego（请求称呼语）。该类型称呼语通常用于请求或恳求的语境。与其他类型的称呼语（如命令称呼语）不同，请求称呼语往往反映了一种社会层次结构，其中，请求的发起者通常处于较低的社会地位，而请求的接收者则处于较高的社会地位。这种层级关系通常是根据具体的交流背景而形成的，并非一成不变。举例来说，当朋友或伴侣之间进行对话时，请求称呼语的使用可能会在言语背景中暗示发起请求的一方愿意主动放下自己的社会地位，以确保请求能够被有效传达。

（6）Vocativo de delimitación de turno conversacional（会话交替中的界定性称呼语）。该类称呼语的作用类似于话语"连接器"，或者用于规定不同人之间交替发言的规则。这种称呼语以独立的形式出现，通常用于交流中的不同参与者之间，以促进对话的进行、辩论的展开、座谈会的进行等。在某些情境下，特定的称呼语可以用来表明某个人发言的次序。例如，在一个会议上，主持人可能只需使用一个称呼语，如"Dr. Jiménez"，来示意此人可以开始发言，从而推动对话的正常进行以及维护对话的秩序。

（7）Vocativo axiológico（价值评价称呼语）。该类称呼语可以表达发话者对其直接沟通对象的评价。这种称呼语的目的是在指称的同时传达关于接收者的价值判断或态度，既可以是褒扬的，也可以是贬抑的。通过使用价值评价称呼语，发话者向听众传达对其观点、行为或特点的评价。这种称呼方式有助于在交流中传达情感或态度，使言辞更加丰富，感情更加鲜明。

综上所述，虽然"呼唤"功能在语言交际中具有重要作用，但除此之外，称呼语还有其他更复杂和深层次的语用功能。简而言之，虽然呼唤是其中的基本部分，但不能完全解释或涵盖所有称呼语的功能。

根据前文所述内容，我们引用 Cabrillana（2008）的观点，她认为，称呼语最常见的功能与"自由"的接收者或受话者密不可分，即与句子本身的语法结构无关的实体从发话者那里接收各种信息，如命令、请求、侮辱、赞美或情感等。总体来看，根据她的观点，无论从句法角度还是语义或比喻的角度来看，称呼语的最显著特点之一是其接收者或受话者不能完全融入句子的语法结构中。另外，她还强调了称呼语具有携带发话者潜在信息的能力。这意味着，称呼语在对话中除了起到引起听众注意的作用外，还可以传达特定的语义信息。

因此，纯粹的意动功能与接收者功能之间的区别在于，前者主要用于简单的呼唤或吸引注意，而后者不仅引起听众的关注，还提供了具有语义色彩的信息。此外，García Dini 的研究突出了称呼语的两个主要功能，即意动功能和强调功能。前者保留了其"纯粹的呼唤或吸引某人注意的能力"，而后者则从语用语义的角度赋予词句快乐、悲伤、愤怒、狂躁等情感色彩。在这一背景下，我们不得不提到 Schegloff（2007）的观点，他区分了称呼语的两种功能，分别称为"calls"（呼叫）和"addresses"（称呼）。所谓"呼叫"，是指吸引听众注意的功能，而"称呼"则是用于维持或强调发话者与接收者之间关系的功能。从这一观点出发，我们毫无疑问地理解了 Schegloff 所提到的称呼语的两种独特功能，即意动功能和强调功能。关于这一点，Bañón（1993）说："除了吸引某人的注意，（称呼语）还用于吸引某事或言论行为本身。"也就是说，在某些语境中，称呼语还涉及接收者对所说内容的反应，例如："¡Javier, qué has dicho!"（哈维尔，你说什么!）；又或者为了引起对话双方的注意，例如，"¿Lo has entendido, Javier?"（你理解了吗，哈维尔?）。

此外，一些学者认为，称呼语的潜在用法之一是在对话中从众多人群中识别特定的对话者。举个例子，想象一下一个教室里，每个学生都在认真聆听老师的讲课，突然老师需要请玛格达回答一个问题，于是老师说："¿Magda, por favor?"（请玛格达回答一下?）。在这种情境下，老师的行为不仅是在呼唤学生，还是为了通过使用她的名字来准确识别她。

根据 Cabrillana（2008）的观点，这种称呼语的主要功能可以概括为两种：一是"呼唤"；二是"识别"。这意味着呼唤不仅与表达命令或请求相关，还与确切地识别被呼唤的人有关。

Schaden（2010）在他的论文《称呼语：接收者的交际技巧》中提出了"IPA 假设"，即将称呼语分为三种不同类型：首先是"identificational"（识别），其功能是在潜在的多个接收者中明确定位目标接收者；其次是"predicational"（谓词），在这一类中，发话者试图一般性地指示接收者的特性；最后是"activation"（激活），主要用于激活或引起与之互动的人的注意。

考虑到称呼语的语用价值，我们应该将其与另外两个概念进行比较：人称指示（la deixis personal）和社交指示（la deixis social）。根据前述讨论，称呼语具有双重功能，即呼唤和识别。在这些情境下，称呼语显然具有指示性特征，因为它们有助于确定所指（人称指示），并且能够展示出与发话者之间的社会关系（社交指示）。然而，称呼语与指示性表达不同，后者具有更广泛的概念范围，因为它可以覆盖涉及言语交际背景中的所有参与者，包括发话者、接收者以及第三方。此外，社交指示是一种表达形式，用于指明交际参与者或第三者的社会地位，以及他们之间的社交距离或权力关系。

实际上，除了在句法和语义层面可以进行细微的区分之外，称呼语的主要应用领域在语用层面。在语用层面，称呼语被证明是一种多功能的资源，可以用于实现不同的交际意图，执行言语行为，并与对话者重新建立联系，明确定义话语中的不同参与者等。可以说，其语用层面"涵盖"了其他层面，它在某种程度上与句法和语义相互交织，形成了丰富的功能。简言之，我们面临的是一种"功能重复使用"情况，这在句法层面几乎没有体现，但在语用层面具有广泛而重要的作用。

关于称呼语在言语行为中的语用角色，Leech（1999）区分了其中的三个主要功能：吸引注意力、在多个交际者中进行识别以及维护和巩固人际关系。同时，Mazzoleni（1995）提出称呼语的两种功能模式：一种是"appello"或称"呼唤"，通常在交际对象尚未参与对话时使用，其主要目的是引起其注意并传达信息。通常，这种模式不伴随后续话语，因为发话者在等待交际对象的回应信号。另一种是"richiamo"或称"撤回"，通常在交际对象已经融入对话中时使用。使用这种模式的原因是需要重新引起他们的注意并保持对话的控制权，以实现更有目的的交际。这种模式通常以插入语的形式出现，其位置相对灵活，可以出现在句子的开头、中间或结尾。

我们认为，"呼唤"功能与语言的称谓功能相关，因为它的重点在于引起接收者的注意并等待其回应。而"撤回"功能与语言的交际功能相关，因为它的目的是重新激活交流并实现更有目的的交际。这两种功能在称呼语的使用中发挥着重要作用，为交际提供了更多的可能性和灵活性。

显然，迄今为止，我们所讨论的观点首先揭示了称呼语的最广泛和基本的功能，即语言的意动功能，这可以被视为称呼语的本质。然而，语用层面存在的微妙差异，如控制交际、建立和巩固对话双方的关系、开启和维持消息发出的渠道等，为我们提供了有关称呼语的另一个重要功能——交际功能（la función fática）的线索。正如 Jørgensen（2010）所言："由于称呼语没有明确的功能定义，其意动功能（唤起某人的注意或从众多听众中选择一个）和联系功能（保留话语权，强调已说的内容或控制听众的注意力）之间的界限仍未确定。"这表明，称呼语的多功能性使其在语用层面涵盖了多种重要作用，其中，吸引注意和维系交际渠道的功能也得到了进一步的强调。

实际上，语言的交际功能拥有更广泛的应用。在言语分析的层面，当我们谈及这一功能时，不仅牵涉开启或结束对话的能力，还包括将说话者的话语连接在一起，确保论述思路在言语行为中的连贯性。此外，正如 Vigara Tauste（1990）所述，交际功能在语言功能中是最凸显人际关系的，另外，它类似于表示功能一样是"不可避免"的（它构成了所有交流内容的背景基础），有时甚至可能比其他所有功能都更为关键，因为它在对话过程中扮演调节者的角色。

基于这些观点，我们可以发现某些元素旨在强调或突出与交际对象维持联系的功能，这些元素通常被称为"discourse markers"（话语标记）。它们是对话中的固定语言单元，通常不承担句子谓词层面的句法功能（Portolés & Martín Zorraquino，1999）。与副词、介词和连词不同，话语标记通常被视为边缘元素。Briz（1998）指出："这些标记与对话活动的组织相关。"也就是说，在口头交流中，标记功能不仅用于控制和组织信息，还包括维护参与者之间的交际联系。

和许多其他语法概念一样，如指示词和称呼语，要准确描述话语标记的语法类别几乎是一项不可能完成的任务，因为它们无法被定义为一个统一的词汇类别，而是一个开放的词汇库。根据话语标记在交流中的功能，Portolés 和 Martín Zorraquino 将其分为以下五组：

（1）Estructuradores de la información（信息结构标记）。
（2）Conectores（连接标记）。
（3）Reformuladores（重述标记）。
（4）Operadores argumentativos（论证标记）。
（5）Marcadores conversacionales（o de contacto）（会话标记或接触标记）。

信息结构标记用于指示话语信息的组织，例如，"pues, así las cosas"（因此，事情就这样），有助于确保话语结构的清晰和有序，促进理解和信息传达。连接标记的作用则在于将话语中的一个成分与前一个连接起来，例如，"además, por tanto"（此外，因此），其在语义和语用层面增进了话语的连贯性，帮助构建更流畅的交际。重述标记用于更准确地表达之前所说的内容，例如，"o sea, es decir"（也就是说，就是这个意思），有助于消除歧义，确保听者更好地理解发话者的意图。论证标记则包括无须上下文理解的标记，例如，"en realidad, en el fondo"（实际上，本质上），其在强调和论证观点方面发挥作用，增强话语的表达力。会话标记属于对话标记组，如 Martí（2008）所述，其在对话中连接不同对话者的话语次序，促进其交替并有助于正确解释这些次序的性质。这一组标记不仅具备意动功能，还用于引起关注和突出强调。例如，"bueno, vamos, oye, mira，ya，por favor，perdón"（好的，走吧，喂，看，已经，拜托，请原谅）以及一些名词性称呼语，这些元素被归类为"名词性话语标记称呼语"。总之，这些话语标记在构建清晰、连贯和有效的对话中发挥了重要作用，有助于促进信息的交流和理解。

部分名词性称呼语就属于这种言辞策略，包括"hijo/a"（儿子/女儿）、"hombre/mujer"（男人/女人）、"tío/a"（叔叔/阿姨）等，以及其他类似的称呼方式。这些词汇在使用时不特指特定的个体，而是作为一种话语策略，象征某类抽象的语言概念，可以被看作纯粹的"口头习惯用语"。当它们被嵌入到句子中时，有助于增强话语的表达力，不仅可以引起接收者的关注，还可以用来减弱或强调随后插入的话语信息。这些名词性称呼语通常可以与其他标记一起使用，如"bueno"（好的）、"bien"（好吧）、"además"（而且）、"pues"（那么）、"pero"（但是）、"claro"（当然）、"encima"（此外）等。例如，"¡Bueno hijo, no pasa nada！"/"Pues tío,¿a dónde vamos ahora?"（好孩子，没事的！/所以，叔叔，我们现在去哪儿？）。Portolés 和 Martín Zorraquino（1999）指出，这些元素反映出了"同形异义的名词在语法上的规范化过程"。换句话说，虽然它们在形式上是称呼语，但主要特点并不包括意图唤起关注。

因此，我们可以将称呼语作为对话标记的使用视为联系功能的一种延伸。这是因为它不仅与意动功能有关，还与其他语法标记共同构成了对称呼语更全面的研究领域。深入研究称呼语的使用对我们更深刻地理解语言非常有益，同时也对实现有效的交际具有重要意义。

2.1.4.3　称呼语的特点

在形式主义语法中（La gramática formalista），通常将称呼语视为语句中的选择性成分（Elementos optativos de la oración）。然而，从句法和语义的角度来看，它们通常被视为边缘化元素或非句子元素（Elementos marginados o extraoracionales）。这一特性使称呼语似乎从未引起句法研究学者的注意。因此，在这个层面上，对称呼语的分析通常得出相似的结论：基于呼唤功能的这些语法元素通常不被视为对主语或谓语的补充，因为它们与后者没有语法上的联系，被视为句子表达的边缘元素。根据 Bañón（1993）的观点，这种看法引发了对称呼语是否与句子整体相整合或非整合的两种对立观点的争论。

反对整合派（El deno - integración）的观点主要有三个方面，分别是：①sintáctico - funcional（句法—功能）；②sintáctico - posicional（句法—位置）；③sintáctico-semántico（句法—语义）。第一个方面认为称呼语缺乏"actancialidad"（行为性）①，即该元素不执行句子中的任何基本句法功能。第二个方面涉及称呼语的"uniposicionalidad"（单一位置性）②、"biposicional"（双重位置性）和"triposicionalidad"（三重位置性）结构。第三个方面涉及称呼语的"omisibilidad"（可省略性），即删除它不会影响句子句法和结构的一致性，也不会影响句子的含义。

相较于以上观点，支持整合派（El de integración）以 19 世纪一些专注于称呼语研究的学者为主，如 Dueñas（1864），他更倾向于将称呼语视为类似于名词的元素，它们主导整个交际，并在句中担当补语的角色。此外，Aguilar（1893）和 Gisbert（1900）等则将称呼语视为代词"tú"（你）的附属术语。

关于称呼语的位置分析和语音特点，《西班牙语新语法大纲》总结概括了相关研究的普遍看法：

（称呼语）可以放在句子的开头、中间或结尾。不同的位置赋予了不同的语言价值或角色：在句子开头引起听话者的注意，这是称呼语在口语中最常见的位置；在句子中间或结尾主要是强调性的，其作用通常局限于根据语调反映的细微差别来强化或平缓人们的表达。

正如前文所述，不论句子的类型如何，称呼语都可以出现在三个基本位置。位置的选择取决于人们希望传达的意义，我们尝试用以下例子来说明：

当我们只是想引起某人的注意而不添加任何细微差别时，通常将称呼语置于句子的前面：

María，¿puedes venir?

（玛利亚，你能过来一下吗?）

Tú，sí，ven.

（你，是的，来吧。）

当我们想强调我们所说的内容时，可以将称呼语放在句子的中间：

En clase，María，no se come.

（在课堂上，玛丽亚，不能吃东西。）

No fue culpa de nadie，tú，solo tú，¡has destruido todo!

（这不是任何人的错，是你，只有你，你把一切都毁了!）

当我们想表示强调或在不经意时③使用时，可能会将称呼语置于句末：

---

① 该表述最初源自 Tesnière、Martinet、Alcina 和 Blecua 等语法学家所使用的术语。

② Orío 和 Rubio（1869）、Andrés（1884）等的研究坚持认为称呼语在句中的位置具有唯一性，即总是出现在句子的开头。

③ 这里的在"不经意时使用"指的是在某些情况下，说话者会不自觉地在句子末尾加入称呼语，如同口头习惯用语，因此它通常在非正式的语境和紧张的交流情境中使用，较为明显的例子是争吵或辩论。

¿Seguro que no quieres venir, María?

（你确定你不想来吗，玛丽亚？）

Pues, ni idea, Javi.

（好吧，我不知道，哈维。）

¿Me acompañas tú Lola?

（你，罗拉，陪我一起吗？）

总而言之，称呼语因其显著的意动功能而备受关注。这一特性赋予了称呼语独立的语音特点，使其在句子中易于识别。Cabrillana（2008）指出，特定的音调特征使我们无须进行进一步的形态区分。此外，正如 Gili Gaya（1970）所指出的，声音特征的可分离性在口语中表现为停顿、音高强化以及特殊的语调，而在书面语中通常以逗号的形式出现。

此外，声音特征也会发生变化，这取决于称呼语在句子中的位置以及发话者赋予称呼语的语用任务——是用于强调内容还是用于弱化内容。这一方面与语用学，特别是语言礼貌密切相关。

2.1.5　称呼语与礼貌

毫无疑问，称呼语在语用领域具有更广泛的价值。因此本节我们将对此进行深入的分析，以探究称呼语与句子结构和语境要素之间的紧密关系。称呼语不仅用于标识特定个体，还能够赋予话语更多情感色彩和表达价值。事实上，根据语言学家的观点，称呼语所承担的话语功能通常与另一个重要的语用问题紧密相连，即语言礼貌。在深入探讨这一主题之前，我们需要先回答一个基本问题：何为礼貌？

在语言学中，礼貌（politeness）指的并不是社交礼仪（social etiquette），如吃饭时不要用餐刀敲击盘子的边缘，或是说话时应尽量与对方进行眼神交流，它指的是说话者为避免使听众对自己的话语产生反感而对其进行的无数次调整。在现代西班牙语中，"cortesía" 这个词的词源可以追溯到拉丁语 "cohors-ortis"，它原本指的是中世纪宫廷所奉行的行为准则。尽管从这个词汇派生出的许多术语已不再涉及宫廷特权，而是适用于日常人际关系，但仍然保留了其派生中的含义，如 "cortesía-cortés-corte"。将这一概念与汉语相比较，与之对应的表述即为 "礼貌" 一词。该词字面上意味着 "言语行为的谦卑与尊重"。根据 Gu（1990）的观点，若要更好地理解 "礼貌" 的含义，需要追溯这个词中的第一个汉字 "礼" 的起源。"礼" 的概念十分古老，源自中国古代的儒家思想，代表着建立秩序和巩固封建社会等级的基本原则。Gu 认为，"礼" 和 "礼貌" 存在内在联系："礼" 是 "礼貌" 的具体体现，而这种具体体现有助于改善社会的等级与秩序。随着时间的推移，封建社会逐渐消逝。在现代中国社会中，我们往往将"礼貌"的作用理解为改善和减轻社会及人际关系中存在的紧张与冲突。

需要强调的是，无论是在中国还是西班牙，从社会语用学和社会语言学的角度来看，语言礼貌都是我们在论文撰写过程中必须考虑的一个重要因素。礼貌可以通过多种方式表现出来，涵盖口头、书面、视觉、手势、语言附加特征①等多个层面。借助 Haverkate（1994）的研究，我们可以通过图 2-3 简要了解表达礼貌的多种形式。

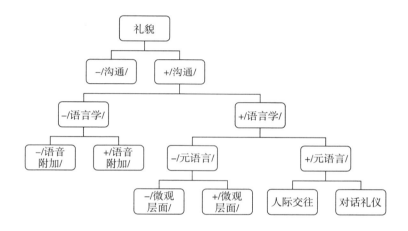

图 2-3　"礼貌"概念的不同表现形式

根据 Haverkate 的分类，第一处"［＋］/［－］沟通"的划分十分明显，因为在大多数情况下，礼貌确实具有改善沟通的作用。第二处"［＋］/［－］语言学"的划分取决于发声器官是否发挥作用以及传输的声音信息是否携带语义内涵。非语言礼貌（"-/语言学/"）下分为两个分支："［－］语音附加"表示仅使用非语言元素（音调、音质、音量、语调、语速等）；"［＋］语音附加"除了上述提到的元素外，还涉及具有语义价值的发音。至于语言礼貌分支，可分为"［－］元语言"（"语言内部"）和"［＋］元语言"（"语言外部"）。它们的区别在于第一个分类旨在更准确地传递信息，而第二个则更注重调节对话双方的行为，缓解或解决潜在冲突，促进友好交流。因此，"［－］元语言"分支涉及交际中语言的内部结构和组织，强调语言作为一种交际工具的内部机制，如语法、句法、词汇

---

① 此处语言附加特征（Paralinguistic）通常包括语音、语调、音量、语速、音质、停顿、发音，以及其他语言之外的声音和声音特征。

等，以确保参与者之间的相互理解。而第二个分支"［＋］元语言"，研究了语言在使用时如何反映外部因素，如交际参与者之间的关系、意图、语境、沟通情景和沟通时间等，强调语言与社交、文化和情境的互动，以及语言如何适应和反映这些外部因素。

总的来说，礼貌是一个在社会科学领域广泛研究的主题，可以从多个学科角度探讨，包括人类学、社会学、心理学、教育学、语言学、社会语言学和传播学等。然而，我们的研究聚焦于控制人际交往的原则，特别关注不同性别之间的言语行为。如前文所述，礼貌可以通过语言方式表达，因此我们将语言礼貌视为一种适用于社会关系的语言机制或技巧。需要强调的是，尽管语言礼貌的研究起步相对较晚，但一经开始，就引发了广泛的语言学兴趣，成为各种不同观点的聚焦点。通过综合各种不同概念和语言研究观点，我们能够更全面地解释对话互动中的语言使用，理解参与者的行为，并将语言形式与社会功能联系起来。

最初，对语言礼貌的研究主要集中在英语语言学领域，以 Brown 和 Levinson 的模型为基础，这一模型引发了更多语言学者的研究兴趣。根据 Eelen（2001）①的观点，语用学和社会语言学是研究语言礼貌最广泛的两个领域。同时，根据 Pan（2000）的描述，这两种方法——"language-based approach"（基于语言的方法）和"society-based approach"（基于社会的方法）——在研究上互相辅助，为相关研究提供了协同支持。

基于语言的研究方法将礼貌视为话语策略。相关领域的理论研究一贯以 Grice 的"合作原则"（Cooperative Principio）为出发点，以言语行为（La teoría de los actos de habla）理论为基础，该理论最早由 Austin 提出，随后由 Searle 传承发展。其中，Lakoff 提出的理论最为通用，将语用适应性原则细分为两个关键原则：清晰原则（ser claro）和礼貌原则（ser cortés）。另外，Leech（1998）提出了三组修辞原则，着重探讨礼貌原则（PC），该原则通过六个关键准则来体现：得体准则、慷慨准则、赞誉准则、谦逊准则、一致准则和同情准则。然而，这一领域最为标志性的理论来自人类学家 Brown 和 Levinson（1987）的权威之作《礼貌：语言使用中的一些共性》（Politeness：Some Universals in Language Usage），他们展现了世界各地的人是如何利用礼貌来融通互动的，并以此为契机，对 Grice 的会话含义理论进行了拓展，从而衍生出了著名的礼貌理论（Politeness Theory）。尽管他们不是第一个提出礼貌理论的学者，但由于其广泛的应用和讨论以及强烈的学术反响，这一理论引起了广泛的关注。这两位学者的理论之所以如此重要，是因为他们将礼貌的概念普遍应用于语用学研究，使之成为了备受关

---

① 转引自 Tsai. Aspectos discursivos en la traducción de la coresopondencia comercial chino-español：Movimientos retóricos y estrategias de cortesía［D］. Universidad Autònoma de Barcelona，2010.

注的学术主题。

Brown 和 Levinson 的礼貌理论核心概念涉及"面子"（face）① 的内涵，包括"负面面子"和"正面面子"，前者即交际者的话语形象不得受到干涉，后者即交际者的话语形象需要被他人欣赏和赞同。在口头交际中，二者必须尽可能保持平衡，尽量不侵犯他人的"面子"。简而言之，拒绝请求对交际者的"负面面子"构成潜在威胁，批评指责则对交际者的"正面面子"产生不利影响。这两位学者通过不断观察互动中的潜在冲突，得出结论：礼貌的主要功能是减少对交际者面子的威胁。

虽然 Brown 和 Levinson 承认"面子"理论会因不同文化观念的影响在不同社会中产生差异，但他们仍认为该理论具有较高的普适性。然而，学术界对这一理论的主要批评来自后续研究，随着对非英语社会文化的研究逐渐增多，人们发现战略性视角无法解释所有社会文化的差异。因此，后续研究将礼貌的主要功能视为一种减少交际互动中威胁的机制，然后是满足发话者的利益。但从个人主义的角度来看，这种观点被质疑是否过于悲观。②

此外，人们将 Brown 和 Levinson 的礼貌模型应用于不同文化背景的研究时，发现该模型存在一定的应用问题，于是人们开始尝试制定更加灵活且适用于跨文化研究的模型。接下来我们简要介绍其中的一些。

Kerbrat-Orecchioni（2004）针对 Brown 和 Levinson 模型的不足之处提出了不同类型的言语行为，即"actos agradadores"（赞扬性行为/FFAs：face flattering acts）。这些积极或令人愉悦的行为可能会产生积极的礼貌行为并加强它（Edeso，2005）。在这一方面，Hernández Flores 在其研究中提出，除了 Brown 和 Levinson 模型中的两个功能之外③，礼貌还有第三个功能，即"在没有威胁的情况下增强自我形象"。此外，Bravo（1999）还引入了新的二元性观点：自主性和附属性④，它基于个体在自我与他人之间的关系中的两种需求而建立。

Gu（1990）认为，在汉语中礼貌包括四个基本内涵：尊重、谦虚、亲切、细致。礼貌的规范具体表现为四个原则：自称、他称、接触、慷慨。⑤ Mao

----

① 在西班牙语文献中，face 一般译为 la imagen，即"交际者的形象"。

② He X. J. Las formas de tratamientos en español y la cortesía verbal ［M］. Beijing：Tourism Education Press，2010.

③ 此处的两个功能分别对应的是 Brown 和 Levinson（1987）模型中所提到的"形象风险的减弱"和"形象受损的修复"。

④ 根据 Diana Bravo 的观点，自主性形象指的是"将自己与群体区分开来的行为"；而附属性形象指的是"使自己与群体身份相符的行为"。自主性和附属性这两个类别在不同社会中会以不同的方式表现出来［He（2010）］。

⑤ 这四个原则翻译自原文"self-denigration，address，tact and generosity"。

（1994）在其研究中深入探讨了"面子"的概念，并进行了与汉语的比较研究。他从对 Brown 和 Levinson 模型中"面子"概念起源的疑问出发，最终得出结论："面子"的概念源自汉语。

经过礼貌问题的综述研究，我们得出结论：话语语境、意识形态和社会文化等因素在言语表达中不可忽视，因为在交际互动中，我们必须尊重每个语言社群的独特特征。礼貌作为社会行为规范的具体体现，常常受到这些因素的影响。因此，我们提出，根据不同社会和文化背景，礼貌可以划分为两种主要类型：一种是固有的、真诚的礼貌（cortesía deferencial），另一种是策略性的礼貌（cortesía intencional）。这两种礼貌分别反映了交际者表达话语的态度和意图。

这里需要简要提及言语中态度和意图之间的关系。通常，人们认为这两个概念是相互关联的。然而，根据 Boyero（2002）的看法，言辞的态度与交际情境密切相关，而意图则与在交际过程中需要保持一致的态度之间的影响有关。简而言之，态度是情境性的，而意图是背景性的。基于这一观点，如果我们按照相同的思路考虑礼貌，我们可以根据这种二分法来区分：礼貌可以被视为一种"交际者用于避免和减少冲突的机制集合"，这是战略方法的出发点，主要应用于低权距文化（Índice de Distancia Jerárquica，IDJ）①的社会，强调个体的兴趣和目标。在这种情况下，礼貌更加重视在交际过程中产生的效果，因此也被称为有意的礼貌。而在高权距文化社会中，礼貌起到了调节人际关系的作用，这类社会更加关注"发话者所属社群的集体判断"，也就是发话者的态度，即所谓的态度礼貌。

此外，值得注意的是，在语言互动过程中，参与者之间的关系并非静态不变的，而是随着对话的发展而发生变化。这种变化通常不是受年龄、性别、职业或社会地位等先前确定的因素所驱动，而是取决于参与者的态度和意图。礼貌是其中的一个显著表现形式，包括尊敬和策略性礼貌。因此，礼貌被视为一种语用元素，它不仅对对话和交际产生影响，还能够塑造个体之间的社会关系。因此，礼貌的功能在引导语言互动时不断调整，从而改变了彼此之间的交往方式，自然也包括称呼方式。

"礼貌是一种社会行为规范，必然会影响到语言形式的选择。"基于这个观点，可以认为言语礼貌可以在言语行为的各个层面和相应的语言形式中表现出来，其中包括称呼方式。María Moliner（2016）的《西班牙语用法词典》提及

---

① IDJ 是"权力距离指数"的缩写，这一概念是由荷兰心理学家吉尔特·霍夫斯泰德（Geert Hofstede）于 1999 年提出的。他将这一概念称为"个人主义与集体主义的尺度"。如今，"霍夫斯泰德的文化维度"已成为跨文化心理学中应用最广泛的范式之一。

"礼貌"的八个定义，其中一个便与称呼方式有关①。此外，Gu（1990）在探讨礼貌时认为，对待方式涉及礼貌的两个子概念：尊重和亲切，可以解释为使用适当的称呼词来称呼交际者。适当性的价值意味着说话者的社会地位和角色以及对话者双方的关系。

至于本章的主题，即称呼语和礼貌之间的关系，在西班牙语中有许多研究涉及这一点。Alonso-Cortés（1999）指出，一些称呼语的使用属于礼貌范畴，并根据 Brown 和 Levinson（1987）提出的理论将礼貌分为以下两类：

（1）正式（或负面）：用于建立常规的、经过修饰与设计的沟通，涉及在对话双方表达尊重和敬意。

（2）非正式（或正面）：用于建立非常规的、更自然的沟通，包括对话双方的熟悉程度、信任程度和亲近程度。

举例说明：使用名字可以表示某种约定俗成，即表达正式的礼貌，而名字的省略则与非正式礼貌有关。

此外，Álvarez（2005）指出了礼貌与称呼语之间的关系，他认为："在称呼系统中，礼貌与社会规范以及语言之间的相互关系表现得如此明显，几乎超过了任何其他系统。"不仅如此，在与 Brown 和 Levinson 理论相关的情况下，他将称呼系统分为两种基本类型：一种是表示负面或正式感的礼貌称呼形式，用于表达对交际者的尊重和距离感；另一种是表示正面或亲近感的礼貌称呼形式，说话者一般在不需要表现出尊重或距离感的情况下使用。

与此同时，Fuentes 的著作 *La Gramática de la Cortesía en Español/LE*（《西班牙语作为第二语言的礼貌语法》）② 基于 Brown 和 Levinson 的理论，将焦点放在了代词化称呼方式，即"T/V"中的"你"和"您"，以及由语言的地理分布和历史发展等原因所引起的其他不同形式上。作为结论，她指出称呼方式"你"通常用来表示友善、非正式的交谈，体现了心理或情感上的亲近，而"您"则通常表示对话双方距离感较强，同时也含有"负面"意义。

我们需要指出 Edeso 在其著作中所进行的研究，笔者对礼貌理论范畴中的称呼语行为进行了非常有趣的探讨："在我们看来，称呼方式在话语中的主要用途是表示礼貌，既可以是积极的也可以是负面的；有时用于表达说话者的自我反思，有时可以暗示听话者参与发话者的发言，甚至有时还可以表达对听话

---

① 词典原文中的八个定义如下：a. Cualidad de cortés. b. Conjunto de reglas mantenidas en el trato social, mediante las cuales las personas se muestran entre sí consideración y respeto："trata a todos con cortesía". c. Expresiones de cortesía escritas antes de la firma en una carta. d. Tratamientos. e. Regalo. f. Merced（gracia）. g.（negocios）. Días que se concedían para el pago de una letra，después de su vencimiento. h. Sobrante de una página o espacio considerable al final de un capítulo y que se deja en blanco en un libro.

② 中文名为笔者所译。

者的判断。"与之前的研究者不同，Edeso 参照了 Kerbrat-Orecchioni（2004）的观点，认为任何言语行为都可以描述为 Face Threatening Act（FTA），即对形象构成威胁的行为，或 Face Flattering Act（FFA），即对形象有益的行为。因此，称呼方式在积极礼貌的框架内起到了加强作用，在对形象有益的行为中，或在负面礼貌的框架内起到了减轻或缓解作用，在对形象构成威胁的行为中，它可以用于表示说话者的自我反思，有时也会让听话者参与到说话者的观点中去。

总而言之，语言和世界具有相同的结构，是人类思维的反映。言语行为的含义取决于每位说话者的态度、意图和思考方式。也就是说，称呼语的选用原则也传达了言语行为的意图，这种选择决定了该对话的质量是偏向熟悉和友好的一面，还是偏向攻击和危险的一面。甚至在很多情况下，称呼语可以预测这种不良交际意图的结果。

2.2　汉语和西班牙语中具备称呼语功能的称呼语形式

根据 Blum（1997）的观点，称呼方式的范式是在理想情况下，聆听者认为是说话者表达内心最深感受的方式，同时也是验证说话者对不同场合或语境认知的工具。因此，我们认为全面研究任何语言的称呼方式都必须包括名词和代词的分析，尽管它们属于相同的语法类别，但它们共同构成了深入理解社会结构和人际关系的关键。

接下来，我们将分别详细介绍西班牙语和中文的称呼系统。

2.2.1　汉语称呼语范式

中西方社会和道德体系存在明显差异，这也导致了截然不同的称呼体系。汉语的称呼方式更为复杂，种类更多。在中国，即便是家庭内部，也存在着 300 多种不同的称呼方式，这一复杂性反映了中国文化和社会的多样性。研究中国的称呼体系可以追溯到《尔雅》，这是现存最古老的中国百科全书之一，其中的第四章详细解释了家庭成员之间的不同称呼方式。古代中国社会非常注重社会等级制度，而这一概念在今天依然占据主导地位，影响着人们生活的各个方面。

为了更好地理解中国文化对称呼方式的分布和影响，首先需要理解"辈分"这一概念，它是中国社会中非常重要的变量。有学者认为，辈分是根据发话人和接收者的家庭关系、职业或学术领域等因素而定义的等级制度（Tsai，2010）。在这一概念中，有三个层次：长辈，指社会地位较高或年纪较大的人；平辈，指社会地位相近的人；晚辈，指社会地位较低或年纪较小的人。

由于其重要的文化本质和在社会语言学分析中的核心作用，这种称谓体系引起了众多国内外学者的浓厚兴趣。Hong（1985）以礼貌为出发点，研究了基于面对面交往的汉语称谓方式。他的研究指出，从古代开始，中国人就有着一套礼貌规则来规范称谓方式：对他人的称呼始终需要使用尊敬或尊贵的词汇，而提到自己时，说话者必须使用谦虚的称谓。Hong 还提到，选择使用哪种称谓的依据是儒家互惠原则所提出的人际关系规范：父子、君臣、夫妇、长幼。从这里不难看出互惠关系在今天仍然存在，并且影响着发话者对称呼语的选择。因此，称谓方式的不同与发话者在向接收者发出称呼时所扮演的角色密切相关。

Chen（1991）对中国的问候语进行了研究，并提出了四种分类，其中称呼语被归入所谓的称谓语类别进行分析，其研究内容包括人名、亲属称谓和头衔的使用。此外，Chen 指出，称呼语通常用于表达对不同接受者和情境的不同态度与方式。因此，她认为这些称呼语以及其他问候语构成了中国有礼言谈的重要组成部分，如姓氏的使用：将其置于头衔词之前，不仅表现出对说话对象的尊重，还暗示了与说话对象之间的距离亲疏。

在这方面，Blum（1997）也探讨了在面对面交往时汉语中亲属称谓、代词和个人姓名的使用。她认为，汉语中亲属称谓的使用非常普遍，因为它们有助于强调家庭团结的重要性，这在中国文化中备受重视。因此，她指出，情感因素在选择称谓方式时通常比权力层面的因素更为重要。

总的来说，称谓方式被视为获取社会信息的重要来源。因此，这些研究不仅对于跨文化研究数据的收集至关重要，还为今后与这一主题相关的研究提供了有力支持。

2.2.1.1 代词形式

在研究中国的称呼系统时，我们会发现，相对于名词形式，代词形式的研究较为有限。这主要是因为代词在传达不同人际关系方面的作用相对较单一，表达方式也相对有限。由于这两个原因，研究者对代词形式的关注较少（郑尔宁，2005）。然而，在实际的交际中，代词的使用至关重要，尤其在对话中（田惠刚，1998）。在任何对话中，都存在两个关键的参与者：发话者（主要领域）和接收者（辅助领域）（Martin Valbuena，2009）。这两个领域是相互关联的，因为说话者也可能成为听话者，反之亦然。没有人说话，对话就无法建立；同样，如果没有听话者，对话也就毫无意义。因此，我们认为代词，特别是第二人称代词，在言谈行为中具有重要的称呼功能（Alonso-Cortés，1999），因此应该在称呼系统的研究中得到更多关注。

总的来说，汉语普通话拥有与西班牙语类似的代词称谓系统（见表2-2）。从汉字的起源和构造的角度来看，汉字"你"具有"左右"结构，由左边的"亻"（表示"人"）和右边的"尔"（表示"你"）组成。在古代，它与现代的"你"意思相同。现代的"你"可以追溯到唐朝时期（618~907年），从那时起，它逐渐成为口语中的常见用语，而"尔"更多地出现在书面语中。

表2-2　汉语代词形式称谓系统

种类	单数		复数	
	汉语	西班牙语	汉语	西班牙语
I	你	Tú	你们	Vosotros，tras
II	您	Usted	您们，您诸位	Ustedes

当研究现代尊重用语"您"的起源时，学界存在不同的观点。有一种观点，如 Zhao[①] 认为，"您"最早源自北方方言，是"你们"的演变形式。而"你们"本来是"你"的复数形式，在经历一系列音韵演变后，逐渐演变成了现代的"您"。另一种观点，如 Wang（1955）认为，"您"源自短语"你老"或"你老人家"，然后逐渐演变成了"您"。在字符构造方面，也有趣的发现，字符"您"的构成相当有意思，采用了一种"上下"结构，字符的上部是"你"，基底部是"心"。这个构造传达了一种象形意义，即如果我用心对待你，或者把你放在我心上，你就成为"您"（Song，2015）。

在汉语中，胡裕树（1995）、黄伯荣和廖序东（2002）认为，复数形式的"你"是"你们"，其中的"们"是一种复数助词，通常附加在有生命的名词和代词上，表示复数。然而，在"您"的复数形式上存在一些争议。吴洁敏（1981）、王力（1983）和林祥楣（1991）等认为，"您们"不符合语法规范，因为古代"您"的含义是"你们"，所以将其用作尊重的单数形式是不恰当的，应该使用"您×位"来表示人数。然而，也有其他学者，如黄伯荣和廖序东（2002）承认"您们"的复数性质，但更倾向于使用"您几位"或"您诸位"。当然，也有学者持相反观点，邢福义（1996）支持"您们"的用法，认为"您几位"和"您诸位"这两种形式太过传统和正式。Lu 也认为，"您"是唯一用于尊重单个或多个对话者的形式。

---

① 转引自杨永林. 社会语言学研究：功能·称谓·性别篇［M］. 上海：上海外语教育出版社，2004.

与西班牙语中的 T/V（tú/usted；你/您）形式相比，汉语中的"你"和"您"似乎更具语义灵活性，因为它们涵盖了更广泛的指示内容，既可以用来指代第二人称单数和复数，也可以用来指代任何人。例如：

1a. **你**叫什么名字？

1b. **你**方代表提出的方案应该考虑。

1c. 现如今**你**谁也不能相信。

在这些示例中，1a 中的"你"属于正常用法，指代一个对话者；1b 中的"你"指代多个人；1c 中的"你"可以指代任何不确定的人，从而意味着句子具有非特指性。

2a. **您**请坐！

2b. **您**几位去哪里？

2c. 疗效甚好，包**您**满意。

与第一组类似，这一组分别展示了"您"的单数和复数用法：2a 是正常用法，2b 是复数用法，2c 中的"您"可以被任何人代替。

3a. **你们**下课来办公室一趟。

3b. 老师说：同学们，**我们**要好好学习啊！

在这一组中，3a 使用"你们"来指代多个对话者，而 3b 则是通过包含第一人称的"我们"来暗指第二人称的"你们"。

在汉语中，尤其是口语交流中，有时会出现没有主语的情况，这是汉语语法的一个重要特征（Li & Thompson，1999）。下面是一个明显的示例：

4a. ——Ø 怎么啦？

4b. ——Ø 没事，Ø 不用担心。

这个对话中有三处省略了人称代词（以符号 Ø 表示），第一个是宾语的"你"，第二个是主语的"我"，第三个是另一个主语的"你"。Song（2015）认为，出现这种省略现象的原因是：汉语是一门以话题为主要特征的语言，更注重语用学而不是句法学。这意味着只要对话连贯、结构清晰简洁，语义内容就会被完全理解。

代词形式的称呼语通常放在句子的谓语前。在现代汉语中，句法规则相当严格和复杂，因为汉语的单词通常不通过形态标记来显示它们的句法角色，所以单词的排列顺序至关重要（Song，2015）。一般情况下，代词形式的称呼语会出现在谓语动词前，例如：

5a. **你**别听闲话。

5b. **您**贵姓？

5c. **你们**认为这书怎么样？

偶尔也会有一些例外情况，即将人称代词形式的称呼语放在句末，一般是在非正式的疑问句句末。此时，它们在某种程度上强调了句子的语气：

6a. 干嘛啊**你**？

6b. 去哪儿啊**您**？

2.2.1.2 名词形式

像我们之前提到的，辈分的概念贯穿中国人的日常生活，并深刻影响着人们的语言表达。名词性尊称是中国文化中一类典型的称谓，很好地体现了辈分的重要性。因此，众多学者一直致力于研究这一语言现象，包括 Blum（1997）、Chao（1956）、陈建民（1999）、田惠刚（1998）、杨永林（2004）、He（2010）等。在这里，我们将采用田惠刚（1998）的分类方式，将汉语中名词性质的称呼语类型进行展示，具体如表 2-3 所示。

表 2-3　中文名词性称呼系统

Las formas nominales de tratamiento en chino（汉语名词形式称谓）	Nombres de persona （姓名）	Apellido （姓）	赵、钱、孙、李……
		Nombre （名）	非常个人化
		Apodo （绰号）	四眼钢牙妹……
	Términos de parentesco （亲属关系）	Basado en la relación de parentesco （基于亲属关系）	爸爸、妈妈、爷爷、奶奶、外公、外婆……
		Basado en el desplazamiento de tono （借助亲属的口吻）	爸爸、妈妈、爷爷、奶奶、孩子他爸、孩子他奶奶……
	Términos de tratamiento en las relaciones sociales （社会关系）	De afecto （基于情感）	一陶、陶陶、陶儿、小陶……
		De oficios y profesiones （基于职业和专业）	医生、教练、局长、处长、老师……
		De respect （基于尊重）	老徐、徐老、老徐同志、先生、老师……
		Generals （通用）	同志、师傅、老板……
		De parentesco ficticio （虚构的亲属关系）	爷爷、奶奶、叔叔、阿姨、大哥、大姐、大妹子……

2.2.1.2.1　姓名①

一般而言，中国人的命名结构包含姓和名两部分，尽管在书写和发音上并未

---

① 需要说明的是，本节提到的个人姓名的构成规则，主要以汉族人群为主。汉族构成了中国近 92% 的人口。汉族是世界上人口最多的民族群体。其他少数民族，虽然其中一些保留了按照自己的语言或方言传统的命名方式，但也有一部分采用了汉族的命名风格。

分隔，但由于汉语的语音和形态特性，这两部分之间的边界仍然明显可辨。

（1）姓氏。根据姓氏中字符数量的不同，中国的姓氏可分为五种主要类型，即单字符姓氏、双字符姓氏、三字符姓氏、四字符姓氏和五字符姓氏。其中，单字符姓氏最为普遍。根据田惠刚（1998）的研究，一些最常见的汉姓包括王、张、李、刘、陈、赵、周、杨、孙、徐、黄、高、林、何等。尽管过去存在许多由两个字符组成的姓氏，但如今只有少数几个姓氏仍然保留，如司马、皇甫、公孙、呼延、欧阳、尉迟、西门等。至于由三个、四个或五个字符组成的姓氏，由于其极其罕见，本书将不进行详细讨论。

值得一提的是，北宋时期（960~1127 年）编写的《百家姓》是最著名且影响最深远的姓氏汇编之一。这本书因为采用了韵文的方式编写，使人们无论年龄大小，都可以通过吟咏的方式相对轻松地记忆这些姓氏。尽管《百家姓》广受欢迎，但它的姓氏范围相对有限，未包括当时所有的姓氏。田惠刚（1998）的研究显示，历史文献中记录的姓氏总数达到了 6363 个，其中包括 3730 个单字符姓氏、2475 个双字符姓氏、146 个三字符姓氏、7 个四字符姓氏，以及 5 个五字符姓氏。如今，中国汉族依然使用的姓氏数量约为 3100 个，其中，2950 个是单字符姓氏，150 个是双字符姓氏。然而，《百家姓》中的那些最知名的姓氏在实际应用中并不都同样常见。

在中国古代，人们选择姓氏有各种原因。以下是一些主要因素及其示例和一些至今仍在使用的常见姓氏：

1）姓氏源自家族或祖先的名称，例如，夏、殷、周、文等。

2）姓氏源自地理位置或国家的名称，例如，齐、鲁、晋、秦等。

3）姓氏源自职业或官衔的名称，例如，司马、商、陶、屠、巫、施等。

4）姓氏源自动物或植物的名称，例如，牛、马、龙、熊等。

5）姓氏以数字命名，例如，伍、陆、万、丁等。

6）姓氏源自外来词汇，例如，长孙、贺兰、呼延等。

需要强调的是，中国的大多数姓氏都是以父亲的姓氏为主，这一传统由古至今延续不衰。与西方文化不同的是，中国人的名字中很少包含母亲的姓氏成分。然而，近年来，随着与"男女平等"概念有关的需求不断增长，越来越多的人开始使用两个姓氏来为婴儿命名。

在西班牙语中，姓氏通常用于称呼对话中的伙伴，其使用范围相对有限。而在汉语中，姓氏的应用更加广泛。汉语中的姓氏通常出现在不同的结构中，例如，"姓氏+先生/女士/小姐"：如张先生、李小姐等；或者"姓氏+头衔"：如冯老师、王校长等；还有"姓氏+亲属关系称谓"：如刘姥姥、孙叔叔等；以及"前缀+姓氏"：如小张、老吴等。需要注意的是，前两种结构通常用于正式场合，而后两种结构则相对随意，尤其是最后一种。

（2）人名。中文名字通常由姓氏和名字两部分组成，名字通常放在姓之后，可以分为单字名和双字名。然而，近年来出现了一个新趋势，即在姓氏只有一个字符的情况下，名字可以超过两个字符。与西班牙一样，中国人在选择孩子的名字时有很大的自由度。最常见的是单字名，即名字只包含一个汉字，例如：

李｜白　　　杜｜重　　　孙｜权

欧阳｜修　　司马｜迁

中国人的名字通常由一个字或两个字组成，这两种方式都非常常见，而且在选择之间没有明显的偏好或倾向。举例如下：

王｜实甫　　　罗｜贯中　　　李｜清照

欧阳｜奋强　　尉迟｜琳嘉

近年来出现了一种常见的命名趋势，即使孩子的姓氏是单姓，也就是只有一个字，名字也可以使用 3 个字符，从而创造了一种类似于复姓的结构，例如：

闫｜林晟泽　　沈｜弋嘉睿　　钟｜灵毓秀

在姓和名均由双字符组成的情况下，很容易区分它们，例如，"欧阳奋强"和"尉迟琳嘉"。然而，当姓氏为复姓而名字为单字时，即使是中国人也难以区分它们。因此，像"宗政义"这类情况就需要我们小心辨别以便正确称呼对话者，因为在这种情况下，姓氏可以视为单字符姓或复合姓。在前者情况下，"宗"是姓，"政义"是名字；而在后者情况下，"宗政"是姓，"义"是名字。

在选择名字中字符的组成方面，实际上没有固定的规则或拼写准则，中国人几乎可以选择任何他们喜欢的字符。然而，根据 Huang（2008）的观点，如果一个家庭有多个孩子，每个孩子在兄弟姐妹中的排行会影响父母对他们名字的选择。如果三个姐妹的名字分别是"香梅""香兰"和"香菊"，那么我们可以根据"梅""兰"和"菊"的顺序了解每个女儿在家庭中的排行。此外，他们还会用数字来区分同辈中的亲属，如"大林""二林"和"大宝""二宝"等，这些方式明确表示了每个孩子在家庭中的出生顺序。

同样，在日常对话中，名字通常可以单独用来称呼对话者。这种用法经常出现在熟人、朋友或等级不对等的人之间的对话中，如长辈与晚辈的对话，从而在家庭内外展示亲近的心理和情感。从语义角度看，有时我们采取一些策略，以使名字在单独使用时显得更加亲切和亲近。以"巩新亮"为例：①"前缀+名字"，如"小亮""老亮""阿亮"等。②"后缀（儿）+名字"，如"亮儿"。③名字的最后一个字重复，如"亮亮"。除了单独使用外，还有以下组合方式：①"情感词+名字"，如"亲爱的新亮"。②"名字+亲属称谓"，如"亮姨"或"新亮阿姨"。③"名字+职业术语"，如"新亮老师"。④"名字+关系术语"，如"新亮同学"。

（3）绰号和"乳名"。汉语中的绰号，与西班牙语一样，通常是基于个人特征、外貌或有趣逸事而给予的外号（Klerk & Bosch，1999）。许多汉语绰号，类似于西班牙语，源自常见名词或名词化的形容词，因此呈现出多样化且个性化的特点。例如，儿童之间常常采用隐喻性的方式互相称呼，如"四眼钢牙妹"（指戴眼镜和牙套的女孩）。在对话中使用绰号时，双方通常需相互熟识并保持着良好的关系，否则使用绰号可能显得不得体和不礼貌。

在这个绰号类别中，值得一提的特点是"乳名"。根据中国传统习惯，新生儿的正式名字通常是在出生后 100 天左右取的，这也符合现代法律规定，父母需在婴儿出生后一个月内正式登记孩子的名字（如果有特殊情况，办理时间可以延长至三个月）。在这段时间内，中国人通常使用"乳名"来亲昵地称呼自己的孩子，这些名字通常具有亲昵的特点。随着孩子的成长，一些"乳名"可能会逐渐被废弃，但在大多数情况下，这些名字会被保留下来，继续作为家庭内的一种昵称使用。在选择"乳名"时，许多地区存在一种迷信传统，他们可能会选择一个不是那么令人喜欢或不太好听的名字以驱赶可能伤害孩子的邪灵。

2.2.1.2.2　亲属关系称谓

中国社会非常重视亲属关系，这体现了其作为一个集体主义社会的特点（Gu，1990；Mao，1994；Zhou，1995；He，2010）。根据 Morgan（1871）的分类模型，中国的亲属系统属于苏丹亲属关系类型（el modelo sudanés），这意味着它对父系和母系亲属关系有着很明确的区分。这也是为什么汉语中家庭关系的称谓比西班牙语更加丰富和复杂。例如，在汉语中，我们需要明确表达一个人是比说话者年长还是年幼，而在西班牙语中，"hermano"（兄弟）或"hermana"（姐妹）这类词汇并没有这种区分。同样地，"tío"这个词在汉语中包含了多重含义，可以指叔叔、伯伯、舅舅、姑父、姨父等。

此外，中国的亲属称谓中还存在一些令西方社会感到惊奇的用法，包括一些基于其他亲属关系虚构出来的称谓。这些用法在中国文化中相当典型，因为它们充分考虑了个体所处的社会关系。

总结而言，中国的亲属关系系统异常复杂，对汉语中的亲属称谓体系产生了深远的影响，并赋予了其高度复杂性。与西班牙语以及众多其他语言一样，考虑每个亲属关系节点的复杂性，包括不同世代之间的复杂关系，都是一项相当复杂的任务。然而，如果我们从个体的角度出发，将能够更加明晰和清晰地理解这些关系，因为我们只需着重考虑前两代和后两代的关系，以及由婚姻和法律所形成的关联。这一点在图 2-4 中有详细呈现。

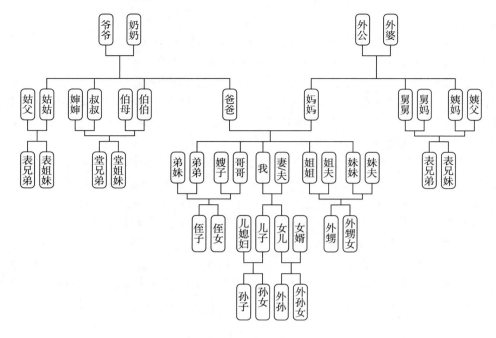

图 2-4　中国亲属关系网

毫不夸张地说，与亲属关系相关的这些称谓形式只是涉及称呼语的表面现象。首先，亲属关系系统本身具备高度描述性和详尽的特点，被认为是最为复杂的系统之一。其次，这些称谓的使用因地理和社会因素而异，例如，中国北方的居民更倾向于使用"姥爷"和"姥姥"这些称谓来称呼外祖父和外祖母，而南方的居民则更常采用其他类似的称谓，如"外公"和"外婆"。甚至在相同地区，人们有时也对称呼方式产生分歧。举例来说，在北方，对于"伯伯"这一称谓，可能会因不确定是应该使用"伯父""大伯"还是"大爷"中的哪个而感到犹豫。同样地，在南方，有的人更愿意称呼母亲的妹妹为"姨娘"，而有些人则更倾向于使用"嬢嬢"这一称谓。毫无疑问，地理多样性也增加了理解汉语称呼方式的复杂性。[①]

基于家庭成员口吻的亲属称谓。基于家庭成员口吻的亲属称谓是指一种特殊的称谓形式，它们由亲属称谓本身以及一些独特的结构组成，用于充当称呼语，尽管实际上发话者与接收者之间没有真实的亲属关系（田惠刚，1998）。换言之，这些称谓在称呼时是一种模仿家庭中其他成员的语调和立场的方式，实质上是在

---

① 需要说明的是，将"北方方言"或"南方方言"等短语作为指示性术语并不符合科学上的严格分类，甚至常常引发误解。然而此处的使用是为了能够提供较为普遍的示例。

"假装成家庭中的另一个人"。

在汉语中，这种称呼语的使用大致可分为四类，具体形式取决于以何种家庭角色进行称呼。

（1）基于儿女口吻。这是四种类型中最常见的用法，有两种形式。

1）例如，母亲模仿孩子的口吻，称呼丈夫的父母为"爷爷"和"奶奶"而不是"公公"和"婆婆"。或者父亲称呼妻子的父母为"姥爷""姥姥"而不是"岳父""岳母"。

2）使用"孩子（儿子/女儿）+他（他/她）+亲属称谓"的结构，例如，"孩子他爸""孩子他妈""孩子他爷爷""孩子他奶奶""孩子他叔叔""孩子他舅舅"等。如果用西班牙语来表述，就会变成"（su）papá de mi hijo""（su）mamá de mi hijo"，所以这个结构在西班牙语中显然是行不通的。

（2）基于父母口吻。这种使用方式有点特殊，在古代汉语中，"姨"这个称谓是丈夫用来称呼妻子的妹妹的。但如今这种用法已经不再通用，逐渐演变成孩子们常用来称呼阿姨的方式。

（3）基于丈夫或妻子的口吻。这类方式与前一种方式类似，父亲会模仿其配偶的口吻来称呼自己的岳父和岳母，即称他们为"爸爸"和"妈妈"，而不是"岳父"和"岳母"。同样，母亲也会用"爸爸"和"妈妈"来称呼自己的"公公"和"婆婆"。

（4）基于孙辈的口吻。夫妻之间会借用孙子或孙女的口吻将对方的父母称呼为"爷爷""奶奶""姥姥""姥爷"。

这种称呼方式在中国日常用语中很普遍。无独有偶，其他语言中也存在着类似的用法，如在西班牙语中，妈妈也会以孩子的口吻将自己的母亲称为"abuela"（奶奶）。

2.2.1.2.3 社会关系中的称呼语

在社交领域，汉语中的称呼语和西班牙语非常相似，这体现在其应用方式和交际背景中。因此，我们将在本部分简要介绍并具体说明中文分析的特殊性以避免内容重复。

（1）情感关系中的称呼语。汉语有丰富的称谓方式来表达喜爱或反感。[①] 除了一些常见的名词和形容词，如"胖子""大个儿""地瓜"等，还有许多其他方式。

1）通过名字来称呼：如"一鸣""美姣""默冉"等，这在朋友、同辈或熟人之间很常见，也可以用于正式或非正式场合。

---

① 本节中我们主要讨论正面、积极的例子。

2）通过全名来称呼：如"张一鸣""孙美姣""沈默冉"等，这种方式在感情表达上有争议，许多人觉得这是一种既直接又不灵活的表达。但它们在某些情况下也可能被视为比较自然和亲切。此类用法通常在同辈朋友之间使用。

3）通过在姓氏前添加一些词缀来称呼：

a. 前缀"小"+姓氏：如"小张""小孙"等，这是社交领域中最常见的用于表示亲近和亲切的方式。

b. 姓氏+后缀"儿"：如"张儿""胡儿"等，这种方式在中国北方地区很常见。通常在年龄有差距的人之间使用，特别是长辈对晚辈的称呼。不适用于所有姓氏，例如，"孙"姓使用就会变成"孙儿"，几乎等同于孙子。

c. 前缀"大"+姓氏：如"大刘""大王"等，"大"的意思通常是普通的"大"，所以被称呼为"大"的人在某种程度上具有这个特点。通常在同辈之间使用。

d. 前缀"老"+姓氏：如"老曹""老胡"等，"老"在字面上意味着"年长、老"，它是一个与年龄相关的形容词。但在这种情况下，"老"可能与年龄无关。通常在同辈朋友之间使用，或者在某些情况下用于晚辈对长辈的称呼。

（2）职业和头衔相关的称谓。中国的职业和头衔称谓一般可以分为两个类别：职业称谓和头衔称谓。

与西班牙语中的职业称谓类似，第一类中包括表示职业的名词短语，例如，老师、医生、教练、主管、司机、厨师等。但并非所有这些称谓都可以在对话中作为称呼语使用，因为和西班牙语一样，某些职业在特定语境中可能具有负面含义，尤其是那些涉及"体力劳动"的职业，如农民等。此外，当某个职业在社会中享有很高的声誉时，用职业名称称呼人是正面的。

在交际中，用头衔术语充当称呼语是中国特有的表达方式。正如田惠刚（1998）所说，中国人通常认为用政府职位头衔或学术头衔称呼他们的长辈、上级或重要人物是有礼貌的。例如，"杨省长""李校长""张教授""吴博士"。在这两种情况下，姓氏的存在是可有可无的，因为它不会影响语义变化。

（3）社交关系中的敬称。一般来说，敬语主要用于称呼与我们保持着等级距离和情感距离的对话者，尤其是用于称呼有一定年纪的人，或者是发话者比接收者年龄小，也就是说当晚辈称呼长辈时可使用敬语。常见的表达方式有：

1）前缀"老"+姓氏：如"老王""老李"等。注意：这种结构既可以表示尊重，也可以用于表示亲近。

2）前缀"老"+姓氏+"同志/师傅"：如"老王师傅"，这个结构主要用于表示对年长者的尊敬，尤其是那些拥有高级别职业头衔的人。

3）姓氏+后缀"老"：如"徐老""王老"等，这些是尊敬语气的称呼语。

通常用于称呼那些社会知名度较高的专业人士，如工程师、艺术家、作家等。不过，它也暗含了另一层意味：这些人已经退休或不再从事他们之前的工作。

4）特殊称谓，如"先生""老师"等。我们要注意：当这些称谓作为敬称被使用时，它们的语气和概念范围便发生了变化。"老师"用于称呼比说话者年长且具有某些专业技能的人（田惠刚，1998）。而"先生"是一个备受尊敬的称呼语，尤其用于科学研究领域或因工作而享有盛誉的人，此时，它的使用可以不分性别。例如，"杨绛先生"（杨绛女士）。

其中，1）和2）两组都是非正式对话中经常使用的称呼语，是历代传承下来的。

虽然有些称呼语在日常生活中已经不再使用，但它们依然会出现在某些非常正式的场合，并且带有非常尊重的语气。然而，这类称呼语并不是直接对对话者的称呼，而是对对话者家人的称谓。例如，"令尊""令堂""令兄""令郎""令爱"。

（4）社交关系中的通用称谓。随着社会结构的转变以及过去四十多年经济的发展，我们的日常生活方式发生了很大的变化，言谈方式也随之而变。

在中华人民共和国成立之前，中国人最常使用的通用称谓是从西方社会借用来的，如"先生""女士"和"小姐"，这些称呼语在人群中得到广泛认可和应用。1949 年中华人民共和国成立后，我们掌握了自己的生活，因此摒弃了许多被认为是"过时的、代表资本主义社会"的习俗和惯例，包括这些通用称谓。因此，在这一历史背景下，"同志"（同事、伙伴）一词应运而生，成为约四十年时间里最流行、最主要的称谓（杨永林，2004）。实际上，它在生活的方方面面都得到了强化，即便是现在，它也会出现在某些场合中（丁安仪，2001；杨永林，2004；祝克懿，2004；郑尔宁，2005）。为了对"同志"进行更系统详细的研究，Scotton 和 Zhu（1983）收集了这一称谓的主要用法，并分析了当时的人们是如何使用这一称谓及其与其他元素的组合来表达各种社会关系的。

然而，空间和时间的变化总是巨大的，因此称呼语似乎只在一段时间内被使用（Lorenzo & Ortega，2014）。随着新的社会变革出现，人际关系之间出现了新的需求，于是相应的称谓如"师傅""老板""朋友""老师"等应运而生（Scotton & Zhu，1984）。另外，"先生""女士"和"小姐"这些通用称谓也重新出现并再次流行起来。但是，迄今没有一个像"同志"那样在其鼎盛时期占据统治地位。

如今，还没有迹象表明要统一汉语中的通用称谓，但随着基于社交网络的生活方式的扩展，年轻人更愿意在日常交往中使用那些在互联网媒体对话中产生的称谓，如"亲""帅哥""美女""妹子""小哥""女神""男神"等。有趣的是，与过去几代人使用的称呼语不同，这些称谓中的大多数更强调性别差异，从而削弱了表示个人特征的细微语义差别。

（5）虚构亲属关系的称谓。这种称谓类型与中国的文化和民间风俗有很大关系，它在日常对话中非常典型和普遍（陈建民，1999；丁安仪，2001；曹炜，2003，2005；等等）。其主要是使用与家庭成员相同的亲属称谓来表示对非家庭成员的尊重或缩小对话双方的情感距离。[①]

这些称谓的不同之处在于"虚构亲属"这个词。通过"虚构亲属"这个特性，我们理解这些称谓的对象并不是我们的亲戚，因此可以推断这些对话发生的背景不是家庭，而是社交环境。我们来想象一个情境，两个同乡在外地相遇，他们互相介绍自己并开始聊天：

A：顺便问一下，你叫什么名字？

B：我姓刘，属猴的，68年生人。

A：哎呀，太巧了！我正好比你小一岁，我是69年的，那我就叫你"**刘哥**"了哦！

B：哈哈，好的，这是我老婆，你"**嫂子**"。

A：哎，**嫂子**好！

此外，当我们在学校第一次遇到自己导师的高年级学生时，可能会出现以下的对话：

A：你也是杨老师的学生吗？

B：是的，我今年刚刚进入杨老师的团队，对大家还不是很熟悉。

A：哈哈，别担心，我是你的"**师哥**"，我叫×××，住在五号楼，需要帮助时随时联系我。

B：谢谢**师哥**！

这些对白在中国社会生活中随处可见，将非亲属的人称呼为亲人是相当常见的现象。然而，对于不熟悉这一文化规范的人来说，这种做法可能显得不可思议。

在具体的应用中，这些称呼语可分为三种主要类型：第一种类型是使用相同的亲属称谓，不作任何变化；第二种类型是采用"个人姓名＋亲属称谓"的结构；第三种类型是采用"前缀'小/大/老'＋'亲属称谓'"的结构。以下是每种类型的示例：

1）使用相同的亲属称谓。这种用法不需要先前的了解，也不需要非常亲近

---

① 实际上，这个类别所采用的亲属称谓词主要属于父系亲属制度，母系亲属制度相对来说不太常用。

的关系，只需考虑年龄和性别，适用于各个年代，其方向通常是从晚辈（ME）到长辈（MA）。

2）使用"个人姓名+亲属称谓"结构。这种类型通常需要先前的了解，而且双方要有相当亲近的关系。可以使用全名，也可以只用姓或名。例如，"邓小平爷爷""邓爷爷""小平爷爷"。方向仍然是从晚辈（ME）到长辈（MA）。

3）使用"前缀'小/大/老'+'亲属称谓'"结构。与第一种类型相似，但可以在陌生人之间使用，不需要先前的互动。需要注意的是，使用前缀"小"的称呼语通常是从长辈（MA）到晚辈（ME）或在同辈之间使用。

2.2.2　西班牙语称呼语范式

2.2.2.1　代词形式

在许多语言中，第二人称代词都有两种形式，如法语中的 tu 和 vous、德语中的 du 和 sie。第二人称代词在英语中也曾有过这样的区别，如 thou 和 ye（即现代英语中的 you），但 thou 现在只限于在祈祷和其他一些守旧的言谈风格中使用。García Aguiar（2009）认为，西班牙语拥有一个复杂的称呼系统，由"tú/usted"（你/您）和"vosotros/ustedes"（你们/您们）两种并行形式组成。此外，在拉丁美洲的许多国家，称呼系统仍保留着"vos"（你们）这个代词，它最初在 16 世纪被引入美洲，并在中美洲和拉普拉塔地区得以延续使用。然而，墨西哥、秘鲁和加勒比地区采用了没有"vos"的半岛西班牙语代词系统，因为这些地区与宗主国西班牙的联系更加紧密。

根据 Fontanella de Weinberg（1999）的观点，我们可以将西班牙语的称呼系统大致划分为以下四类：

第一个称呼系统，也被称为对称系统，具有双重单数和复数形式，分别为"tú/usted"（你/您）和"vosotros/ustedes"（你们/您们）。在这个系统中，前两种形式用于表示亲近关系的称呼，而后两种形式则用于更正式和尊重的称呼。这个系统在西班牙半岛被广泛使用于除了安达卢西亚西部和加纳利群岛之外的其他地区。

第二个称呼系统主要在安达卢西亚地区和拉丁美洲的某些地方使用。在这个系统中，单数形式有两个变种，包括亲近关系的"tú"（你）和正式的"usted"（您），而复数形式只有一个变种："ustedes"（您们）。①

第三个称呼系统与其他系统不同，它在单数第二人称拥有三种代词形式——

---

① 在信任关系中的复数主语代词在安达卢西亚地区和拉丁美洲部分国家之间的使用存在一些差异。在安达卢西亚西部，我们可以发现在动词和无重读代词中结合了第二人称复数的形式，如"ustedes os vais"。而在拉丁美洲，只使用第三人称复数的动词形式和代词。

"tú、usted 和 vos"（你、您和你们），而在复数时只有一种形式——"ustedes"（您们）。根据一些社会语言学和语用学的细微区别，这个系统还可以进一步细分为两个子系统①：

子系统 A② 的特点是使用 tú（你）和 vos（你们）这两个形式来表示亲近称呼，而使用 usted（您）来表示正式称呼。在亲近关系中，受过良好教育的说话者在正式语境中倾向于使用 tú。

子系统 B③ 将 usted（您）保留用于正式称呼，同时区分 vos（你们）用于亲近称呼，tú（你）用于尊称或信任称呼。

第四个称呼系统是美洲的典型代表 vos（你们）。它的特点是在单数非正式时只有一种形式 vos（你们），在正式对话时也只有一种形式 usted（您），在复数时只使用 ustedes（您们）。

除了明显的地理分布复杂性，我们还必须考虑一种新的形态复杂性。vos（你们）代词系统相对于 tú（你）形式有所不同，因为它属于一种混合范式：主要用作主语代词和介词后置代词，而 tú（你）则用于所有格以及没有介词的情况。然而，形态复杂性远不止于此。尽管整个拉丁美洲都使用该代词系统，但它在大陆各地都没有保持统一。Rona（1967）根据第二人称动词词尾的形态特征划分了三种类型的 vos 动词系统：第一类型的动词在词尾带有双元音 -áis/-éis/-ís，但仅在某些安第斯地区存在。第二类型的动词以使用单元音的词尾 -ás/-és/-ís 为特征，也被称为"阿根廷 vos 称呼系统"，因为它在拉普拉塔地区非常典型。第三类型 vos 系统在某些形式中保持双元音，在其他形式中使用单元音，词尾为 -áis/-éis/-ís，也称为"智利 vos 称呼系统"，主要在智利使用，但也会出现在厄瓜多尔、秘鲁、阿根廷和玻利维亚的部分地区。

2.2.2.2 名词形式

不同于构建一个封闭且明确定义的代词性称呼系统，名词性称呼方式形成了一个包含各种不同类型元素的丰富集合。这或许也是名词性称呼方式研究相对较少的原因。然而，正如 Medina（2002）所强调的，我们必须对"任何时代的称谓系统都必须包括名词性表达和代词性表达的分析"予以重视。

我们发现，多数学者主要从形态学的角度对名词形式进行了研究，本书将沿用 Rigatuso 的分类展开进一步讨论（见表 2-4）。

---

① 本分类摘自 Congosto Martín（2005）的研究。

② 这一现象普遍出现在智利、玻利维亚的大部分地区，秘鲁南部，厄瓜多尔部分地区，哥伦比亚大部分地区，委内瑞拉西部地区，巴拿马和哥斯达黎加大部分地区以及墨西哥的恰帕斯州也较为普遍。

③ 这一现象在乌拉圭尤为明显。

表 2-4　西班牙语名词性称谓

Formas Nominales 名词形式	Nombre personal （个人姓名）	Nombre de pila-hipocorístico （名字）	Juan（胡安）、Gabriel（加夫列尔）、María（玛丽亚）、Silvia（西尔维亚）、Laura（劳拉）、Juancho（胡安乔）、Marita（玛丽塔）、Gabi（加比）……
		Apellido （姓氏）	García（加西亚）、Gutiérrez（古铁雷斯）、Borelli（博雷利）、Petersen（彼得森）、Rossi（罗西）、Varela（瓦雷拉）……
		Apodo （绰号）	Clavo（秃子）、Ciego（瞎子）、Cuatro ojos（四眼）、Dientes de oro（金牙）、Joroba（驼背）、Manco（独臂）……
	Término de tratamiento （称呼系统）	De parentesco （亲属关系称谓）	papá-mamá（爸爸—妈妈）、pa-ma（爸—妈）、hijo-hija（儿子—女儿）、abuelo-abuela（爷爷—奶奶）、tío-tía（叔叔—阿姨）……
		En las relaciones sociales （社会关系中的称呼语）　Generales （通用型）	Sr. -Sra.（先生—女士）、Don-Doña（先生—女士）、caballero（骑士）、joven（年轻人）、niña（小女孩）……
		De amistad, cordialidad y afecto（爱称或昵称）	Amigo（朋友）、compañero（同伴）、querido（亲爱的）、tesoro（宝贝）……
		De oficios y profesiones（职称）	Gobernador（省长）、ministro（部长）、intendente（市长）、doctor（医生）、licenciado（学士）、profesor（老师）……
		Honoríficos（尊称）	Va. Excelencia（阁下）、Su Excelencia（阁下）、Va. Señoría（大人）、Su Señoría（大人）……

2.2.2.2.1　姓名

（1）人名。在西班牙语中，人名由名字和父母的姓氏首字母组成，即"nombre de pila+apellido paterno+apellido materno"（名字+父姓+母姓）。人名属于西班牙语词汇中的专有名词，因此它们也像其他单词一样受到正字法规则的约束。尽管如此，根据《西班牙语正确使用规范》一书，在西班牙，父母在选择孩子的名字时有很大的自由度，除了传统的名字，他们也可以选择颇具异国情调的名字、历史或传说中的人物名字，或者有价值意义的普通名字。此外，还有一些西班牙语名字的拼写不是固定的，如 Jenaro 和 Genaro（吉纳罗）、Elena 和 Helena（埃莱娜），这种情况下允许选择自由。

另外，由于语言使用地区的不同，名字中也存在方言变体，例如，一些名字是由多个词或短语合成的，如 Yotuel（尤图尔），由 yo（我）、tú（你）和 él（他）合并而来；或者是由现有名字字母重新排列组合而成的，如 Airam（艾拉姆）由 María（玛丽亚）演变而来，这种情况在某些拉美地区的西语国家较为常见。名字可以是单一的，由一个单词组成，也可以是复合的，由多个单词组成，如 José Antonio（何塞·安东尼奥）、Elena María（埃莱娜·玛丽亚）等。

根据 Álvarez（2005）和 He（2010）的观点，使用姓名称呼某人时，一般来说应使用其名字或父姓，也就是第一个姓氏。至于具体的应用，名字通常用于亲戚、朋友和已经认识的人之间，而父姓或名字加上姓氏的使用则更普遍，适用于先前不认识或在等级上有一定距离的人。此外，还应注意两个社交礼仪：通常不使用人的第二个姓氏作为称呼，而且女性通常不能仅用姓氏来称呼。

一种特殊类型的名字是名字的亲昵变体，通常在对话双方十分相熟的语境中使用，用来表达亲切和友善。此类昵称的形态往往不严格遵循正字法规则，因此有些昵称可能与原始名字的书写形式存在差异。表 2-5 是西班牙一些比较常见的昵称（Álvarez，2005）。

表 2-5　西班牙语中的常见昵称

Ali（Alicia） 阿里（艾莉西亚）	Gelo（Ángel） 赫罗（安赫尔）	Monchu（Ramón） 蒙楚（拉蒙）
Asun（Asunción） 亚松（亚松森安）	Gonza（Gonzalo） 冈萨（冈萨罗）	Nacho（Ignacio） 纳乔（伊格纳西奥）
Beli（Isabel） 贝利（伊莎贝尔）	Isa（Isabel） 伊莎（伊莎贝尔）	Nando（Fernando） 南多（费尔南多）
Berto, Roberto（Alberto） 贝尔托，罗伯特（阿尔贝托）	Javi（Javier） 哈维（哈维尔）	Paco（Francisco） 帕科（弗朗西斯科）
Celi（Cecilia） 塞西（塞西莉亚）	Juani, Juan（Juana） 胡安妮，胡安（胡安娜）	Patri（Patricia） 帕特里（帕特里夏）
Charo（Rosario） 夏罗（罗莎里奥）	Juanma（Juan Mamuel） 胡安玛（胡安曼努埃尔）	Pepa, pepi, pepita（Josefina） 佩帕，佩比，佩皮塔（约瑟芬）
Dani（Daniel） 丹尼（丹尼尔）	Kike（Enrique） 凯克（恩里克）	Pepe（José） 佩佩（何塞）
Elvi（Elvira） 埃尔维（埃尔维拉）	Leni（Elena） 莱尼（艾莱娜）	Pili（Pilar） 皮利（皮拉尔）
Fede（Federico） 费德（费德里克）	Loli（Lola Dolores） 罗利（罗拉多洛雷斯）	Tere（Teresa） 特蕾（特蕾莎）
Fonsi, Fonso（Alfonso） 沣西，方索（阿方索）	Magada（Magdalena） 玛格达（马格达莱纳）	Toño（Antoño） 托尼奥（安东尼奥）
Gabi, Gabriel（Gabriela） 加比，加夫列尔（加布里拉）	Marga（Margarita） 玛格（玛格丽塔）	……

（2）姓氏。姓氏代表家族传承，世代相传，一些姓氏可能存在数个世纪，无法轻易更改。在西班牙，许多姓氏源自父亲，即以父亲的名字形式为基础，再加上后缀"-ez"（意为儿子或女儿）。例如，Fernández（费尔南德斯）由 Fernando（费尔南多）演化而来，Martínez（马丁内斯）由 Martín（马丁）演化而来，Pérez（佩雷斯）由 Pero（佩罗）演化而来，等等。

正如前文所述，与名字一样，西班牙的姓氏也可以由多个单词共同构成。有学者认为，这是因为贵族家庭不愿意放弃母亲和父亲的姓氏，同时希望与其他拥有相同父姓的"普通"家族有所区别。[①]

He（2010）指出，通常情况下，姓氏与社会阶级、职业领域或文化程度相关，对人际交往产生影响。因此，人们在称呼他人时通常使用姓氏，以及其职务、头衔或职业名称，如 abogado（律师）、director（主任）、doctor（医生）；或尊敬的称谓，如 señor（先生）、señora（女士）。

（3）绰号或外号。[②] 绰号或外号是具有讽刺、贬低或亲昵含义的称呼，通常不由个人自行选择，而是由外部人选定。这些绰号通常会提醒人们接收者的某些典型特征，包括心理和外貌，如 la Beba（贝巴，女婴）、el Bizco（没本事的家伙）、la Chata（塌鼻子）、el Negro（黑人），或者在西班牙语中更常见的复数形式，如 la Ojos、la Pecas、el Piernas。

从句法角度看，大多数绰号是从普通名词或形容词经过名词化派生而来，这些词没有独占特定的个人指称。因此，使用绰号通常要求对话双方相互了解，否则可能被视为不礼貌。此外，绰号通常用于非正式语境，并伴随着感情、友情、幽默、笑话等含义。

2.2.2.2.2 亲属关系称谓

亲属关系一直是社会文化研究者极感兴趣的主题，因为他们深刻理解亲属关系在复杂社会互动中的重要性。术语"亲属关系"紧密联系着"家庭"的概念。在《现代西班牙语词典》，"家庭"被定义为"有亲属关系的一群人"，因此，"亲戚"可以被看作"家人"，"成为某人的家人"和"与某人有亲戚关系"是等同的。根据 Medina López（1992）的观点，家庭环境提供了表达多样性的丰富背景："在这种情境下，说话者更愿意使用各种语言资源和策略来称呼对话者，如夫妻之间使用的亲昵称呼、兄弟姐妹之间的称谓等。"

在西班牙语中，用于指代亲属关系的名称如下所示：

padre、madre、compadre、comadre、padrastro、madrastra；

---

① Faure Sabater R. Diccionario de nombres propios ［M］. Madrid：Espasa，2002.

② 此处主要基于 NGLE（《西班牙语语法与用法手册》）的分类：绰号、化名和别名属于"Sobrenombre"（即代替名称的方式）类别。

（父亲、母亲、教父、教母、继父、继母）；

abuelo、abuela、tío、tía、suegro、suegra；

（祖父、祖母、叔叔、阿姨、公公、婆婆）；

esposo、esposa、marido、mujer、consuegro、consuegra；

（丈夫、妻子、丈夫、妻子、岳父、岳母）；

hermano、hermana、primo、prima、cuñado、cuñada；

（兄弟、姐妹、表兄弟、表姐妹、姐/妹夫、嫂子）；

hijo、hija、sobrino、sobrina、yerno、nuera、nieto、nieta.

（儿子、女儿、侄子、侄女、女婿、儿媳、孙子、孙女）。

如果我们绘制一张西班牙语中亲属关系的图表，为每个关系指定相应的亲属称谓，就会发现这是一个在理论上无限的词汇类别，因为列表可以无限扩展，从最近的亲戚一直扩展到最远的亲戚（He, 2010）。然而，在我们所讨论的话题中，用于词汇功能的称谓形式——通常用于此类用途的亲戚称谓是有限的，如padre（父亲）、madre（母亲）、hijo（儿子）、hija（女儿）、abuelo（爷爷）、abuela（奶奶）、hermano（兄弟）、primo（表兄弟）、cuñada（嫂子）、tío（叔叔）、tía（阿姨）等。

首先，我们更倾向于使用padre（父亲）和madre（母亲）的亲昵称谓，如papá、mamá、papi、mami、papita、mamita、papaíto、papacito、pachuchi、mamaíta等。而padre（父亲）和madre（母亲）这两个称谓在日常生活中较少使用，因为它们有时带有冒犯、讽刺或幽默的内涵。此外，在西班牙和拉丁美洲，人们还使用viejo/a（老头/老太太）、viejito/a（老头/老太太）、jefe/a（老板）或gordo/a（胖子）等词来亲昵地称呼父母。

至于父母对子女的称呼，hijo（儿子）和hija（女儿）通常用来称呼儿童（Carrasco, 2002），但在这种语境中，更常使用名字或昵称（Alba de Diego & Sánchez Lobato, 1980）。此外，还有一些可能原本不只是用来表示hijo（儿子）或hija（女儿）的变种称呼，如hijo de mi alma（灵魂之子）、hijo de mi corazón（心爱之子）、hijo de mi vida（生命之子）、hijo mío（我的儿子）、hija mía（我的女儿）、diablillo（淘气鬼）、gordi（小胖墩儿）、nene（小宝宝）、peque（小孩儿）、chiqui（小孩儿）、pitufo（小矮个儿）、prenda（宝贝）等。在生气的情况下，父母也会使用其他方式称呼他们的子女，如burro（蠢驴）、criatura（小孩儿）、gamberro（流氓）、ganso（笨蛋）、guarro（猪）、idiota（傻瓜）、mocoso（小屁孩）、niño（幼稚鬼）等，有些情况下甚至会使用usted（您）这一称呼。

其次，abuelo（爷爷）和abuela（奶奶）这两个称谓以及它们的指小词或简写形式都是常用的称呼，且没有太多的变体。其中，比较常见的有abus、agüelo、 yayo 等（Pedroviejo，2006）。称呼叔叔、阿姨时通常分别使用 tío（叔叔）与 tía（阿姨）或 tito（叔）与 tita（姨），或将其与他们的名字或昵称相结合（Alba de Diego & Sánchez Lobato，1980）。

恋人和夫妻主要是用名字来称呼彼此（Pedroviejo，2006）。它们通常与亲爱的、宝贝（儿）等词交替使用，如（mi）querido/a、alma、amor、cariño、cielo、bonito/a、lindo/a、churri 等。又或者从他们共同的孩子的角度来称呼，如 papi（爸爸）、mamá（妈妈）、mami（妈咪）、papito（爹地）等（He，2010）。

在兄弟姐妹、堂（表）兄弟姐妹以及姐夫妹夫等同辈之间，名字是最常见、最受欢迎的称呼方式，其次是昵称。如今还被广泛使用昵称的有 tata（姐姐）、niño/a（小男孩/小女孩）、chaval（小伙子）、cari（亲爱的）、rubio/a（金发宝贝）、nene/a（小婴儿）、chico/a（小伙子/姑娘）等，以及具有冒犯意味的称呼，如 enano（侏儒）、tonto（傻子）、imbécil（笨蛋）等。整体而言，堂兄弟姐妹和姐夫妹夫之间很少使用这些富含感情色彩的称呼，名字和昵称更为普遍。

总之，对亲属的称呼通常可以用名字或其他称谓形式替代。但部分亲属称谓在交际中并不常用，如 marido/mujer（丈夫/妻子）、esposo/a（丈夫/妻子）、hermano/a（兄弟/姐妹）、nieto/a（孙子/孙女）、sobrino/a（侄子/侄女）、yerno/nuera（女婿/儿媳）等。另外，许多其他称呼语除了在家庭环境中使用外，外部的人也可以接受，也就是说，这些称呼语还具有广泛的社会接受度，因此我们将在下文中继续讨论此类情况。

2.2.2.2.3　社会关系中的称呼语

（1）情感称谓。带有情感色彩的称呼语通常在非正式场合或与已知的交往对象之间使用。其功能除了指明社会关系外，还内涵说话人对谈话者的感情，如亲切、喜爱、尊敬、同情、反感、愤怒等（He，2010）。根据 Beinhauer（1973）的说法，这些称谓语可以分为以下两个主要类别：

1）具有亲昵或善意性质的表达，如 bonito（美女）、cariño（亲爱的）、cielo（亲爱的）、cielete（亲爱的小天使）、corazón（心肝）、lucero（宝贝儿）、monima（可爱的人）、preciosa（美女）、valiente（勇士）、campeón（冠军）、princesa（公主）、tesoro（宝贝）、guapo/a（美丽的人）、heromoso/a（美丽的人）、mi vida（我的生命）、mi bien（我的宝贝）、mi amor（我的爱）等。

2）具有侮辱性或贬低性质的表达，如 animal（畜生）、asqueroso/a（恶心的家伙）、bruto/a（蠢蛋）、bestia（野蛮人）、burro/a（笨蛋）、calamidad（没用的人）、desastre（倒霉蛋）、chulo/a（楚佬）、diablillo/a（淘气鬼）、gusano（卑微的人）、ladrón（贼）、imbécil（白痴）、peco/a（庸人）、salvaje（野蛮人）、tonto/a（傻瓜）、cobarde（懦夫）等。

第一类表达方式传达了说话者对交际对象的积极情感，而第二类表达方式则更加侧重于贬低性内涵。此外，第二类表达方式在语义上还包含了粗鲁的成分，因此我们在选择称呼语时首先需要确定想要表达的意图。因为在友好的对话环境中，特别是在年轻人和青少年之间，很多称谓可以充当表达亲近和信任的强调性或俚语性资源（He，2010）。

（2）一般性称呼语。根据 He（2010）的定义，这类称呼语用于称呼家庭以外的人，表明发话人与这些人保持一定的社会或等级距离。其中，最常见的包括 señor（先生）、señora（女士）、señorita（小姐）、caballero（先生）、don（先生）、doña（夫人）。除了 don（先生）和 doña（夫人）这两个词需要与其他成分一起使用，其余的称呼语均可以独立使用，也可以与交际对象的名字一起使用。

当这些尊称独立使用时，如 señor（先生）、señora（女士）、señorita（小姐），通常用于在街头巷尾或偶然的场合中呼唤任意与之互动的人，即当说话者不知道对方的名字或根本没有兴趣知道时。同时，señor（先生）这个词还可用于多种情境中，如称呼上帝，而其变体 seño（老师）则用于幼儿园小孩对老师的称呼。此外，señor（先生）、señora（女士）和 señorita（小姐）这些表达方式在如今的家政服务业和商业互动中也被广泛使用。

若这些尊称出现在对话中的其他元素之前，如姓名（名字或姓氏）、头衔或职业名称，则意味着交际双方存在社会地位或等级的不平等。根据 Álvarez（2005）的观点，将 señor（先生）与姓氏相结合的形式在以下交际情境中是最为合适的：

1）用于尊称老年人。

2）与被称呼者职业相关的名词结合使用，如"Señor arquitecto"（建筑师先生）、"Señor profesor"（教授先生）、"Señor cura"（神父先生）。

3）用于称呼服务员并请求其服务。

4）用于称呼社会地位相近但尚未互相认识或之前没有互动的人。

5）用于下属对上级的称呼，前提是上级的年龄不是很大或级别不是很高。

6）年轻人用于称呼朋友的父亲，前提是朋友的父亲的年龄不是很大且没有特别尊贵的社会地位。

根据 Beinhauer（1973）的观点，don（先生）和 doña（夫人）两种称谓既可以表达尊重，也可以在具有亲近氛围的家庭环境中使用。这些尊称通常与名字一起使用，构成了最常见的尊称方式。与 señor 和 don 不同，caballero（先生）一词在使用时通常需要保持一定的交际距离，通常在服务行业中使用。然而，我们查阅的所有文献表明，"caballero"一词的使用逐渐减少，目前只在安达卢西亚地区保持一定的使用率。另外，当对话中的社会等级因素不重要时，交谈者会使用其他词汇来表示，如 abuelo/a（爷爷/奶奶）、chico/a（小伙子/姑娘）、hijo/a（儿子/女儿）、joven（年轻人）、muchacho/a（男孩/女孩）、niño/a（孩子）。因此，称呼语的选择还受到对话者性别和年龄的影响（He，2010）。

（3）职称。职称通常是指用来表示某人从事的职业，如空姐、服务员、歌手、司机、售货员、护士、医生、警察、出租车司机等。然而，在西班牙，口头称呼别人时很少使用职业名称，除非双方存在明确的从属关系，这与特定职业有关。[①] 有时，人们会用人的职业来代替自己的名字，不过一旦知道对方的名字，通常更倾向于使用名字而不是职业名称来称呼对方。根据 He（2010）的观点，名字是一种最为中性的称呼方式，适用于多种情境。

当涉及某些职业，如医生时，医生之间通常会继续使用 doctor（医生）这个称谓。此外，在涉及修女或牧师时，通常会使用与亲属关系相关的词汇，如 hermana（姐姐/妹妹）用于修女，padre（父亲）用于牧师，但不包括教皇。

另外，当与担任高级职务的人士交往时，如职业、政治和宗教领域的高级职务者，通常需要使用"señor"（先生）和"señora"（女士）这两个尊称，并将它们放在职务名称之前，如"señor president"（总统先生）、"señora rectora"（校长女士）等。

（4）敬语。这类尊称通常由名词短语构成，并带有所有格。尽管以前有很多这样的用语，但今天仍然有一些在使用中，如 Alteza（殿下）、Eminencia（阁下）、Excelencia（阁下）、Majestad（陛下）、Santidad（教皇陛下）、Señoría（阁下）、Reverencia（大人）等。

这些名词的前面可以加上带有所有格的代词，如"vuestra"（你们的）和"su"（他/她的）。例如，"Vuestra Alteza"（殿下）、"Vuestra Excelencia"（阁下）、"Su Alteza"（殿下）、"Su Excelencia"（阁下）。通常情况下，第二种用法更为常见。

---

① Carrasco Santana A. Los tratamientos en español［M］. Salamanca：Ediciones Colegio de España，2002.

第3章 社会语言学研究中的性别变量

3.1 语言、社会与文化

语言被认为是人类用来交流的最重要工具。在广义上，语言交流是有意识地通过一个已在社会中建立和广泛认可的符号系统来传递信息的行为。我们将语言视为这一符号系统，这个系统自古以来就由特定社会群体创建并巩固，其主要功能包括建立人际关系、传达个体思想以及在更深层次上促进人际互动。这里需要强调的是，不仅口头和书面表达属于语言的范畴，还包括一些非语言元素，如手势、体态以及微语言元素（音调、语调、咳嗽、哭泣、笑声等）等。从更简单的角度来看，建立并实现理想的流畅语言交流，需要发话者和受话者之间的积极配合与完美协作。信息论，也称为通信的数学理论，是由两位美国数学家 Shannon 和 Wiener 于 1964 年创立的，它为我们提供了描述人类语言交流的框架，具体如图 3-1 所示。

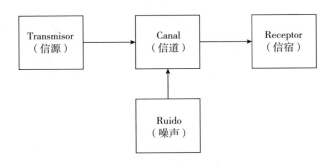

图 3-1 信息论图解

图 3-1 所呈现的模型虽然简单化和理想化，仅包括单一发话者与单一受话者的交流，然而，这一模型仍然准确反映了基本的语言信息交流过程。现实生活中的语言信息交流要复杂丰富得多，涉及多个参与者，但这一简化模型为我们提供了一次语言信息交流的基础理解。

　　理想的口头交流要求不受"噪声"因素的干扰，确保信息传递给接收者时不发生变化。然而，实际情况是任何信息交流系统都不可避免地会受到干扰，导致信息在到达目的地之前可能发生变化。这里的"噪声"不仅包括物理声音传播的干扰，还包括影响信息交流的多种因素，如交流能力、语言元素选择以及社会规范等。

　　一切具体的语言现象都是个体行为的组成部分，它们受到多种因素的制约和影响，包括社会文化、历史传统、宗教信仰等。更抽象地说，社会可被定义为"由一群人组成的有机组织"（徐大明、陶红印和谢天蔚，2004）。在这方面，出现在任何语言交流行为中的参与者构成一个小型"社会"。这意味着个体或语言使用者不仅隶属于一个"社会"或社群，还属于多个社会或社群，这些社群的边界往往是按照惯例和传统界定的。这些社群范围可以包括家庭、社区、城市、地区等，同时也涵盖了不同社会和文化层面的社群。

　　语言信息交流从根本上讲不是个体活动，而是始终深深嵌在社会背景中的。在这方面，我们需要重新审视"社会"和"国家"这两个概念。从历史角度来看，社会是有机发展起来的组织形式，而国家是历史的产物（Hofstede，1999）。然而，在语言的角度，尤其是当回顾其历史发展过程时，"社会"通常被等同于"国家"，因为每个言语者都明白，尽管他们各自可能使用不同的方言，但他们的言语行为属于同一国家体系（Coseriu，1986）。

　　早期的语言学家将他们的研究重点放在个体的语言表达上，或者坚持认为语言只是人类心理过程的产物。然而，语言的本质是一种社会行为，通常用于实现共享的沟通，因此口头表达是更典型的沟通方式。此外，当讨论语言与思维的关系时，语言学家们又提出了一些新的观点，对语言与思维的关系进行了一个生动形象的描述，认为语言是思维的"外部层面"和"可见部分"，因为语言经常用于表达思维过程。在这个意义上，使用语言进行思考被描述为一种自我对话的过程。我们在一定程度上同意这一观点，但并不认可语言是社会的独立有机体这一确定性事实。恰恰相反，人类使用语言作为思考和反思的工具，这与我们所处的社会环境密切相关。因此，抽象概念的语义系统反映了社会意识形态的表现，就像不同社会中的词语"自由""民主""幸福"等为这些概念赋予了文化特色。

　　尽管语言被视为具体表达和呈现思维的"外部层面""可见部分"的基本工具，但事实上语言与思维之间存在着复杂的相互影响和认知过程。无论是官方语言还是少数语言，每种自然语言都是一个国家或某个特定语言社区文化和历史演化的产物，其语义系统通过市民日常生活中的经验和实践逐渐形成。语言既是满足沟通需求的工具，也深受国家的世界观和历史事件的影响。这一观念被称为"语言相对论"，又被称作"Sapir-Whorf 假说"。"Sapir-Whorf 假说"的核心观点是语言的惯用形式制约了思维方式，因此现实世界在很大程度上是基于群体的语言惯例建立的。人们根据各自的语言来理解和看待现实，不同语言传达了不同社会的世界观。换句话说，语言传递了一个社会的世界观，因此每个国家以不同的方式看待世界，不同语言的使用者可能对同一概念有不同的文化视角（Casasanto，2008）。尽管目前这一"假说"的支持者逐渐减少，即认为语言决定思维方式的观点呈减少之势，但仍有研究者坚持认为，语言在塑造我们对世界的认知中发挥着重要作用。仍然值得我们注意的是，学习第二语言在某种程度上会影响我们的世界观，因为它可能在一定程度上重新构建我们对语言、思维和现实的理解方式。在这方面，一些研究者认为这两个过程，即语言习得和认知配置之间存在关联，尽管并不完全相符。其中，最显著的差异之一在于思维是个体的，而语言始终是社会的。

延伸前述观点的探讨，我们发现支持这两种观点相互关联的学者的观点值得引用。Romaine（1996）指出："语言帮助我们理解世界，通过对事物进行分类，我们为它们构建了结构，而语言在构建这种认知结构模型中发挥了关键作用。"同时，López 和 Encabo（1999）提出："随着个体学习语言，他也同时获取了一个塑造其思维，并将其社会化提升至特定文化层面的高度的工具。"López 和 Encabo 强调了语言和思维的同步获得，并且强调了这两个过程之间的相互关系。由于语言作为一种交际工具，对其的使用并不会削弱个体的思维能力，这一特性与语言嵌入社会情境的本质密切相关。

正如我们在前文中所指出的，更严谨的观点认为，社会及其社会语言学变量可被视为一种潜在的、某种程度上影响完美沟通过程的"干扰因素"即"噪声"，其增加了完美沟通过程的复杂性，因为它在很大程度上深刻影响了语言的实际运用。正如美国社会语言学专家 Romanie（1994）[①] 所指出的那样，语言既非抽象对象，可以在脱离社会背景的情境下进行研究，亦非可独立存在的实体。此观点得到了 Chomsky（1988）的支持。Chomsky 认为，语言学是心理学和生物学的一部分，语言是人类的一种生物能力，研究语言可以深入了解人类思维机制，但是思维和人类语言都不会不受社会干扰而得到绝对发展。因此，我们认同Chomsky 的看法，即语言研究有助于我们从生物学的角度了解人类，同时也有助

---

① Romanie S. Language in society: An introduction to sociolinguistics [M]. Oxford: Oxford University Press，1994.

于我们深入探讨我们作为"社会动物"身份的方方面面（徐大明、陶红印和谢天蔚，2004）。

尽管语言和社会之间的关系不能简单一一对应，然而，每一个语言社群都不可避免地会受到社会的深刻影响。社会与语言关系的最常见观点认为，这两者之间是相互动态影响与作用的：语言既是社会的组成部分，又是不可或缺的交流媒介，同时也是人类思维的外部体现，有时还可以起到推动社会发展与变革的作用。与此同时，社会也是一个不断发展的实体，语言在社会的多元环境中得以滋养和丰富，但也会受到一定的制约，因此语言会随着社会的演进而发生变化。对于社会语言学专家而言，社会对语言的作用与影响领域备受瞩目，需要投入大量时间与精力进行深入研究。

在这一理论领域中，还有另一个至关重要的方面，即社会与语言之间的关系分析，这一关系涉及一种似乎隐性的协约。一方面，我们经常观察到，社会往往会强加一些符号给语言使用者。从严格意义上讲，语言在社群内形成了一种共识，因此语言使用者不能随意改变语言，因为所有语言现象都受到社会条件的限制和影响。为了确保顺畅有效的社交，言语者必须遵循他们语言社群的规范。另一方面，语言使用者也持续尝试着改变和创造语言符号，并将这些新符号融入口语中。尽管这些观点似乎存在某种矛盾，但它们准确地反映了语言与社会之间的复杂关系。正如 Coseriu（1986）所言，语言使用者在社会规范的指导下塑造自己的词汇，但绝不可能完全按照随意的标准选择词汇。

就像在时尚界一样，那些不遵守规范着装的人，会被社会约定的规范视为"异类"。在语言领域，不按社会规范使用词汇或语言与大家沟通的人，不仅可能被视为与社群或特定环境中的其他成员不同，还可能导致社群其他成员无法理解，从而失去沟通的能力。例如，生活居住在偏远地区且只会当地语言的人，在其社群内可以无障碍交流，但随着时间的推移，如果他们一直没有机会学习、使用、掌握国家官方语言的机会，就可能失去使用国家官方语言的能力，也就会失去融入整个大社会的能力。同时，在个体语言行为中，存在个人创新，但这种创新受到特定社会规范的限制，只有在适度范围内才能被社会接受。对于"用你自己的方式去说话、表达、解释等"这一表述，我们的理解应该偏向于"以个人方式组织言辞"，而不是"创造新词汇"。这意味着语言不是个体的独占，而是属于语言社群，没有"解码器"的语言将不再存在。需要明确的是，尽管语言具有社会属性，每种语言的词汇都有一个原初的起源，并且这些词汇在日复一日、年复一年的日常使用中还逐渐获得了整个语言社群的认可，这个过程就像多米诺骨牌，最初的词汇创造通过代代传承，形成了一个语言系统，用来指代相同的现实，然而，激发词汇的起源和社群成员之间默契共识的认知、社会动机，至今仍未被完全阐明。

所有语言都有为其社群具有社会和文化相关性的事物和现象进行命名的功能，这些功能在各自的语法中形成了概念类别，如雄性和雌性、个体和集体（Romaine，1996）等。此外，每种语言创造的词汇都可以反映社会的自然环境、历史文化和意识形态等，比如，因纽特人可以通过多种语言表达方式来定义"雪"的概念。根据 Romaine（1996）的观点，雪是因纽特人生活和文化中的基本元素，且具有重要地位，长期以来因纽特人对雪的形成原因、过程、不同形态以及作用都非常熟悉，因此对于"雪"的概念表达以及变化尤为敏感与关注。通过观察还可以看到，不同语言对于"雪"的描述方式不仅依赖于说话者的语言表达能力，更依赖于"雪"在社会中的重要性。例如，西班牙语中有不同的词汇来区分粉雪和结冰雪，汉语中则使用棉雪和沙雪等词汇。此外，即便是使用相同语言的专家，当在不同主题和情境中阐释"雪"的概念时，也可能会采用不同的表达方式，因为不同主题拥有丰富而灵活的词汇资源。

语言的分类过程是社会中持续演进的活动，因为社会不断涌现新的事物和概念，需要为其命名（Romaine，1996）。"长江后浪推前浪"，社会的发展是不断推陈出新的，旧事物被新事物所取代是一种积极的变革过程。语言作为周围多元环境的反映，始终与现实紧密相连。每当社会接受新兴术语以及与之相关的概念时，社会就需要创造新词汇来命名这些新存在。例如，随着互联网和计算机领域的快速发展，一批新词汇如"计算机""软件""硬盘""电子邮件""图形卡""键盘"等迅速崭露头角。还有一种有趣的现象，那就是一些新词汇的起源颇具趣味性。例如，"垃圾邮件"这一热门词汇最初来源于罐头食品（一种由 Hormel 公司制造的罐装肉类食品）。据传，在著名的英国喜剧节目"蒙提·派森的飞行马戏团"中，有一个备受观众喜爱并印象深刻的喜剧片段。在剧中，餐厅侍应生大声兜售罐头的广告声不绝于耳，这使观众产生了罐头食品是对身体有害、劣质滞销的"垃圾食品"的概念。计算机领域的专家基于这个热词的影响和联想效应，在计算机领域迅速将"垃圾食品"一词与出现在电子邮箱中的大量广告邮件相联系，"移花接木"般地诞生了"垃圾邮件"这一新兴词汇。之后不久，这个词汇在短短十年内被广泛接受和采用（史蒂芬·平克，2015）。

当下社会，特别是刚刚过去的二十年，以拓宽社会交往层面为驱动，以快速流畅的社交互动为特征，社会的快速发展丰富了各种社交群体之间的语言词汇。不同社会的持续互动也促进了不同语言之间的互通，甚至在同一语言的不同变体之间也促成了词汇量的扩充，用于描述已经创造出来但在不同地方以不同方式命名的新概念（Wardhaugh，2009）。进而我们还可以观察到，某些语言概念和词语的出现与特定词语的含义相关，这些词语尚未被纳入正式词汇，仅以不同方式融入口语之中，这种融入涵盖了新词的构建，这些新词可以以原始形式出现，也可以根据目标语言进行调整（Prat Sabater & Sierra Infante，2011）。这一现象在词汇扩展中十分常见，包括多义词和同音异义词。同音异义词可以分为同音异形词和同音同形词，这些现象在一定程度上解决了词汇的语义不足的问题，从而扩展了词汇的范围。根据史蒂芬·平克（2015）的观点，多义性意味着同一词语在不同社会语境中，会具有不同的含义，或者是指特定词语的含义逐渐过时，但尚未完全消失，与新含义并行存在，且以相同的语音形式表现。

我们不得不正视的另外一种情况是，并不是创造出的所有的新兴热词都会被社会所接受和采用，只有其中的一部分最终会被纳入语言词汇，而其余部分可能因社会、语言等多重因素对它们的反对而渐行渐远（Milroy，1992）。根据 Coseriu（1986）的观点，这一现象被称为"语言禁忌"或"语言塔布"。它提醒语言使用者，在日常生活中避免使用某些被视为过于生硬或不恭敬的词语。根据史蒂芬·平克的观点，所有语言中的禁忌词汇都携带负面内涵。通过对这些词汇的研究，发现它们常常引发人们对生理现象的不适感和情感反应。

禁忌词汇的语言现象引起了人们广泛的兴趣，甚至吸引了众多语言研究学者的关注。这是因为，并不是每个人对禁忌词汇及其激发的情感反应都持有相同的观点，从而导致了许多词汇在这个领域被"不公平地"贴上禁忌标签（史蒂芬·平克，2015）。因此，人们可能会问，为什么一些具有生理或道德层面负面含义的特定词汇受到了限制，而它们委婉含蓄、词义相同的对应词却没有受到这些限制和"不公平待遇"呢？答案在于每种语言内部都包含了模式化的思维、情感和潜在行为，这些模式是在语言的演化过程中逐渐形成的，其中很大一部分受历史文化和传统的影响（徐大明、陶红印和谢天蔚，2004）。在历史发展的长河中，文化并不具有天生的遗传本能，而是人通过后天不断地学习和模仿，从而获得了用于生存，乃至成长进步的知识、经验、技能和习惯等。根据荷兰人类学家 Geert Hofstede（1999）的观点，文化被定义为"在人们的头脑中的一种集体编程，用以区分一个群体或类别的成员与另一个群体或类别的成员"。因此，语言禁忌可以被视为由所属社会的观念和文化影响所产生的主观性的一种体现。

有趣的是，主观因素的影响与干扰，大多数情况下与语言学关系并不大，而更多地与社会、文化等因素有关。Coseriu（1986）提出，语言社群对个体语言的产出，施加了双重"控制"：表现为限制创新与拒绝新变化，这些创新与新变化往往与文化声誉相关，有各种各样的原因难以详尽列举。换句话说，除了受到语言社群强加的特定规范外，我们的语言还受到我们生活和成长的文化的影响。需要指出的是，与其他文化概念词汇（如习惯、社会价值观、艺术、文学等）相比，语言的词汇被定义为可计数的概念，这意味着我们可以在语言学研究领域进行感知分析，因为语言现象是切实可见的、可感知的，因此它们可以用来确定或反映社会现实的各个方面。

不同的语言社群对相同的词汇使用表现出差异，即在一种文化中被认为含义相近的词汇，在另一种文化中可能产生不同的联想。这种现象通常与文化传承密切相关（Romaine，1996）。我们可以通过一些实例来说明这一点。以禁忌词汇为例，中国尤其北方的新建高层建筑在标注楼层时，有时会见到避免使用带有"4"这个数字的现象。这是因为在传统文化中，数字"4"的发音与"死亡"的"死"字相近，尽管它们的含义不同，但在音韵上存在联系。在 Crowley（1997）的研究中，他描述了分布着 850 多种语言的巴布亚新几内亚的语言社会，其中一种称为"卡瓦纳"的语言存在广泛的禁忌词汇现象。当该语言的词汇与某位亲属的名字重叠时，这些词汇会被完全禁止使用，即成为禁忌词。举例而言，如果"puaea"这个词表示"鳄鱼"，而恰好与某位亲戚的名字相同，语言社区将使用邻近其他语族（或语系、语支）的词汇予以替代，将同样表示"鳄鱼"含义的"bagale"作为委婉之词来替代"puaea"进行使用。这些例子揭示了不同文化下禁忌词汇的差异以及语言与文化之间的互动关系。

在语言的各个组成要素中，常常反映出思维方式和文化价值的显著特征。举例而言，受社会发展和个人认知能力所限，古代中国文化认为人类的"思维的器官"是心脏而非大脑，因此与思维有关的词汇常与"心"一词相关，如"心理""思考""心态"和"意图"等。在哈萨克族的语言中也能找到类似的句子。这个民族十分偏爱代表纯洁象征的白色，因此白色经常出现在表示友好或和善的词汇中，例如，"акжурек"（善良或个人名字）由"白色"（ак）和"心脏"（журек）组成。相比之下，他们对黑色抱有偏见，因此通常将黑色用于具有贬义的表达中，例如，"qarasyjek"（可怜之人）由"黑色"（qara）和"骨骼"（суйек）组成（戴庆厦，2012）。

然而，语言文化差异不只局限于语义领域，也经常在言语方式和个人风格中得以体现。相同的词汇或语句可因语义上下文的不同而呈现出多重表达方式，而这种多样性通常取决于语言使用者的社会文化特征。言语风格也被社会语言学称为"语域"，指的是伴随着语言功能的变化，语言自身也发生变化的现象。这种变化可以由多种因素引发，如言语的情境或背景、目的、媒介、主题和内容，以及参与者之间的关系（Romaine，1996）等。这些因素共同影响着语言的变异与多样性。

总结上述观点可以得出，社会文化价值在语言领域对于实现有效沟通和高效交流起着至关重要的作用。这一观点可进一步通过航空飞行事故数据得到有力支持。虽然这些事故在航空史上似乎是正常现象，但透过现象深入本质，我们可以清晰地观察到文化对语言的重要性以及其对实际情况产生的重大影响。根据《今日美国》，1982~1991 年，世界范围内 11% 的航空飞行事故主要源自飞行员与副驾驶员之间或飞行员与机场空中交通管制人员之间的交流问题（徐大明、陶红印和谢天蔚，2004）。具体而言，韩国一家航空公司的统计数据也很明显。在过去大约 30 年的时间里，这家公司共发生了七起严重飞行事故以及其他各种程度不等的事故，包括紧急迫降、失误着陆以及与堤坝碰撞等。这一情况导致国际上多个国家的航空公司取消了与该公司的合作，美国联邦航空管理局下调了其安全等级评定，甚至加拿大航空官员曾考虑禁止该公司的飞机飞越其领空或在其国内降落。对于此局面，时任韩国总统金大中曾发表国际性声明："目前我们国家（航空安全）的可信度正处于脆弱状态"（Gladwell，2014）。

通过研究发现，在航空飞行事故中，气象因素通常是常见的原因，但很少是决定性的因素。正如 Malcolm Gladwell（2014）所指出的，通常情况下，事故牵涉连续的七个人为错误，这些错误很少源于飞行技术或常识问题，更多地涉及团队合作和沟通方面的问题。在飞机上，飞行员和副驾驶员通常来自不同文化地域，其语言语义表达存在差异，有效合作需要高度的跨文化交际能力，但实际情况是这些专业人员通常在已经开始合作时才逐步相互了解。以韩亚航空公司为例，该公司为解决这一问题，采取了强制措施，要求所有飞行人员必须严格遵守国家运输安全委员会（NTSB）所规定的行业用语规范，同时对飞行员和副驾驶员之间的从属关系进行明确限定。这些规范要求韩国的副驾驶员通常只能使用"缓和性话语"来进行沟通，而不能直接向飞行员下达命令，以避免潜在的无法挽回的后果。因此，我们可以得出结论，导致韩国阻止飞行员之间进行直接沟通的根本原因，不只是飞行员的语言能力差异，更重要的是与他们作为语言使用者所处的社会文化背景有关。由于主从地位的限制，他们不被允许在这些情境下自由沟通。

有趣的是，根据 Hofstede 的文化维度理论，不同的文化可以根据多个维度进行分类，包括"个人主义与集体主义"维度，该维度反映了文化对个体感受的重视程度；"规避不确定性"维度，衡量文化对控制不确定性或非常规事件的偏好程度；"权力距离指数"（PDI）维度，这一维度可能是其中最引人注目和有趣的，因为它涉及人们对权威与等级所持的态度。具体来说，它衡量了特定文化中对权威的尊重程度（Malcolm Gladwell，2014）。

如果将这一理论应用到前述案例，我们可以观察到，由于韩国文化根深蒂固地崇尚权威传统，该文化呈现出高度的"权力距离指数"（PDI）。其他许多亚洲国家在这些方面也具有类似的特征，因为这些国家的人在行事时通常考虑维护团体内、成员之间以及社会和谐所制定的行为准则，将集体利益置于个人利益之上，并愿意为此放弃个人利益。他们通常会选择服从的方式与拥有更高权威的人互动。这种沟通方式也可以从"面向接收者"的角度来看待。也就是说，一切取决于听众，因为发话者仅提出建议，而受话者"决定"是否忽略或接收消息。相比之下，在西方文化中，特别是在需要解决紧急问题的情境下，对上级下达命令被视为正确的做法，因为西方沟通是从"面向发话者"的角度出发，即清晰和独特地表达被认为是发话者的责任（Malcolm Gladwell, 2014）。总而言之，每个人都生活在一个具有特定规则的环境中，这些规则反映在一系列趋势、习惯和行为中，这些文化差异引发的非常清晰可见的语言使用差异，都作为文化遗产传承给了我们。

在众多情境下，社会政策和习惯不仅促进了一些语言的传承，同时也对其他语言的使用施加了一定限制（Coseriu, 1986）。此外，语言本身也受到社会变革的影响，自身逐渐发生改变（Crowley, 1997）。因此，已经有证据表明，社会和政治变革通常伴随着深刻的语言变革；反之亦然。我们可以以加拿大魁北克省为例来探讨语言与政治之间的关系。魁北克省是加拿大最大的省份，法裔居民占比超过80%，其中，约82%的居民使用法语，该省的官方语言是法语而非英语。在18世纪，英国议会通过《魁北克法案》以确保魁北克地区的法语和法国文化不受威胁，该法案还保留了魁北克省的法国民事法和整个法律体系，同时也维护了宗教自由。这使魁北克省被视为"加拿大国内的另一个国家"。魁北克省的大多数居民为法国后裔，随着时间的推移，他们感受到英国文化的压迫，20世纪50年代要求强化和扩大法语的使用。数十年后，他们在语言和文化上仍然保持着前后连贯性（Wardhaugh, 2009）。20世纪80年代，魁北克省就主权问题进行了全省范围内的第一次全民公投，60%的选民投票反对脱离加拿大。这表明，尽管深层次看来，魁北克省的独立主义运动根源于政治和经济领域的问题，但其发端和动力始终与语言问题相关，甚至可以说，政治经济的冲突部分源自语言的冲突。

加拿大魁北克省的例子只是语言和政治问题众多案例中的一个。语言在塑造使用者的社会文化身份方面具有显著作用，如Fishman（1972）所强调的，语言成为了国家灵魂的一部分。当一个人使用语言进行交流时，个体已然成为使用该语言的社会的一部分。此外，双语或多语使用者在选择言语表达方式时，同时表达了他们对所选语言的态度，认为该语言更适合特定场合，或者更能反映他们的立场和身份。

综上所述，任何语言使用者在进行交流时，都无法回避自己在社会中的地位，也就是说，他们深受自身文化的影响。社会和文化对语言具有强大的影响力，不断塑造我们的生活方式和交流方式。语言有助于构建和反映社会，是社会的产物。在我们的语言使用方式和过程中，这一点得到了充分体现。因此，所有的语言行为也是社会行为，任何在交流中发生的疏忽或误解都可能导致意料之外的跨语言后果。

传统语言学的兴起，旨在揭示语言中存在的规律性和一致性，但这一追求也导致了语言学家对语言的不规则性的忽视（徐大明、陶红印和谢天蔚，2004）。正如 Sapir（1949）所警示的，语言学家应当谨慎地看待科学中所建立的完美范例，因为这些范例是社会中实际语言变异的概括。

众所周知，语言的基本特征在于其社会性，因此将所有语言研究联系起来的特点即语言变异（徐大明、陶红印和谢天蔚，2004）。语言与社会的联系不仅体现在社交行为中，二者还紧密地、不可分割地相互关联（Saussure，1979）。若不考虑语言和社会之间的不断互动，我们将无法全面研究语言的变异现象。语言变异贯穿于所有言语行为之中，无论是集体性言语行为还是个体性言语行为，二者均受所属语言社区的影响。同时还值得我们更加注意的是，尽管个体性言语行为可作为研究社会语言变异普遍性的样本，但它不应被视为特定社会群体语言规范的孤立个体案例，特别是当个体变异受到心理或生物特征影响时（徐大明、陶红印和谢天蔚，2004）。

在社会语言学领域，尤其是关于语言变异的研究中，Labov（1966）于 20 世纪 60 年代开展的元音后/r/音变异研究亦即纽约研究，这无疑是社会语言学中最著名的、经典的研究之一，同时也是首个运用系统方法来探究城市社区语言变异的研究案例（Romaine，1996）。

该研究的主要目标是调查在单词结尾的元音后是否存在/r/音变异的情况，如单词 "car" "cart" "four" 等。最初的研究结果被描述为 "自由变异"，因为似乎没有固定的规律或可预测的模式。然而，随后更多的研究揭示，当将这种自由变异与社区整体情境相结合考量时，这一变异不再显得随机，相反它受到社会因素（如地理位置、社会阶层、年龄性别、言语风格等）的明确制约，具备可预测性。从 Labov（1966）的研究开始，社会语言学家高度关注并建立了社会语言变异与社会因素之间的关系，这使他们能够推广相似的方法来研究不同的地区，从而绘制出语言变异在不同社会背景下的整体概况。

基于前述理论，英国的语言学家 Hudson（2000）提出了 "语言变体" 的概念，这一术语在社会语言学领域备受欢迎，因为它能够避免使用具有争议的术语，如 "语言" "方言" "地方语言" 或 "俚语"（方言学中使用的法语术语）。语言变体大致可根据变异类型分为三个类别：

（1）地理方言变体，涉及方言学，主要研究地理位置引发的语言变异。

（2）社会方言变体，是社会语言学领域的关键焦点，研究语言变异与社会维度（如年龄、性别、社会地位等）之间的关系。

（3）语体方言变体，由徐大明、陶红印和谢天蔚（2004）定义为与话语陈述的情境或语境相关的语言变异，即功能性语体变异。这三个类别通常在社会语言研究中并行考虑。例如，在 Labov（1966）的研究中，清晰/r/音的发音被视为纽约上层社会的社会地位特征。因此，相同的研究结果可以同时定义不同的变体类型，即社会变体和功能变体。在 Labov 研究的案例中，/r/音的变异是纽约英语体系中语音变化的结果，这也是纽约市历史上的地理方言变体。因此，它同时被视为地区性变体。英语方言变体之间的差异是一个漫长的历史过程，始于几个世纪前的英格兰东南部，当地居民不在辅音前发/r/音，但在元音前保留发音，之后这种发音差异向北和向西扩散。/r/音的发音分布，反映了英国和爱尔兰不同地区移民的定居情况（Romaine，1996）。

在讨论语言变异时，需要强调指出并区分两个关键概念：语言变量和语言变体。我们继续以 Labov（1966）的研究为例，/r/音可被视为语言变量的经典代表，因此它被称为"/r/变量"。该变量的主要功能是定义语言变体的整体范围，即代表特定变体。具体而言，"/r/变量"包括两个不同的变体，分别根据发音中元音后是否带有［-r］音和元音前是否带有［Ø］音来进行分类与分析。上层社会通常使用第一个变体（Labov，1966），而普通百姓则使用第二个变体，也被称为"零变体"。

通过对不同类型的语言变体进行分类，研究者已经能够明确定义社会语言学的具体研究方向（徐大明、陶红印和谢天蔚，2004）。目前，社会语言学家更加关注对社会方言变体的研究，而不只是地域方言或语体方言。尽管在不同的研究中这三种方言类型常常互相关联，但我们认为每种类型都有其独特的重要性，因为它们对社会语言学学科都具有深刻的影响。为了证明语言因素和社会因素之间存在规律关系，社会语言学家通常将其研究与一系列社会维度（如社会阶层、年龄性别、言语风格等）联系起来。根据 Romaine（1996）的观点，这些社会维度可以被统称为社会语言模式（socio linguistic patterns）。在这些模式中，社会阶层、年龄和性别被认为是与社会变体（社会方言）联系最密切的三种模式。接下来，我们将对它们依次进行简要讨论。

社会阶层和语言特征之间的相关性显而易见，然而，借助语言特征来实现社会分层任务并非易事。根据徐大明、陶红印和谢天蔚（2004）的观点，在西方社会，社会语言学家通常会依据一系列因素，如受教育水平、职业等，对个体进行社会阶层的分类。然而，更为重要的因素往往是经济层面的，包括收入差异、收入水平和物质资源的获取方式等。此外，正如上述学者所指出的，中产阶级在现代西方社会中的各个领域，包括语言交际，都具有显著的重要性和影响力。这一点在他们的语言特征中也有所反映，其语言特征通常被视为整个社会的典型或模式。然而，还存在不同的观点，比如，Romaine（1996）认为，当探讨风格和社会分层之间的联系时，工人阶层的语言可能更具代表性，因为它代表了社会的通俗言语："如果特定的语言特征在工人阶层的言语中更频繁地出现，那么这一语言特征将在所有说话者的非正式言语中作为相关现象出现。"

然而，这些观点并非毫无瑕疵。在现实生活中，尽管许多研究假定个体可以根据社会阶层来进行划分，并且社会语言学差异在其中明显存在，但对于基于社会阶层的研究，人们仍然表现出一些不满。

基于年龄的差异可以分为两类：代际差异（generation difference）和年龄分级（age grading）。前者主要研究言语中可能存在的不同代际差异，而后者则关注同一代人之间言语的差异。所有个体都保留了其母语语言方式的原始特征，即在童年时期习得的特征。这使一些语言变异可以被归类为特定时期或特定代际的产物（戴庆厦，2012）。例如，当代青年的言语具有其自身的语言特征，其中，许多是由现代社会的新因素引发的，如新词汇的引入、语言借用，或在日常交际中使用非规范语言。

除了地理和社会维度，还存在其他与功能相关的语言特征，通常被称为"风格"或"语体"（徐大明、陶红印和谢天蔚，2004）。与前述提到的其他变体不同，风格从三个不同的视角展示语言的使用。按照 Halliday（1964）的分类，这三个视角包括领域（field），关注的是言语的内容以及为何会说出这些内容；模式（mode），关注消息是如何传达的，是口头还是书面形式；目标（blanco），强调与谁在交流，交流中的参与者之间的关系。同样，根据 Romaine（1996）的理论，"风格"作为一个关键的社会语言学变体，允许我们深入了解社会因素如何不断地影响语言使用。此外，风格与语体密切相关，它可以因多种原因而从正式转变为非正式；反之亦然，这些原因包括社会背景、参与者之间的关系、社会阶层、性别、年龄、物理环境或讨论的主题。

之前我们提到的各种社会语言学模型，为我们引入性别变异的具体研究提供了坚实的基础。性别差异在全球范围内都是一种普遍现象，因此，在社会语言学的各种因素中，性别很可能是最不容忽视的一个因素，因为它被认为是社会分层的关键要素。关于性别因素的语言变异研究引起了人们广泛的兴趣，已经成为社会语言学领域不可或缺的一部分，而这一学科兴起于 20 世纪 60 年代（戴庆厦，2012）。当前，在社会语言学领域，关于性别因素的研究得出的一个重要结论是，风格和语音特征的差异构成了言者的性别身份的分辨特征。最具代表性的例子之一是，女性倾向于使用与高层社会地位相关的语言变体。根据 Labov（1966）的研究，不论社会地位如何，上层社会的女性相比于社会地位相同的男性更常使用标准的语言变体；而在中产阶级和工人阶级中，男女之间最显著的差异之一是女性通常更加注重使用正确的发音和语法。一般流行的观点是，男性和女性的言语风格和语音特征构成了两种不同的变体，可以一目了然地发现从语音和词汇层面开始的差异，以及对句法特征的不同使用。但在研究过程中，一些学者否认明显性别不同引起的语言差异的存在，认为男女之间只存在细微的生物学差异，但在社会文化方面存在显著的差异。换言之，性别在生物学上的差异或许不大，但在社会文化上却呈现出显著差异。

在这个背景下，考虑到不同社会对男性和女性所施加的文化观念与规范的影响，以及对他们在这些范畴中所预期角色的期望，研究变得更加复杂，同时语言行为也愈加多变。正是由于这些因素，从同步和历时的角度来观察与理解性别因素如何成为塑造社会文化观念和规范的衡量标准，尤其是性别模式在语言变异中所扮演的角色，变得至关重要。因此，本章将基于中国和西班牙两个国家社会中不同性别特征的视角，展开对性别因素在语言变异中的影响的研究。

3.2　语言与性别

性别分化在生物学上被视为一种自然现象，因此性别问题成为了许多语言学研究中的主要变量之一。这些研究旨在比较不同性别之间的语言特征，并寻找可能存在的差异。这一领域的研究范围覆盖了生活的各个方面，包括语言使用领域。因此，社会语言学家通常将分析语言系统在社会背景下的使用作为揭示性别差异的重要工具。

在研究性别与语言关系时，出现了不同的观点。一些研究倾向于支持"分离主义者"理论，这一观点广泛表达为"男人来自火星，女人来自金星"（Gray，2002）；相反，另一些研究则认为性别差异微弱，而且在许多情况下并不重要。我们必须承认，一方面存在由生物分化引起的明显差异，通常在语音方面表现出来，包括语音特性、准语言元素和发音。而另一方面则深刻根植于社会文化观念中的"差异"在不同的语言风格中多有体现，如某种词汇或句法结构的更频繁使用等。这被认为是某种性别社会地位的体现。

可通过语言变化来感知社会变革和重大事件（Coseriu，1986）。近年来，语言成为活生生的见证，反映了女性越来越多地走向了社会舞台的中央，她们进入职场并站稳脚跟，甚至在传统意义上被视为男性专属的岗位上也表现出卓越的能力。这一现象在语言中主要体现在词汇方面，如女性职业名称的变化——女法官、女医生、女水暖工、女卡车司机等。目前，尽管这些词汇和其他类似表达可能尚未被广泛接受，但这种语言的演变具有重要的社会和文化价值。

在深入探讨由性别因素引起的语言差异之前，我们认为还有必要考察这些差异凸显的内在因素和外部因素。这些差异既受到来自女性身份本身的影响，也受到社会文化传统所赋予的性别角色的影响。正如前文所述，我们需要明确生理性别（sexo）与社会性别（género）这两个概念之间的区别，因为尽管它们有一些相似之处，但在本质上具有不同的含义。

3.2.1 生理性别和社会性别

3.2.1.1 研究综述

尽管对于来自不同语言社区的言语者来说，生理性别和社会性别的区分可能是显而易见的，如在罗曼语和英语中。然而，在其他很多语言中，这种语义微妙之处并不像在汉语中那样明确。正是出于这个原因，我们将生理性别和社会性别这两个术语，放进汉语与西班牙语中进行多方面对比。尤其对于中文读者来说，明确这两个概念的定义将成为我们讨论的基础。

我们引用最新版本的《西班牙皇家语言学院词典》中对这两个术语的定义。性别概念在当代女性主义理论中具有重要的意义，也在我们本节的研究中涉及比较难以把握的意识形态问题。根据皇家语言学院的定义，这两个术语具有以下内涵：

（1）（生理）性别"sexo"：源自拉丁语的"sexus"。

1）生物学上指动植物的有机性别，即雄性或雌性。

2）同一性别的生物集合，包括男性和女性。

3）生殖器官。

4）性活动。

（2）（社会）性别"género"：源自拉丁语的"genus，-ěris"。

1）具有一个或多个共同特征的生物集合。

2）人或事物所属的类别或类型。

3）社会文化视角下，人类男女所属的群体，而不仅仅是生物学角度。

4）商业中的商品。

5）织物或纺织品。

6）艺术领域，特别是文学等，根据形式和内容的共同特征，对作品进行分类的不同类别之一。

7）生物学上，将共享某些特征的物种聚合在一起的分类单元。

8）语法上，在名词和代词中固有的语法类别，通过与其他词类的一致性来编码，对于有生命的名词和代词，可以表示性别。

通过比较这两个定义，我们可以得出，性别的概念非常简单，即我们生物上天生的性别认同。然而性别的概念有多个含义，并非都是通用的，这些我们将会在后面看到。需要指出的是，这些含义适用于所有名词，而不只是与性别相关的名词。对于我们的研究来说，重要的是这些定义中的第三个含义，特别是社会上认为适用于每个特定社会内男性和女性的特征（García Mouton，1999）。从这个角度来看，重要的是要注意这两种语言之间存在的语言文化差异，因为这种与性别相关的社会文化感知，在汉语中通常不存在，汉语中只使用一个字符来表示性别：性。《新华字典》最新版本中，"性"有多达六个不同的含义，其中，第四个含义是指性别，而第六个含义是指语法性别，仅仅是为了对应理解西方语法中的概念，汉语尚没有从社会文化角度区分这两个概念的差异。所以在汉语中，性别并不存在两个概念的区别。通过比较西译汉和汉译西的双语词典，如 2008 年 3 月出版的《新汉西大词典》《柯林斯汉西词典》以及《VOX 双语词典》，我们没有发现任何一本词典记录了通常涉及的性别概念，而只是包括了名词性别的类型，例如、人、动物或物体的分类，或者艺术分类，如文学、戏剧、雕塑或绘画等。

考虑到英语在这个问题上的影响，我们将研究范围扩展到了汉英双语词典。沿着这条思路，我们查阅研究了《新时代英汉大词典》《牛津高阶英汉双解词典》和《新牛津英汉双解大词典》的最新版本。关于单词"gender"，这些词典的记载如下：①［C，U］男性或女性的事实，尤其是在考虑社会和文化差异而不是生物差异时。②［C，U］（语法）（在某些语言中）名词、代词和形容词被分为的各个性别（男性、女性和有时中性）。③名词、代词和形容词被分成这些不同性别。④不同的性别可能有不同的词尾等。由此可见，英语词典收录的"gender"这一词汇包含涉及性别区分的含义。

正如先前所强调的，汉语词典以及汉西双语词典并未收录有关区分生理性别和社会性别的释义，因此我们观察到在汉语语境中，社会文化领域对于这一具体含义的关注尚不足。这一现象可归结为两个主要原因：一方面，词典记录新含义和定义的滞后；另一方面，受传统文化的影响，长期以来中国社会常被视为父权社会，表现出男性主导和女性从属的特征，这也反映了性别研究在中国学术界的相对不充分，这是社会集体意识中被忽视的现象。在这个背景下，我们提出了另一个社会语言学问题：在汉语语境中，有哪些词汇可用于描述在需要进行性别区分的情境中的"gender"概念？这一问题可以通过我们在汉语语境中发现的一些短语来解答，包括社会性别、心理性别和性别角色。

如前所述，我们可以明显观察到，当谈及"性别"和"性"这两个词汇时，它们主要用于最常见的和最为传统的人类区分方式，即性别之间的区分。尽管这两个词从不同的视角代入，"性"指涉生物学上的差异，即"生物性别"；而"性别"则是一个更为复杂、更为深刻且还在发展着的词汇，它源自罗曼语系，其含义在传入英语中时经历了演变。总体而言，不同的用法和社会演变共同形成了一个更现代的定义：社会性别。

这一概念的发展和形成可分多个历史阶段进行梳理与分析。"性别"这一词汇的使用可追溯至 Money（1955）和 Stoller（1968）的研究。当时他们在人类学领域采用了这一词汇。然而，直到 20 世纪 70 年代，"性别"一词才开始在美国及其他国家的女权主义学术界得到广泛传播（Chevalier & Planté，2016）①。随后，根据 García Mouton（2002）的观点，20 世纪 80 年代，"性别"的定义被引入西班牙语中，但直到约 1995 年，这个"性别"的定义才在西班牙语社区中得到广泛接受。值得一提的是，当这一概念首次在特定语境中被引入时，引发了比较大的争议，出现了一些反对的声音，主要反对观点在于将英语中的"gender"直译为西班牙语，存在混淆的风险，特别是与传统的性别语法用法相混淆。

Martín Conejo（2015）强调，"性别"是研究性别和性行为不可或缺的核心概念。如今，这一概念已在研究中得到广泛应用，因为它有助于"区分性行为以及社会赋予男性和女性的角色"。然而，关于这个概念的定义和使用存在着争议。一些学者认为，"性别"与"性别角色"直接相关，而另一些学者则质疑这种直接联系，认为它可能是表面的（Hintz，1995）。后者认为，"性别"一词不仅用于描述"男性"和"女性"之间的解剖和生理差异，还被用来解释"女性"和"男性"之间的社会差异。另外，还有学者提出了其他不同的观点，他们认为，"性别"概念构建了一个复杂的关系网络，虽然包括性别因素，但不是性取向的直接定义，也不直接决定性别取向。

在英语的影响下，西班牙语的"性别"（género）一词的含义不断扩展，包括最新和最引人注目的语义价值——"社会性别"（sexo social），并已被广泛收录于词典之中，成为常用词汇的一部分。这种语义变化清晰地反映了语言的借词传递社会文化观念的微妙之处。值得特别关注的是，Alberdi 于 1999 年 2 月在《国家报》（El País）上发表了文章《性别暴力》（La Violencia de Género），该文首次将"性别"这一词汇用于描述男性对女性的虐待。随后，"社会性别"的概念引发了广大学界和社会的讨论。当时，《国家报》的读者代表 Valdecantos 以及另一位读者 Joaquín Moya 表示反对使用"性别"这一术语。在多次与 Alberdi 进行辩论后，Valdecantos 以以下话语结束了争议："联合国和女权主义者，尽管在许多方面值得尊重，但谁都没有权力将科学领域的定义强加给大众语言。3 亿西

---

① Chevalier Y.，Planté C. El que li deu el gènere a la gramàtica［EB/OL］. https：//lab. cccb. org.

班牙语使用者将作出自己的裁决。"显然，无论是在学术界还是在非学术界，都已经积极响应，并采纳了这一变化。正如我们一直强调的，如今，"社会性别"的概念已充分融入西方语言，当然也包括西班牙语。

在这些前提基础上，我们开始考虑如何在研究中使用这些术语，以及基于个体的生理性别和社会性别而产生的语言差异，在涉及男性和女性的语境中，哪些术语更为恰当。在这方面，Fernández 提出了一个有关"性别"的观点，认为这一术语反映了一种高度复杂的、基本上是心理社会性质的现实，但它是建立在表面上的生物性别二分法（女性/男性）之上的。因此，我们不能只谈论"性别"而不直接或间接地涉及"性别"的概念，因为"这两者都是可变的。生物性别和心理社会性质在不断互动中"。基于 Fernándze 的观点，我们决定在我们的文章中系统地使用这两个词汇，因为我们理解这种二元性在所有语境中都存在。但这并不意味着它们可以互换使用，而是每个概念都将根据特定的上下文出现。性别是社会语言学研究的关键变量，因此它将在涉及这些内容的相关章节中首先被提到。而"性别"的概念将出现在我们提到的、由"性别"这一变量引发的语言变化的上下文中。

在综述了迄今为止导致性别差异的各种因素后，有必要简要讨论我们对性别差异的理解，即这些差异在多大程度上受到生物因素和心理社会因素的影响。此外，对身份形成过程的讨论也有益处，因为个体的身份是通过与个人和社会环境的互动而塑造的，甚至可以被视为解释所有个体和社会行为的基础。在这一背景下，我们特别强调了言语行为中所传达的行为和决策，认为这对于理解性别差异的社会文化根源至关重要，特别是语言方面的差异，而不只是生物原因。

在这方面，Romaine（1996）指出，习惯区分这两个概念，有助于我们将固有差异与文化环境产生的差异区分开。另外，Díaz Rojo（2000）也强调，尽管 sexo（生物性别）和 género（社会性别）是两个不同的概念，但它们之间总是存在密切联系。这种联系在分配名字性别时尤为明显，因为大多数情况下，个体或动物的性别由其所属的名字性别决定。在这一意义上，我们认为值得提及一些社会实例，这些社会实例仍有继续强化生物性别和社会性别的差异的表现。例如，在中国社会中，男性和女性需要具备"性别的特征"，以被视为必要特征，这与社会性别的关系明显相关。这一观点与西方社会的概念相反，西方的性别身份正逐渐变得更加中性。

3.2.1.2 性别的符号化认同：女性和男性

为了更全面、透彻地梳理本节的论述，有必要明确几个关键观点。García Meseguer（1994）指出，受文化中父权社会思想的影响，人们常常混淆生理性别和社会性别的含义，这就导致男性性别的脆弱性表现被成功掩盖，将其与男性性别的坚强混为一谈；而对于女性，情况恰恰相反，她们常常被视为非常脆弱的群体，而其坚强性别的特质则被掩盖。言下之意，这种生理性别和社会性别的混淆在言语使用者之间相当普遍，对当今社会的广大女性产生了不公平、不客观、不全面的影响。另外，通过深入探讨相关或互补的研究领域，我们开始重新审视个体如何构建自己的身份，以及社会如何识别他们的自我认同。在这一背景下，我们可以从"身份建构"这一概念出发，根据 Berger 和 Luckmann（1986）的定义，"这是个体与社会之间相互作用的辩证产物"。

根据以上两种观点，我们可以得出结论，个体身份是在一个历史性的演变过程中构建起来的，这个过程深受社会和文化背景的影响。身份是每个个体与社会环境的互动以及文化特质的综合体现，它既是自我定义的产物，也是社会化过程中的个体化表现。简而言之，身份构建是社会化过程的一部分。个体身份包括众多元素，如性别、种族、族群、社会阶层、文化、语言、年龄等。身份的形成是一个极为复杂的过程，正如 Martín Conejo（2015）所指出的，它受到不同生活阶段的多重影响，从个体的生理特征和亲属关系，一直到在教育和社会化过程中获得的不同能力，如玩耍、交往、运动、学习、工作和赚钱等，在权力、心理、文化以及社会权力策略的背景下逐步塑造。

社会学家 Brubaker 和殖民史专家 Cooper（2002）在分析有关身份的不同定义时，提出了有趣的、比较有参考价值的观点，探讨了身份的多重定义，并在深入研究的基础上，试图形成一个批判性和持久性的范式版本，用以综合和概念化与身份有关的不同观点。他们的观点涉及如何在社会环境中定义和构建身份，以多种方式表现了以下不同定义的关系：

（1）每个个体必须拥有、应该拥有或正在寻求某种身份特征。

（2）每个群体拥有或应该拥有某种身份特征。

（3）个体和群体可能拥有某种特征，尽管目前尚不清楚，这可能需要发现或是有误解的可能性。

（4）身份作为区分谁属于某一特定群体，以及谁不属于某一特定群体的明确界定（Brubaker & Cooper，2002）。

这一观点探讨了身份的多面性，并试图理解其在社会环境中的不同含义。

然而，必须明确指出，认同的过程并非静止不变，而是一个动态的体验过程，随着我们一生中的经历和感知而不断演变。为了更好地阐释这一点，我们可以通过美国作家弗朗西斯·菲茨杰拉德的著名小说《了不起的盖茨比》中的情节进行佐证。小说中，描述了一位名叫盖茨比的美国青年，他通过不正当手段致富后，重新包装自己，试图改头换面，仿效当时的美国上层社会生活方式，在外表样貌、言谈举止等方面呈现出上层社会人士的形象。然而，尽管他努力、刻意伪装自己，但他根深蒂固的下层出身，使他的内心和上层社会人都能识破这种伪装。盖茨比忽略了美国社会严格的等级体系的残酷现实，陷入了梦想之中。但他在与上流社会的接触中表现得不稳定、不自信且毫无章法，意识到自己还未攀升到社会阶层金字塔的巅峰。即使财富强大，最终也不会获得社会的认可，而没有社会认可的身份则是无效的。这个例子充分说明，在形成"我"的各个方面中，生理性别通常首先显现，因为它在出生时就已被赋予。换句话说，我们的周围环境塑造了我们的性别认同：从卧室的装饰风格到接受特定类型的玩具，再到衣着服饰样式的选择，以及与他人交往时的社会认同方式，等等。

个体与环境之间的相互作用存在于各种文化之中，这种相互作用是社会对个体的性别期望的体现。换言之，社会中存在一种传统模式，不断地对个体和社会行为施加约束。值得注意的是，按照 Díaz Rojo（2000）的观点，男性形容词通常含有"有活力"的意义，而女性形容词则常常带有"柔弱"的内涵。因此，几乎在各个社会中，生理上是男性的个体通常被期望表现出男性化特质，如勇敢、强壮、牺牲精神、雄心壮志、权威和自信等，这些特质与"男性"这一概念相关联；而生理上是女性的个体，则常被期望表现出柔和、顺从、美丽、善良、贤淑、文静、优雅和纯洁等特质，同时展现母性的慈爱和对他人的关怀，从而与"女性"这一概念相一致。然而，我们需要明确指出，现如今这些传统观念正在年青一代中逐渐减弱。例如，在西班牙玩具商店的商品目录中，我们可以看到越来越多的商品适用于男女性，如 Toys "R" Us 所提供的商品。同时，在当代中国社会，我们也可以发现越来越多的新时代中国女性，她们自尊、自信、自立、自强，充满勤劳、实干、敬业和奉献的精神，以社会主人翁的姿态积极参与各行各业，在推动高质量发展、决胜全面建成小康社会、抗击新冠疫情、科技创新、乡村振兴等主战场上奋勇拼搏，为中国式现代化建设贡献巾帼力量。

从历史的角度来看，多数社会都是父权社会，即男性在这些社会中享有比女性更多的声望。然而，这种观念存在着问题，因为它滋生了对女性文化和素养进行贬低的传统观念，导致了对男性基因"与生俱来"的卓越地位的偏见（Romaine，1996）。这种"与生俱来"的观点，正如 Mill（2008）在其书中所概括的那样：它意味着男性在成长过程中充分相信，仅仅因为他们身为男性，就有权高于人类的另一半，而且无须通过任何个人的努力或成就。

然而，我们必须考虑性别规范与我们的生理性别之间是否存在直接关系的问题。换言之，我们的行为方式是否受到生物学解剖特征的直接限制。Noah Harari（2016）认为，与其他身份概念（如国籍、肤色、社会阶层等）一样，对男性和女性的定义以及相应的法律、规范、权利和义务更多地反映了人类的想象力，而非生物现实，即"从生物学角度来看，人类可以分为男性和女性。男性具有 X

染色体和 Y 染色体，而女性具有两个 X 染色体。然而，'男人'和'女人'更多地属于社会概念，而非生物学范畴。尽管在大多数情况下，男性被视为雄性，女性被视为雌性，在绝大多数人类社会中，性别的社会构建更多地受到深扎厚植的意识形态的影响，而与生物学范畴的关系相对较弱。如果存在的话，一个男性不是仅仅基于生物特征，如 XY 染色体、睾丸和高睾酮水平而定义的，实际上，他更多的是适应了人类社会中构建的特定秩序和特定观念"。

对于这位学者而言，性别被分为雄性和雌性，这些特征被视为客观且在历史中一直保持不变。然而，性别分化概念将男人和女人的特质概念化为"男性"和"女性"，将男性和女性的特质，抽象为"男性特质"和"女性特质"，这些特质是主观的、不断演化的，且不会在个体中纯粹存在，这些特质还会受多种因素的影响，如时间、地区和文化等。举例来说，一个被生物学定义为男性的个体，在不改变社会环境和个体行为的情况下，可以被认定为拥有"男性"身份。然而，如果这个个体突然决定通过整形手术、浓妆艳抹、改变着装、嗲声细语、翘兰花指，以及表现出与传统女性特质相关的行为等，那么他就在主观上展现出一系列与女性特质相关的特点，违反了社会对男性行为的传统认知。因此，成为男性或女性涉及更为复杂和严格的任务，不只因为一个人天生是男性或女性。这也表明，由于大多数男性和女性特质属于社会文化概念，而非生物学概念，因此"没有一个社会会自动将每个男性都视为男人，或将每个女性都视为女人"。

需要强调的是，Noah Harari（2016）的这些见解，早在 1949 年就已被 Simone de Beauvoir 界定为"第二性"，她说了著名的一句话："女人不是天生的，是后天成为的。"关于这一话题，越来越多的学者开始对基于生物性别，对男性和女性的核心价值观进行符号化提出质疑。在这一背景下，Izquierdo（1983）指出，"男人"和"女人"这两个词汇，通常被不经思考和预设地使用，常基于外在特征来加以划分。此外，正如我们先前所观察到的，男性特质和女性特质并非人类的固有特征，男性不必具备"雄性"的特质，女性也未必必然拥有"雌性"的特质（Izquierdo，1983）。

Bourdieu（2003）与 Izquierdo（1983）一致认为，男性特质和女性特质是社会构建的概念，这种界定乃是根植于生物差异的社会建构，它在人们心目中起到"集体幻觉"的作用，并深刻地内化于文化中。然而，值得关注的是，除了传统的男性和女性的二分法，社会还容纳并持续存在其他更为详细的人类性别分化或组合，尤其是在古代社会中。这些分化的基础源于五个生理领域，包括基因、荷尔蒙、性腺、内部生殖器以及外部生殖器。Sterling（2000）强调，"将某人标签为男性或女性是社会决策的结果"，她从生物学角度对这一标签进行了审视，除了"雄性"和"雌性"的二元分类，她提出了其他三种性别类型——"hermes" "merms" 和 "ferms"，同时引入了 "intersex" 理论，以阐释人类性别的多样生物本质。

正如上述已经阐释的观点，"生物即命运"这一说法，即生物学因素决定人类性别的观点，已经受到了深刻的质疑。因为生物学因素不仅不能严格规定个体的生活选择，而且其定义已经在社会文化模式的影响下发生了改变（Juliano，2008）。因此，我们可以得出结论，如今，男性和女性在传统角色中的象征表达并不是固有的，但遗憾的是，现实情况并非如此。我们与家庭、社会以及文化环境的互动，仍然是引导我们的趋向、喜好和能力的模式，并不可避免地根据社会制定男性和女性的规范，不断地、对应地、潜移默化地塑造着男性和女性的个性特征。

继续探讨这些概念的演变，我们发现还有一些未解之谜，正如 Noah Harari（2016）所指出的那样，我们不清楚社会在制定这些"规范"时所遵循的模式，也不知道为何男性和女性被二分法划分，并被要求展示各自不同的行为方式。那么毫无疑问，男性和女性的概念深植于性别的层级结构和建立权力关系的父权社会体系中，几乎在所有现代社会中确立和巩固了这种意识形态。换言之，性别差异是一种广泛存在的不对称的意识形态，几乎在所有现代社会中通过角色得以体现。因此，作为社会的、现实的生动反映，语言传达了这种意识形态。如果我们承认，在今天世界范围内仍然由男性之间的观点占据着主导地位，我们可以说语言就呈现出了"性别歧视"的倾向。

3.2.2　语言中的性别歧视[①]

语言性别歧视，指的是一种在语言中显现的性别歧视现象。"性别歧视"一词，始于 20 世纪 60 年代的第二波女权主义浪潮（胡晓琳，2013）。概括而言，这是一种社会现象，受涉及文化、社会、经济、宗教和意识形态等多种因素的影响（黄兴涛，2015）。性别歧视包括性别之间的不平等关系，以及源于生物性别的性别歧视和侮辱，正如《西班牙皇家语言学院词典》定义的："因性别歧视而歧视个体的行为。"在社会文化生活中，妇女的地位通常普遍受到某种程度的歧视和贬低，这一现象在世界上的多数国家中都有所体现（胡晓琳，2013），尽管程度存在一定的差异。

性别歧视的研究在社会和语言学领域引发了认知上的广泛争议。有观点认为，在 21 世纪的现代社会，讨论性别歧视已经显得有些过时和没有必要，因为女性的地位在过去一个世纪内得到了显著改善和提高，性别角色也经历了重大变

---

　　① 中华人民共和国成立以后，我国男女地位实现了全面的平等，本书所谓的汉语中的性别歧视，仅是基于汉字使用习惯及字词构造而言的。

革。当今社会，男性和女性在社会权利和义务面前越来越趋向平等。传统上被认为是男性领域的许多工作岗位，现在也向女性敞开了大门，很多女性有了独立自主、服务社会的权利。同时，各种法律和法规得以制定和执行，法律法规主要体现在保护女性的权益上（Calero，1999）。通过立法，人们可以明显感受到，立法和社会机构正在引领社会思维的演变，也就是说，正在引领占据社会主导地位的、男性的思维模式的转变。但通过社会观察，我们也深知人们的思维方式和传统定型观念，即关于男性和女性应该如何表现的观念，依然存在，且仍根深蒂固地植根于很多民众的潜意识中。

很长时间以来，男权社会范式普遍存在，将涉及性别的明确或隐晦规定视为基于"自然"力量和法律的依据。性别划分一直是社会强加的最有力的机制之一，至今仍然在男女服饰的差异中得以体现。20 世纪 60 年代，许多传统"俗约"和偏见开始被打破直至荡然无存。例如，一些西方国家男性服装中的裤子逐渐成为女性所倡导的穿着方式。再来考察中国文化，我们可以发现，直到 20 世纪初，城乡家庭中女性被强制缠裹双脚以致拥有"三寸金莲"，曾是一种常见且流行的社会现象。这种做法严重制约了女性在学习、劳动以及社交等方面与外界联系的能力，限制了她们的生活空间，使其不得不局限于家中，基本上无法外出，连站立和行走都需要依靠支撑物。这不仅符合"男主外，女主内"的男权思想，还加剧了"男强女弱"的现实，广大女性不得不忍气吞声，被束缚于此。这种现象是父权社会对女性实施的压迫和控制，是封建礼制中"男尊女卑"传统习俗的极端表现。清朝被推翻后，孙中山正式下令禁止女性缠足。到了"五四运动"时期，代表中国先进思想的陈独秀、李大钊等，都曾撰文痛斥缠足对女性的摧残和压迫。中华人民共和国成立后，缠足恶习被彻底废止，中国妇女得到了全面、彻底而永久的解放。

值得注意的是，当下一些国家仍然存在着类似的性别歧视。这意味着性别歧视在某些国家中，仍然以明显或潜在的方式存在和表现，具体取决于我们开展研究所要选择的国家。

观察现实，我们可以发现早期的东方社会在性别歧视方面存在较为严重的问题。与西方社会相比，东方社会的女性主义运动起步较晚，觉醒也稍迟，并且还受到西方女性主义的影响。一些国家包括日本、韩国和越南，历史传统和文化观念根植较深。这些国家秉持的传统价值观代代相传，加深了对女性的蔑视和不平等对待，同时对许多相关运动的发展和倡导都产生了负面影响。然而，随着时代的进步和发展，人们开始认可并接受两性之间平等的权利。

需要进一步关注的是，尽管中国社会中人们的认识水平得到大幅度提升，中国式现代化的进程也已取得显著成就，女性已实现了解放，但仍有一部分人因生活环境闭塞、受教育程度不高，传统观念和陋俗偏见仍然在他们脑海中根深蒂固，并延续着习俗的影响。例如，在生儿育女问题上，有的家庭仍然更加重视男孩。这一观念可能是受传统农业社会生产方式或封建思想的影响，认为只有男孩才能担负养老送终、养家糊口的重任，才能履行传宗接代、光宗耀祖的使命。因此，男孩在家庭中常常备受宠爱，而相应地，女孩则处于较为弱势的地位。这种男女不平等的思想一直存续至今，导致一些中国家庭的年轻人仍固守"要在家庭地位牢，生儿还是第一条"的糊涂观念。这种"男尊女卑"的思想跟不上时代发展前进的步伐，跟不上社会意识形态的进步水平。因此，这种陈规陋习仍需改变，迂腐观念亟待打破。

综合上述内容，必须进一步深入分析这一领域中的男性社会角色。正如前文所探讨的，男性被社会赋予特定特质，这些特质决定男性在许多方面机会更多、前景更为广阔。因此与其相应的社会地位匹配，他们承担着相对繁重的责任。也就是说，作为男性，需要承担家庭的很多负担，包括教育、医疗、经济、安全等。此外，家庭的生活质量、社会影响，甚至子女上学就业等机会，都取决于"家庭的男性"在社会中扮演的角色。在这一背景下，一些反对女权主义的观点认为，尽管在越来越多的国家中，男女权利逐渐走向平等，但男性仍然肩负着家庭的绝大部分责任，包括家庭主要的经济来源、子女的受教育程度以及医疗水平等方面。

开展性别特征的研究，不能忽略的另一个问题是，男性和女性对于社会上表现出的与其生理性别特征不符的性别特征的人所持的不同态度。我们注意到，这些态度因所考察的社会环境不同而有所差异。以西班牙为例，西班牙女性对性别特征刻板印象的改变更为宽容，与男性中性化甚至女性化特质的朋友建立关系在该国也很常见。相比较来说，中国社会更容易接受女性化的男性，而男性化的女性则受到更多社会文化的排斥。这些意识形态特征在词汇中得以反映，涉及性别特质的定义与词汇因社会文化标准的不同而具有不同的内涵特征。

综合讨论，性别歧视作为一种语言现象表现出多种不同的形式，其中之一就是所谓的"严格的语言性别歧视"（Calero，1999）。一般来说，我们将语言性别歧视定义为社会性别观念在语言使用中的具体体现。然而，针对这一概念，语言学领域并未达成普遍一致的共识，特别是在语言是否真正存在性别歧视这一核心问题上，学者之间存在广泛分歧。

一般来说，语言学界普遍承认语言中存在着性别歧视，因为有理由认为，尽管语言是社会的产物，它仍然最忠实地反映了人类社会的意识形态和社会观念。因此，性别观念在现代语言中有着明显的影响。关于这个问题，García Meseguer（1988）认为，"语言歧视是社会歧视的不同形式之一"，即为该观点提供了有力支持。然而，一些语言学家更倾向于持有不同的观点，他们认为语言应该更加纯粹，不应该承担社会意识形态的相关责任，因此他们可能不会将语言与性别歧视直接联系起来，或者认为性别歧视与语言之间的关联并不明显。对于持有后一种观点的语言学家来说，这一观点尚未得到足够的科学理论支持和充分的论证。

在语言学领域的辩论中，我们可以梳理出不同的定义以更清晰地界定性别歧视的两种不同观点。首先，我们引用 Lakoff（1975）的观点，她在她的著作《语言与女性地位》（*Language and Woman's Place*）① 中首次探讨了不同语言中对女性的歧视，她的著作是研究这一领域的重要参考文献。其次，值得强调的是阿根廷学者 Suardiaz（2002）的研究，她是西班牙语领域首位研究这一主题的学者，她在著作《西班牙语中的性别歧视》（*El sexismo en la lengua española*）② 中，将语言性别歧视定义为："言辞表达中，女性基本上处于一种从属或受歧视的地位。"她的研究结论为研究西班牙语中的语言性别歧视提供了两种独立的研究途径：一方面是关于词汇和短语中的性别歧视的研究，另一方面则是有关词典中的性别歧视的研究。这两种途径分别涉及语法性别歧视和词汇性别歧视。

在以女性主义为角度的研究领域中，值得关注的是 Calero（1999，2007）的理论与实践结合的研究，其研究方向与前文提到的两种取向之一一致。在她的著作 *Sexismo lingüístico. Análisis y propuestas ante la discriminación sexual en el lenguaje* ③ 中，Calero 对性别歧视语言进行了如下定义："在某些社会中，性别之间存在社会差异，女性和男性的言语方式在结构和使用上存在差异。由这种社会创造的语言，反映和传递了不同的对待女性和男性的方式。这便是性别歧视语言，它通过语言对个体进行不同对待。"

这位语言学家关于语言、思维和文化关系的观点可以归纳为："真正的问题不在于语言因社会而产生性别歧视（尽管这是正确的），而在于语言系统本身有助于巩固这种不平等状况，因为它对个体思维和社会想象力产生直接影响"（Calero，1999）。

在 Calero（1999）提出的命题基础上，Díaz Rojo（2000）提供了以下定义："我们认为性别歧视语言，是指在语言词汇中固定使用的表达性别歧视观念的词语，抑或表达出明示或暗示的陈述，这些陈述携带着因性别歧视而具有歧视性语义内容的语用性别歧视。"

词汇的不对称性，作为性别歧视词汇的一个重要表现，实质上表现为"缺乏涉及一种性别的词汇，也就是缺少男性和女性的相应词汇"（Díaz Rojo，2000）。这位语言学家指出，这种词汇在语义上的缺失，可以归因于语言内部和外部的限

---

① ② 中文名为笔者所译。
③ 中文名为《性别歧视语言：分析对抗语言中的性别歧视》，笔者译。

制，即语言限制（由语言结构或每种性别的语言行为决定）或非语言限制（由现实社会或意识形态决定）。此外，这位语言学家还指出，当参照对象在现实中不存在时，不应将其视为性别歧视语言现象。相反，当参照对象已经存在时，应将其视为性别歧视语言。他强调了西班牙语是性别歧视语言的谬误，以及上下文的重要性。García Meseguer（1996）指出："当使用词汇（词汇性别歧视）或构建句子（句法性别歧视）时，由于说话者选择的表达方式而不是其他原因导致出现性别歧视现象而受到歧视时，就会发生性别歧视语言。"

语言学界普遍认为，有必要区分性别歧视语言和意识形态性别歧视，因为前者涉及语言层面，而后者则牵涉到社会层面。García Meseguer（1996）指出："当说话者发表一条信息，是由于其表达方式的形式性特征（包括所选用的词汇及其排列方式），而非其内容，导致了性别歧视，这便可被视为性别歧视语言。与之相反，当歧视发生是因为信息内容而非其表达方式时，即涉及社会性别歧视。"为了更加明确地阐述他的这一观点，这位语言学家提供了一些示例："当有人声称'女性'比'男性'聪明时，这牵涉社会性别歧视，但并不构成性别歧视语言。相反，短语'男性和女性同样聪明'之所以构成性别歧视语言，是因为它使用了'女性'而不是'女人'这个词。"

为了与前述观点形成对比，我们可以考察专注于性别歧视和性别歧视性语言分析研究的语言学家 Vigara（2009）的立场。这位语言学家坚信，将语言与社会分割开来是不正确的，因为"语言与社会密不可分，必然具有社会属性"。此外，她对 García Meseguer（1999）的定义提出了疑虑，认为"形式"和"内容"之间的分界比较模糊，经常难以将语言使用者的词汇选择与其信息内容分隔开。最终，这位语言学家建议，当提到具有歧视性的语言特征和用法涉及社会情境及行为时，应采用"性别歧视"的后缀，而非"性别歧视语言"。为避免有关学术观点的争议，这位语言学家提出了一种妥协的立场，即强调发话者的意图，也就是观察掌握发话者言辞中的意识形态，而不是强调语言现象的起源。

Bolaños（2013）与 Díaz Rojo（2000）的观点一致，均认为语言本身并非引发语言变化的根本原因，而是受社会因素驱动产生演变。因此，从当代视角来看，语言性别歧视实际上是对不同社会群体中植根的意识形态的一种简单反映："语言性别歧视表现为一种实质性现象，其主要特征在于文本或言辞中，当可使用女性标记时，却选择删除或省略之，这实际上是一种语言表达，强调了女性在社会中的活动、角色和价值的贬低，这清晰地呈现出社会歧视，有时还伴随着微妙但明显的细微差异，如在工作、智力、情感等方面。"

我们认同 Bolaños 对语言性别歧视的这种"部分"定义，但值得指出的是，这只是部分的定义，因为其并未扩展至语言的词汇语义层面。具体而言，Bolaños

的关注点主要在于女性在言论中的缺位，而未涵盖语言中不同层面的各种性别歧视形式。从这一角度来看，Bolaños 强调了男性在西班牙语中作为未标记性别的优势地位，这一现象在历史语言学中具有根基。此外，他认为，语言变化是自然而然发生的，而不是因为某个利益团体想要通过立法对语言进行干预。因此，Bolaños 将语法定位为语言的核心，与拼写不同，后者只是语音现实的不完美反映，其变化更为表面，因此更为直接。确实，说话者对社会认可的语言变化，产生真正的感知、体验和认同，最终决定使用一种或另一种语言表达方式。

我们已经简要提到，语言中的不对称性通常涉及语言使用者在沟通中选择的策略。作为这一观点的引子，我们首先关注社交领域，其中，等级关系对话中的平等性进入我们的研究视线。当对话者能够轻松交谈而不担心礼仪参数（礼貌参数）时，自然而亲切的交流场面常常出现；然而，在不对称关系占主导地位的情况下，双方交流更倾向于采用严格和庄重的语气，同时语言使用者通常会相互保持一定的距离，并更加重视礼仪。

在深入研究探讨上述两种比较语言中的语言性别歧视的典型示例之前，我们有必要进一步探讨一下不对称性理论的概念。对称与不对称的二元模式，在日常生活中广泛存在，因为它牵涉 "一对一" 的实体关系，因此可在各种事物中找到，无论是物质对象还是抽象实体。当存在这种一一对应的关系时，我们处于一个熟知和广泛认知的领域——男性女性，这可以被称为 "对称关系"，相反的情况则被称为 "不对称关系"（苗兴伟，1995）。举例来说，人类的脸部器官之间存在对称关系，而大脑两个半球（左半球和右半球）也是对称的，因为它们属于同一个器官，但在功能上存在不对称性。因此，不对称性是一个与比较有关的概念，也就是说，只有在与之相对应的概念 "对称性" 存在时，它才能够被理解。这一 "不对称性" 概念在不同的学科中都适用，但在每个领域中，对于这一概念的研究角度各有不同。例如，在几何学中，对称性指的是两个图形可以相互转换的情况；在地质学中，这一概念是在研究晶体结构的自然属性时被定义的；在理论物理学中，对称性表示经过数学计算后方程的结果；在生物学中，对称性涉及生物体在相应位置上具有相同的形状或结构（沈家煊，1999）。

在语言内部研究和识别不对称性的概念时，我们可以观察到这一现象存在于语言系统的各个层次。举例来说，在音韵层面，西班牙语的辅音音素系列浊/清音，如/p, t, k/和/b, d, g/具有对称的分布，因为它们之间形成了对应关系。然而，在声韵特征上存在不对称性：第二组中的辅音能够产生 "周期性波"，而第一组中的辅音则不能（Roldán & Soto-Barba, 1997）。在形态层面，我们可以通过一个汉语示例来形象说明这一概念，根据我国著名语言学家吕叔湘（1984）

的观点，汉语中的两个概念——"大"和"小"，在意义上是相关的，它们的名称总是与现实中的某种关系相关，例如，"大脑"和"小脑"、"大麦"和"小麦"形成了对应关系。同样，"大人物"和"小人物"（重要人物与无名小卒）也属于对应关系。然而，也存在一些只包含字符"大"作为词缀的通用含义的词汇，这意味着这是一种不对称的关系特征。例如，"大海"泛指海洋，"大粪"泛指粪便，"大陆"泛指陆地，"大衣"泛指较长的外套，"大自然"泛指室外优美的自然环境，"大红"泛指正红色或国旗红，"大使"泛指外交使节，等等。

此外，在西班牙语的句法层面，大多数及物动词可以建构成既有主动语态也有被动语态的相对应的句子，如"La pareja vendió la casa"（夫妇卖掉了房子）和"La casa fue vendida por la pareja"（房子被夫妇卖掉了）等。然而，像"haber"（有）、"tener"（拥有）和"parecer"（像）等动词则不接受被动语结构，不能建构主、被动语态两相对应的句子。例如，"un libro es habido"（那里有一本书）、"la habitación es tenida por mí"（这个房间是我的）或"Mi padre es parecido por mí"（我和我父亲很像）等。

García Meseguer（1994）强调，语言在各个方面通过对立关系来运作：单数和复数的关系、同义词和反义词的关系以及男性和女性的性别关系等。在某种程度上，我们可以将对立关系定义为语法结构，即音韵、形态、词汇和句法层面，以及语用或话语层面。当陈述发出时，存在的对称关系平衡，当这种二元性不存在时，平衡被打破，也就是说，语言元素之间存在不对称关系。

理解和接受对称性与不对称性的关系，具有至关重要的意义，因为这些概念的应用，在解释众多与社会价值相关的语言现象中起到了关键作用，其中就包括语言性别歧视。从这一视角来看，我们经常观察到一种语言的不对称性源于社会中存在的性别歧视观念。正如 García Meseguer（1994）所言："使用不对称词汇来表达人类伴侣涉及性别歧视。"不对称词汇的表现方式多种多样，分布在语言的多个层面上：在词汇不对称中，既包括缺乏涉及两性的某一性别的词汇单元（Díaz Rojo，2000），也包括那些在语义上降低了某一性别（通常是女性）的词汇；在形态不对称中，指的是在词汇构建过程中，可能涉及性别不平等概念的词汇的命名过程；在句法不对称中，涉及的是单词与句子内分布的性别歧视观念。

在探讨性别歧视问题的不同观点之后，我们可以概括出以下基本观点：语言的不对称性体现在单词、短语以及言辞的表达中，它既可以明示，也可以含蓄。当这种不对称性导致性别基础的语义降级时，便被视为歧视。

此外，我们还应该意识到，对与男性性别相关的性别歧视现象进行研究也同样重要。由于历史、文化和社会传统的影响，使语言中性别歧视现象更容易与女性相关联。也就是说，在使用数量上，性别歧视对女性的影响大于男性，因此那些与男性相关的社会语言学现象，也就是男性性别歧视经常被忽略。我们没有在本书中深入探讨男性性别歧视领域，是因为我们目前没有开展系统研究，无法提供更多确凿的关于男性性别歧视的数据，并不能为这一领域的可能发展提供更深入的见解。

3.2.2.1　语法层面的语言性别歧视

在本部分，我们将探讨语法层面和语篇层面的语言性别歧视问题（语篇层面将在后文详细探讨）。显然，从理论角度来看，语法层面的问题得到了更多的研究，因为迄今为止，大多数的研究将语用学排除在语言学研究的核心之外。

3.2.2.1.1　形态层面

在西班牙语中，语言性别歧视现象主要通过两种词尾变化过程来体现，即屈折和派生。屈折是指名词根据其所属的语法性别，而发生的词干或词尾变化（Díaz Rojo，2000）。从性别的角度来看，存在三种不同的屈折类型：

（1）-o/-a：这构成了西班牙语中最为普遍的变化方式。男性名词以-o结尾，而女性名词则以-a结尾。

（2）-Ø/-a：男性名词以辅音结尾，而女性名词通常通过在这些名词后面加上后缀-a来形成。

（3）-e/-a：男性名词以-e结尾，而女性名词则以-a结尾。

这些不同的形式在词汇层面上反映了性别方面的不平等。以下是关于这三种不同形式与语言性别不对称性的示例：

（1）在男性名词和女性名词之间存在形式上的对立，即词尾-o/-a的交替。例如，"fulano-fulana"［某人（男）—某人（女）］、"golfo-golfa"（男流浪者—女流浪者）等。这种不平等不仅体现在形式上，在语义层面上体现得更为显著。在这一背景下，García Meseguer（1994）提出了"虚构双数的不对称性"的概念，意即，例如"fulano、zorro和golfo"等词汇，在语义上与其对应的女性形式"fulana、zorra和golfa"具有非常贬低的内涵。在这些情况下，两性之间缺乏语义上的平衡。Díaz Rojo（2000）指出，有时候男性名词也会具有贬低的语义特征。

（2）-Ø señora/señorita（女士/小姐）：这些词的使用受到女性的婚姻状况的制约，即已婚或未婚。然而，与之不同的是，"señor"（先生）这个词与婚姻状况无关。García Meseguer（1994）指出，这种语言现象反映了社会文化的传统："这清楚地表明，传统文化如何赋予男性自我个性，而女性则依赖于其与男性的关系：如果已婚，就应该以一种方式对待；如果未婚，则应该以另一种方式对待。"另一个引人注目的例子是"神/女神"这一对词。根据 Fernández Poncela（2012）的观点，单词"神"用来指代创造宇宙的男性，而"女神"一词，现在与一般女性的含义相关联，已经远离了原始的神圣含义，其现代含义主要与外貌相关。

（3）-Ø/女英雄：这个词源自法语，从语义和形态两方面来看，都明显反映了不对称性的观念，而与这个含义相似的男性词却没有相应的词汇。"女英雄"一词凸显了社会文化中的不平等，因为与其他名词的情况类似，语言上的解决方案，可能是通过使用定冠词将该词指定为男性名词。按照我们的观点，这一解决方案的部分原因在于男性不愿意用贬义词来形容自己。

至于派生机制，它包括在男性词汇上添加一个女性后缀，有时还伴随着词干的形态和语音变化（Díaz Rojo，2000）。西班牙语中常见的后缀如表3-1所示。

表3-1　西班牙常见的词法派生后缀

Derivación 派生法	-esa	abadesa/abad（女修道院院长/修道院院长）、alcaldesa/alcalde（女市长/市长）、princesa/príncipe（公主/王子）等
	-isa	poetisa/poeta（女诗人/诗人）、profetisa/profeta（女预言家/预言家）等
	-ina	heroína/héroe（女英雄/英雄）等
	-triz	emperador/emperatriz（皇帝/女皇）、actor/actriz（演员/女演员）等

在这里，语言性别歧视指的是当存在不平等关系时，这些词法派生后缀的语义会发生贬低变化。在语法层面存在性别歧视现象，这是因为某些后缀，如指小词后缀，会根据语境和语气的使用，而添加情感色彩或负面内涵，从而导致语义的贬低。例如，"No me gusta porque es muy grandona"（我不喜欢它，因为它太大了）。我们认为，从性别的角度看这被视为性别歧视，因为这个表达带有整个社会文化对女性的特定价值观，即特定的体貌和道德价值的贬低。另一些与负面价值观相关的缩小词还包括"pequeña"（弱小），如果我们将其视为与弱小或脆弱同义的形容词的话，还有"mujercilla"（小女人）等。

涉及汉语时，我们需要先考虑中国书写系统的相关习惯与概念。正如Jerome Packard（2000）所指出的那样，学术界普遍定义了语言结构的概念，但这些定义主要适用于西方语言的结构机制。然而，这种定义对于亚洲语言的研究存在一些挑战，因为在这些语言中，特别是在汉语中，使用"词汇结构特征"这一术语可能并不合适。这是因为亚洲语言具有独特的书写结构体系。从语言学综合的、分析的角度来看，尤其是在研究东方语言时，考虑东方语言的经典和基本理论是至关重要的（陈保亚，1999）。

西班牙语作为一种具有音标书写系统的语言，与欧洲大多数语言，如法语、德语、意大利语和葡萄牙语等，具有相似的特征。其独特之处在于，字音和字形之间存在直接的一一对应关系，这意味着人们可以通过发音来确定一个单词的拼写，反之亦然（葛本仪，2004）。与之相反，汉语的书写系统是表意的，最小的单位是"字"，这在概念上等同于西班牙语中的语素。每个字由形状（表意）、音标（发音）和意义（语义）组成。这些字再组合成词语或词汇单元，而这些词汇单元可以自由组合成短语（陈保亚，1999）。此外，现代汉语的大部分词汇都由双音节词构成，而且汉语以其分析性的特点而著称，汉字和词汇的形式通常不会发生变化。

在汉语中，与语法性别相关的形态变化是不存在的。然而，为了传达关于所指对象性别的信息，存在一些特定机制，其中包括"女"这个字（葛本仪，2004）。这个字可以作为一个单音节词使用，同时也可以作为一个字根用来构成新的汉字或复合词，从而赋予它们特定的语义成分。例如，在词汇"好"和"女孩"中，"女"字在前者中作为字根，而在后者中则独立出现并负责传达性别信息。

"女"在字形学上最初是象形文字"𡚒"，其演变可以通过表 3-2 来观察。

表 3-2   汉字"女"在不同书写形式中的演变

象形文字	𡚒(ƶ+ʮ)；𡚒	𠫓𡚒	𡚒	女
Tipología 文字类型	Inscripciones sobre huesos 骨骼铭文	Inscripciones sobre bronce 铜器铭文	Escritura de sello 篆书	Escritura regular 楷书

正如我们所观察到的，汉字"女"的象形字，形式上描绘了一个跪在地上、双臂交叉的女性形象。语言学家认为，这个形象实际上反映了中国古代社会人的意识形态。在早期汉字书写中，女性的社会角色根植于对男性的屈从和侍奉观念中，因此，"女"这个字直接与"奴"（奴隶）相关。这种联系可以追溯到远古时代，当时大部分战俘都是女性。这一起源也有助于解释为什么"女"这个字经常与性别歧视相关的语境产生关联（谷丽娟，2012；胡晓琳，2013）。在许多"女"这个字作为偏旁并表达贬义的汉字中，通常还会涉及道德行为和道德品质的贬低，而不只是涉及性别，例如，"奴"（奴家）、"奸"（狡猾、邪恶或通奸）、"婪"（贪婪）、"妒"（嫉妒）等。与之相反的是，以"男"字为偏旁并具有贬义含义的汉字则很少。

3.2.2.1.2   词汇层面

在西班牙语中，词汇层面的语言性别歧视主要表现为缺乏一个涉及两性之一的词汇单位，即缺乏"男性/女性对应词"（Díaz Rojo，2000）这一现象。对于这种不平等关系的产生，存在着多方面的复杂因素。Díaz Rojo 认为，生物、社会和意识形态等一系列限制条件对此产生了影响，构成了语言学家所谓的"语言外限制"。此外，还存在一些"内部限制"，这些限制是语言结构和每一性别的语言行为的结果，这两种模式均被纳入了"语言限制"范畴。

在外部限制的影响下，出现了一些语言性别歧视的词汇空白。例如，"notable"和"prócer"，这两个词的意思都是"一个社区中的主要人物"，但它们仅用于描述男性，因为在形式和语义上都没有相应的女性词汇。同样，词组"hombre de bien"，意为"有良好声誉的男性"，也缺乏相应的女性词的表达，只有在将"男性"视为通用用法时才能使用。

在语言内部限制的情况下，一些词汇大多具有明显的贬义，这妨碍了它们在其他语境中的使用，这些词汇主要用于描述女性。例如，"mujer pública"（性服务工作者）和"secretaria"（秘书）。此外，西班牙语中还存在一些词汇，其意义总是积极的，但只适用于男性，例如："caballero"（骑士，贵族，先生）一系列的衍生词，如"caballeroso"（绅士的）、"caballerosamente"（绅士般地）；或是"hombre"（男人，人类）的衍生词，如"hombría"（男子汉大丈夫气概）；等等。这也是语言性别歧视的一个例子，因为这些词汇在其固有的语言结构中蕴含着性别歧视。正如 Díaz Rojo 所指出的："这实际上隐含着男性比女性更值得关注的观点，因为用来指代女性的词汇缺乏类似的语义扩展。"

除了性别不平等的含义，还有一些例子表现出了"表面的双重性"，正如 Fernández Poncela（2012）所强调的，这些词汇分别在男、女性使用中表现出正、负面不同的语义。如下面的成对词汇："complicado"（有趣的）/"complicada"（令人烦恼的）、"ambicioso"（有远见的）/"ambiciosa"（贪婪的，不忠的）、"competitivo"（胜出者）/"competitiva"（嫉妒的）、"aventurero"（大胆的）/"aventurera"（不稳定的）等。

在汉语中，关于语言性别歧视的情况在很多方面与西班牙语类似，即与性别有关的词语在很大程度上对女性"不友好"，并对男性表现出更高的欣赏（白解红，2000）。然而，汉语也具有一些特点，其中包括在表示职称或职业的词汇中，出现的语义分布不对称。这种不对称性源于排除女性作为参照对象的做法，以及与象形文字相关的污名化字符或词汇，就像我们在"女"这个字的例子中看到的。

在语义分布不对称的情况下，存在一些有关职称或职业的词语的例子。例如，在汉语中，词语"司机"通常被普遍理解为指代男性，因为它没有性别标志的形态特征。如果要表示司机是女性，必须在词前添加"女"这个字。这是因为汉语缺乏性别的语法标记，而社会上却普遍认为从事驾驶职业的词语一般指代男性。类似的情况也出现在"一个中国的天文学家发现了一颗新行星"这句话中，因为汉语中没有性别的词尾变化，社会上通常认为表示从事天文学职业的词语指代男性。如果这位天文学家是女性，必须在词前加上"女"字以明确表示。另一个类似的案例是"女博士"，尽管"博士"一词通常应该包括男性和女性，但在汉语中通常必须在"博士"之前加上"女"字，以明确指示"博士"的性别，仿佛这是一种性别标记。

此外，性别歧视还存在于一些习语和格言中。例如，"男子汉"是一个常见表达，从形式和语义上表明其专门指代男性，因此在女性方面存在词汇的空缺。类似的情况也出现在"兄弟"一词中。当独立使用时，它指代"兄弟"，但当与其他用法相关联时，可以包括两性，尽管仍然保留其男性形式。例如，"奔跑吧，兄弟"意味着"兄弟，让我们一起奔跑"。这个词还用于表示非亲属之间的深厚友谊，或者在政治领域用于指代国家之间的亲密友谊。不幸的是，所有这些用法中都没有与之相关的女性词汇。

3.2.2.1.3 句法层面

在句法层面，语言性别歧视主要表现为词语的排列顺序。胡晓琳（2013）指出，这涉及词语在名词短语或句子中的位置，在通常情况下，指代男性的词语在指代女性的词语之前出现。这一语言现象在西班牙语和汉语中都有体现，当同时提及男性和女性的词语时，男性指称词语通常位于女性指称词语之前。然而，今天我们也能找到相反的情况，尤其在类似于 "estimadas señoras y señores"（尊敬的女士们和先生们）这样的用语中，特别是在庄重的会议、外交场合以及男性数量较少的群体情境下使用。根据胡晓琳（2013）的观点，这一现象的产生并非武断，而是受到"人们对不同性别角色的社会感知"以及"对男性优势和女性劣势的文化传统态度"的影响。从社会文化的角度来看，女性在语言中的代表性几乎不存在，这一历史局面一直延续了上千年，直到中华人民共和国成立后的近几十年才有所改变（苏杰，1999）。因此，从语法角度看，将女性排在男性之前这种语句排列结构并不常见，因为历史上女性在社会中未获得应有的重视。

在汉语中，性别歧视的情况与西班牙语相似，然而，它同时也具备独特的语言特点。性别歧视不仅体现在单词中，也在成语和谚语中有所体现。通常，男性名词排在前面，而女性名词排在后面，例如"男女""夫妇""父母""男耕女织""男婚女嫁"等。正如胡晓琳（2013）所述，这种前后排列次序反映了中国古代根深蒂固的文化传统和意识形态，其中，男性在社会生活的各个领域都拥有更多的权威，而女性则被期望扮演从属和依赖的角色。此外，男性被视为人类物种的代表，这一概念也延伸到了动植物领域，如"龙凤"（指具有杰出才能的人）、"鸳鸯"（用来比喻夫妻的民间传说和文学形象）、"龙飞凤舞"（形容山脉的曲线和气势）等。正如您所看到的，所有这些例子中，代表男性的字符通常都出现在代表女性的字符之前，在这些表达中字符的次序是不可更改的，这反映了社会中男性思维定式的强势地位。尽管以上指代男女单词的大多数例子具有积极的含义，但也存在个别短语的例外情况。它们采用相反的排列次序，如"决一雌雄"（比喻胜负的高下之争）和"阴阳怪气"（形容言谈举止古怪，让人难以捉摸）。遗憾的是，代表女性的字符排在前面的这些短语，通常带有贬义。

3.2.2.2 语用层面的语言性别歧视

在语用层面的语言性别歧视方面，根据 Díaz Rojo（2000）的观点，主要体现在带有歧视性内容的陈述中，这些陈述既可以是明示的（即笔者所称的"明示性"），也可以是隐含的（即笔者所称的"隐含性"）。然而，我们认为这一定义还应包括不同的语言行为和言语情境，这些情境在口头表达中用于区分男性和女性。

在这一方面，我们可以得出结论，正如 Díaz Rojo（2000）所强调的，女性通常不太能够自由地使用侮辱性和贬低性的词汇，特别是涉及与"性别和生殖器官"相关的词汇。正如我们之前已经提到的，社会对女性产生了特定的行为期望，因此期望她们用符合这些模式的方式表达自己。如果这些表达是由男性使用，通常会更容易被接受。另外，相对于男性，女性更容易成为侮辱的对象，也就是说，许多日常词汇中的粗俗表达通常涉及女性，并带有贬义和蔑视的含义。

另一个需要强调的重要方面是，历史上在各种文化和生活领域，女性一直遭受着审视和歧视。特别是在亚洲文化中，女性常常因其生理特征、年龄和外貌等方面的某些不完美之处而受到公开的批评与斥责（Diaz Rojo，2000），这些因素将女性置于严格的"审视对象"之列。

在汉语中，我们可以发现许多日常对话中经常出现对女性的侮辱性表达，如"水桶腰""大象腿"和"好女不过百"等。这些表达都根源于性别歧视观念和社会对女性所设立的严格审美标准。相对于男性，社会通常更加宽容，因此与男性的体貌或美学标准相关的谴责性表达几乎是不存在的。

在这一领域，与西方社会相比，亚洲社会更加注重女性的年龄问题。具体到中国社会，"青春"一词具有更为严格的语义限制。关于"剩女"的概念曾引起广泛讨论：根据传统观念，如果一个女性年过三十甚至更为年长，却依然未婚，社会会为其贴上"剩女"的标签。

关于男女性别在社会文化中的优越性，也在汉语俚语中得到体现。有一句俗语说："男人40一枝花，女人40豆腐渣。"这一俗语表面上称颂男性在40岁时仍然美丽如花，而女性在同一年龄却变得像豆腐残渣一样鲜有问津，失去了吸引力。然而，在语用层面上，这一俚语的含义是，男性在四十岁时正值他们事业有成、抱负斐然的黄金时期，而女性则被认为在四十岁时已经老去，不再有价值。这一言论具有明显的社会偏见和性别歧视，过分强调了男女在生理方面的外貌，而忽略了两性之间，尤其是女性在当今时代为社会所作出的努力与贡献。这些流行的表达和谚语之所以仍然存在，一方面是因为社会仍然受男性期望的影响，另一方面则是因为历史文化和传统价值观强调了亚洲社会中女性的主要角色是生育和照顾家庭。因此，女性的年龄备受关注，因为年龄越大，生育能力就越差。

正如 Díaz Rojo（2000）所述，研究和阐述所谓的"词汇中心性"现象的原因，需要从"交际民族志"（la etnografía de la comunicación）① 出发，然后深入探讨语义学。这一现象受到社会规范的驱动，这些规范规定了男女的语言行为方式，从而影响了禁止性别指称词汇的创造和使用动机。

3.2.3　语法性别和无标记性别

在西班牙语中，特别是涉及女性性别的语言问题，主要关注点需集中在如何使词汇适应新社会背景上（García Mouton，1999）。然而不得不承认的是，迄今为止，大部分研究集中在语法性别和性别歧视之间的互动上。总结这一问题，我们可以将争论分为两个立场不同的方面：一方面主张改变语言结构，以便更好地凸显女性在社会中的地位；而另一方面则主张尊重语言机制的现状，尊重历史演变的结果，尤其是用于指代男性和女性等群体的词汇。

很显然，观点的两极化在社会中引发了激烈的争议，特别是那些被描述为"语言敏感的人"。Pons Rodriguez（2016）提出，"语言敏感的人"是指代那些倡导性别平等的个体和群体。随着社会和家庭结构的演变，女性不再局限于家庭领域，而是在几乎所有职业领域中发挥着重要作用，这一变革导致了词汇和语法的迅速演变。抵制和反对所谓的性别歧视，源于对女性社会地位、认可度和平等的渴望，这种抵抗不仅体现在语言中，也在其他领域有所体现。

实际上，这种现象在罗曼语族和其他相关语族中并不罕见，并且在某些情况下可能引发歧义、误解和不适。在西班牙语中，当需要同时涉及两种性别时，语法一致性通常基于男性。在那些通常只包含男性成员的场合中提到女性时，过去的常见做法包括使用带有女性性别标记的词汇来明确性别，如"女部长"或"女法官"。不过，这种方式逐渐不再常见，因为一些女性专业名词已经在语言中确立，如"女法官""女医生""女队长"等。此外，构建短语时，一种常见方法是在女性名词之前加上女性冠词，如"la médico"（女医生）、"la científico"

---

　　① 该术语指的是一种研究方法，旨在通过深入的人类学研究和文化观察来理解和分析人们在特定文化背景下的交际行为及交际习惯。

（女科学家）、"la canciller"（女总理）等。在涉及高级职位时，通常会在女性名字之前添加女性冠词和姓氏以明确性别，如时任德国总理默克尔为"la Merkel"。然而，构建短语时，当形容词必须与同时包括男性和女性名词时，形容词应与男性名词一致。对于通用名词的应用，一些形容词采用中性性别，如"grande"（大）、"importante"（重要）等，形容词的性别由其词尾决定，但一致性通常基于男性名词。此外，一些方法将男性和女性合并到一个词汇单位中，如"Los niños deben irse a dormir temprano"（孩子们应该早点睡觉）或"Quien tiene un amigo tiene un tesoro"（朋友即财富）。然而，在这个背景下，面对不同的观点，我们不禁要思考，这些对女性社会文化角色的反映，是否不恰当地将自然存在的语言机制（如语言经济学等）误解为性别歧视的机制？这还需要进一步展开探讨。

学术界已经提出了替代被视为滥用的"性别中性"的语言用法，他们提出了性别中性语言指南，其中强调以下几点：将所有职业和职务名称都转为女性形式，如"la concejala"（女市参议员）、"la jueza"（女法官）、"la médica"（女医生），并在官方文件中推广；采用性别双重化方式构建由表示两种性别的人的名词组成的平衡组合，如"todos"［所有人（男）］、"todas"［所有人（女）］、"compañeros y compañeras"（男同事们和女同事们）；为避免不断地重复，使用抽象术语来表示由不同性别的人组成的集体，促进使用"la cuidadanía"（公民）、"el profesorado"（教师）、"el alumnado"（学生）等集体名词，或者使用双性别标志@ （tod@s）。

社会文化平等的倡导者提出，需要消除将阳性词汇作为通用性词汇所带来的语言障碍，因为他们认为这种用法反映了父权社会传统的残留特征，并赋予了许多词语负面含义，正如我们在中西文化比较中已经展示的。在这方面，许多女权主义研究者以及一些官方机构（自治社区、工会和大学），提出了性别中性语言替代阳性词汇作为通用性词汇的方案，并强调以下几个主要观点：

首先，将所有职业和职务名称都采用女性形式，如"la concejala"（女市参议员）、"la jueza"（女法官）、"la médica"（女医生），并在官方文件中鼓励其的应用。

其次，提倡性别双重化，即使用平衡的名词组合，表示包括两种性别的人，如"todos y todas"［所有人（男）和所有人（女）］、"compañeros y compañeras"（男同事们和女同事们）。

最后，为避免不断的词汇重复，鼓励使用抽象术语来代表由不同性别的人组成的群体，如"la ciudadanía"（公民）、"el profesorado"（教师）、"el alumnado"（学生）等集体名词。

然而，这些性别中性语言指南所提出的"原则"引发了语言学界的担忧。Ignacio Bosque 于 2012 年发布了报告，题为 *Sexismo lingüístico y visibilidad de la mujer*（《语言性别歧视和妇女的可见性》）。在该报告中，他对这些指南提出批评，指出这些指南文本大多数情况下"未经语言学家的参与编写"，并且"违反了已经牢固确立的语法和词汇规则"。尽管 Bosque 认为，这些指南在努力促进妇女的可见性和平等地位，其最终目标值得肯定，但他主张"通过强行调整语言结构，以反映现实"或"推动官方语言规范政策与实际语言的分离"是不明智的。

　　自 Bosque（2012）发布报告后，就引发了激烈的争论，形成了两种不同的观点。持反对观点的多数为语言学家，他们对指南中提出的建议表示反对，并提出以下观点：

　　（1）通常的男性用法不应被批评为默认性别，因为与女性用法不同，它代表未标记的性别。此外，这并不是一个特例，因为西班牙语中存在其他未标记的语言特征，如现在时、过去时与将来时以及单数与复数之间的对立。

　　（2）不仅女性进入了以前被视为男性专属的职业领域，男性也参与了以前被视为女性专属的职业，如"男性家庭主夫"。

　　（3）一些提案，如"los psicólogos y las psicólogas"（男性心理学家和女性心理学家）的重复，与学术建议直接相悖：要求"经济性""高效性和功能性"，以及从诗意角度来看的"自然性"。

　　（4）性别语法与性别之间的联系，尤其是在不断演化的社会背景下，呈现出一种非直接、非男性中心、非随意的互动关系，可以形容为"极美的几何对称"形式（García Meseguer，1996）。我们不应简单地将其视为心理和语法范畴之间的直接对应关系（Romaine，1996）。

　　（5）通过改变语言结构来影响社会现象，这种做法可能不是一个很明智的做法。一方面，语言始终在自然秩序中适应新情境，并随着社会的演变而逐渐发展；另一方面，语言需要变革并不等同于可以忽视遵循语法指导的必要性。

　　与此同时，我们必须承认，有必要调整某些源自意识形态的、可能对建立平等社会构成障碍的观念，特别是在女性家庭经济收入方面。这种观念伴随着关于女性的负面社会文化色彩，将女性的工作能力和智力与男性的责任和掌控能力相对立。然而，正如我们在本书中反复强调的，语言本身并不具备"性别歧视"的特质，它只是人们在社会中自愿采用的工具，从而成为社会意识形态的反映。正如 Calero（1999）指出的那样："语言本身并不性别歧视，而其使用者却可能如此。"在这方面，我们可以重新审视 Sapir-Whorf 假说，该假说强调了意识形态和语言之间的相互关系，以及思维方式与语言结构之间的联系。语言并不绝对决定我们的思维方式，而性别结构也不是导致语言性别歧视的唯一原因。

例中，我们可以看到有两种形式与女性有关，可以通过定冠词和名词的两个元素来表示性别，也可以只通过定冠词来表示性别。

这种顺序相反的翻译有助于更好地理解这两种语言之间的性别标记差异。在汉语中，性别通常不是通过词汇的形态或结构来表示的，而是通过上下文或其他语言手段来隐含。这反映了两种语言和文化中不同的认知及语言结构。汉西部分对比如表 3-4 所示。

表 3-4　汉西语言中有生命的名词性别对比（b）

profesor/a	老师/**男老师**	**女老师**
caballo/yegua	马/**公马**	**母马**
el testigo/la testigo	证人/**男证人**	**女证人**
el periodista/la mujer periodista	记者/**男记者**	**女记者**
el medico/la mujer médico（médica）	医生/**男医生**	**女医生**

通过对上述两个表格的观察，我们可以发现，与西班牙语相似，汉语中的男性名词也被视为"未标记"或通性的"性别"，尽管其在形态上没有像西班牙语中的性别标记那样明显。然而，由于在汉语中男性名词也可以具有通性的表达，因此可以使用类似于西班牙语中的词汇表达方式。这种用法通常不适用于单数名词，但在第三人称复数代词的使用中可以找到比较类似的例子，特别是当指代的性别都是男性时。这种用法也可以用于指代混合性别的人群。举例如下：

1）我有三个哥哥，他们都是工程师。

Tengo tres hermanos，y todos son ingenieros.

2）我有两个哥哥、一个姐姐，他们都是工程师。

Tengo dos hermanos y una hermana，todos son ingenieros.

在探讨以上示例句子的背景下，我们旨在分析，在汉语中使用男性名词作为通性表达是否存在性别歧视的语言现象。我们的分析得出以下明确的结论：在将一个"女"字添加到不同职业的名称之前时，会立即构成一种性别歧视的语言使用。这种语言现象给人们所传达的意义具有明显的负面倾向，因为在这一语法结构中，女性在职业领域被视为异类和不常见的存在，从而引发与其他相似领域的不信任或不接受的联想。此外，考察对于这种语言现象的接受度，应该从发话者和受话者这两个角度进行分析。汉语发话者通常在话语中通过加入"女"字，明确指出参照物的性别，如"女博士""女科学家""女记者""女司机""女警察"等，即使他们可能并没有意识到这种使用的刻意。然而，当发话者使用男性名词来泛指两性时，我们只将其视为遵循语法规则，而不对发话者附加特定的性别意图。来到受话者一方，他们往往会自动解读参照物为男性，从而形成了所谓的"听者的性别歧视"（García Meseguer，2006）现象。这一现象在汉语中较为普遍。尤其在提及曾由男性主导、在社会中享有更高声望和地位或需要更强大专业技能的职业时，当性别未明确指定时，人们首先默认参照物为男性。正如前文所述，当在汉语中参照物是女性时，通常会在职业名称前加上"女"字作为前缀。然而，如果发话者试图避免使用此种前缀，也就是省略"女"字前缀时，受话者有可能会误解信息，因为他们更倾向于将参照物视为男性。例如①：

●主持人：今天，我们非常荣幸地向各位介绍一位备受国际和国内赞誉的科学家。她年仅 40 岁，毕业于普林斯顿大学，获得分子生物学博士学位。她也创下了清华大学历史上最年轻的教授和博士生导师的纪录，并为新一代博士生的培养贡献良多。至今，她已在国际学术界备受推崇的期刊，包括 *Science* 和 *Nature* 上，发表数十篇研究论文，她曾获"第十二届中国青年科技奖"等荣誉称号。

（科学家颜宁登台）

●观众：哇！这是一位女性科学家！

●主持人：这确实令人意外，不是吗？

在西班牙语中亦存在类似情形：职业名称大多为男性名词，尽管已存在对应的女性化形式，然而，这些职业名称的一般化使用仍以其基础形式为主。不少人，特别是女性从业者，对职业名称的女性化往往表现出抵触情绪，她们认为这类名词不如其男性名词形式更具备声望和重要性。女性名词通常带有一定的轻视或歧视内涵，因此她们更倾向于使用男性名词，并通过更改冠词来表达性别，如"el biólogo"（男性生物学家）／"la biólogo"（女性生物学家）。

在探讨不同观点的过程中，在汉语和西班牙语关于语言性别歧视方面，似乎面临一个"双重标准"的问题。即也许读者可能会问，为何我们分析了汉语中的语言性别歧视，却将西班牙语中的相似现象视为受制于该语言的历史演变呢？这就要从中国历史背景方面找出答案。中国古代社会是父权社会，并且延续了数千年。在这种社会中，长期赋予男性和女性不同的社会角色，因此，语言传递和使用中，自然而然地将价值观被动地赋予了女性，并对其社会参与产生许许多多的限制。正如 García Mouton（1999）所指出的，"言语是个体或群体社会价值的表现之一"。从现代视角来看，这些价值观一直被视为父权社会的遗产，尽管社会在不断迅速变化，语言也在随着社会发展变化而演变，但男性名词的广泛使用已被社会规范化，并被包括女性在内的使用者逐渐适应，因此仍然对每位语言使用者的思维产生深远影响。

---

① 本示例来自节目《开讲啦》，播出日期为 2016 年 9 月 10 日，节目中嘉宾颜宁教授对女性科学家相较于男性科学家所遇到的更多的家庭—社会困境进行了阐述。

综上所述，中国古代社会在男性的性别词汇使用方面，表现出更为明确和更为优先的倾向，因此我们可以断言，与其他语言，如西班牙语等相比，早期汉语的语言使用中蕴含着更深层次的性别歧视。这种语义负荷受到中国古代社会文化价值观的塑造，该社会对语义负荷的解读要求更加严格。在前述关于职业名称的例子中，尤其是那些享有更高声誉和地位的职业，或当提及社会中备受尊崇的人物时，通常省略了性别标记，因为男性被视为人们所习惯的权威地位和权威性别，受话者往往将该职位默认为男性，而在涉及女性时则添加性别标记，从而构成了一种双重标准或道德规范。

我们多次强调这些示例，因为我们认为在当今社会，其中当然包括当今中国社会，绝大多数职业的从业者，已经实现了男女社会地位的平等。因此，在绝大多数社会，特别是在发达社会，妇女已几乎融入社会中所有的现有职业，并发挥着越来越重要的作用，这标志着社会的重大进步。

非常值得庆幸的是，针对这种现象，整个社会已经作出了积极响应。正如我们之前指出的，著名语言学家 Bosque（2012）呼吁全社会以审慎的态度对待这一问题，要意识到语言的自然演变。必须改变人们的态度，这将引领社会价值观的改变，随之而来的，语言使用将反映社会文化变革的进程。遵循这种思路，我们不妨借用著名作家查尔斯·狄更斯（1812～1870 年）在其著作《双城记》中的名言来说明我们的观点："这是最好的时代，也是最坏的时代。"查尔斯·狄更斯的这句话提醒我们，应以辩证的态度和发展的眼光审视当今社会。"坏"的语义指出，人类社会尚未达到完美，依然面临众多问题亟待解决，每个时代都伴随着希望与失望；而"好"的语义则显而易见，人们已经开始思考和反思性别歧视在社会各个领域的各种表现，以及这些表现对社会特别是对广大女性带来的阻碍和伤害。反思本身标志着我们社会的变革和进步，这些变革和进步都是渐进并且坚定的。

经过以上的研究梳理，我们认为，代表着一个时代演进的语言学领域中的词汇和用法，最终也将成为历史的一部分。正如莎士比亚所写，"凡是过往，皆为序章"。我们有充分的理由相信，那些正在逐渐过时但目前仍在使用的语言范畴的用法，终将成为时代保守、过时且不符合客观现实的典型例证。同时，我们也有理由相信，随着时代的发展和进步，更为基础、广泛和精确的全新性别语言学词汇和用法将应运而生，它们将展现出新的人际关系和社会现象，反映社会发展的前进方向，并呈现出更为规范和合理的语言新景象。作为语言学领域的探索者，笔者的研究不过是为中国社会语言学的深入研究和蓬勃发展提供浅显铺垫，以期为消除语言性别歧视问题尽绵薄之力。

3.3 两性语言特点差异

社会是一个不断运转的有机体，语言作为社会的镜像，同样经历着动态变化。语言是人类用来表达与不断变化的环境互动产生认知的工具。正如 García Mouton（1999）所强调的："我们的许多语言特征是文化形塑的，是在社会化过程中习得的，这些特征在塑造语言的性别特征中发挥了关键作用，决定了语言的性别归属。"

与人类与生俱来的特征一样，社会因素一直在我们周围发挥着重要作用，影响着我们生活的各个方面。在每一次人际互动的过程中，我们不断地产生各种类型的印象或标签，这些印象可以是积极的，也可以是消极的。心理学研究指出，这是因为我们的观察、观点和一般性评论，构成了我们获取认知经验的机制，有点类似于"隐喻"的表达方式，通过这种方式，我们建构了语言中关于性别特征的"刻板印象"。

总体而言，刻板印象通常涵盖着一种直观的认知，它们为我们提供了在面对未知情境时，以迅速而简明的方式做出反应的能力。因此，积极来看，这些印象可用于各种目的，如在政治领域中，它们被用作策略工具。以 2000 年美国总统选举为例，两位总统候选人——乔治·W.布什和阿尔·戈尔，都竭力争取更多女性选民的支持。为达成此目标，阿尔·戈尔采取了调整自己的服饰的方法，来迎合更多女性选民口味的策略，以塑造更可靠和负责任的形象。而乔治·W.布什则采用语言策略，积极亲近和吸引女性选民，以缩小与这一选民群体之间的距离。他在竞选演讲中采用了更具感性色彩的词汇，如"希望""梦想"或"情感"，因为他认为女性更加关注情感议题。

通常情况下，大众传媒存在对刻板印象的夸大解读。这一现象在美国电影中的女性主角身上尤为明显。这些女性角色通常被描绘成年轻、美貌、脆弱，需要男性支持的形象，她们的唯一目标似乎是寻找爱情。近年来，东西方国家的电视剧创作中也出现一种倾向，即以突出女性角色为中心的家庭伦理内容，成为最受欢迎的电视剧题材之一，引发社会关注，吸引了大量观众。英国女演员 Maggie Smith 曾发表如下看法："当今，女性形象已经被编剧们过分模式化，几乎所有有关女性的作品中的女性都可以归为三种类型：天真无邪的女孩、各种性格的母亲以及狂欢者。"

性别刻板印象是一种常见的社会印象，常常在个体的早期年龄，如学龄前儿童时期，得以形成。根据 Martin、Wood 和 Little（1990）的研究，儿童在大约 1 岁半至 3 岁开始启动自我认知，根据性别对自身进行分类，最初是通过区分父母的性别来确认自己性别的。到了三岁以后，他们逐渐扩展对性别认同的理解，根据性别的刻板规范，他们学会了将自己和他人区分开来，尤其是和不同性别孩子的区分，形成了如"我不穿花裙子，因为我是男孩子""我不喜欢那个总是调皮捣蛋的强强，他是男孩子里面最不听话的"这样的观念。性别刻板印象通常要等到儿童六岁左右时才会完全形成，此时他们开始关注自己的性别形象，并意识到社会规范，因此更倾向于与同性别的孩子互动，这符合他们所认同的性别。

　　在整个儿童和青少年时期，根据对性别的认知，他们会形成一系列社交行为习惯，其中，交流行为起着至关重要的作用，因为这使儿童和青少年能够参与各种不同的活动。通过这些活动，他们被分为具有部分不同特征的群体，因此，交流模式也具有特定特征。

　　在语言研究中，遵循 García Mouton（1999）所述的观点，区分"刻板印象"通常建立在所谓的虚假特征之上，而根植于言语特征（marcas de habla）的区分，才是真正源自真实可辨特征的关键。然而，在多数情况下，我们难以确定刻板印象在实际语言行为中的影响程度，反之，我们也难以确定已根深蒂固的实际语言行为，对刻板印象产生了何种程度的影响。正如这位语言学家本人所指出的："尽管进行的许多美国调查已表明，刻板印象与实际行为不符，但社会中被接受和传播的刻板印象，实际上可能对言语特征产生实质影响，从而导致二者之间的界限变得模糊。"

　　基于上述观点，在接下来的部分我们将深入探讨性别刻板印象对男女语言行为的影响。我们将一方面依据实际观察到的行为进行分析，另一方面将研究刻板印象对这些言语模式的影响程度。

3.3.1　两性话语的刻板印象

　　在人类历史上，几乎所有的文化，无论是古代还是现代，都构建了适应社会对男女行为期望的各种刻板印象。这些刻板印象包括正面和负面，它们在生活的各个领域都有所体现，其中，语言行为一直是研究者密切关注的领域之一。

　　进入 21 世纪以后，市场涌现出大量探讨男女有效和适当沟通的书籍，这些书籍通常被归入社会科学领域，如交际沟通、心理学以及两性关系等。这些书籍的共同观点无一例外地强调了性别差异在语言中的显著存在。

　　我们观察到，这些著作普遍受到广大读者的热烈欢迎，并常常跻身畅销书排行榜的前列。其中，一些书籍引起了广泛的社会成功和影响，如 Deborah Tannen 在 1990 年出版的 *You Just Don't Understand：Women and Men in Conversation*（《听懂另一半》)①、Jonh Gray 在 1992 年出版的作品 *Men are from Mars*，*Women are from Venus*（《男人来自火星，女人来自金星》)②，以及 Ronald B. Adler 和 Russell F. Proctor 在 2010 年合著的 *Looking out*，*Looking in*（中译名：《沟通的艺术》）等书。

这些书籍的广受欢迎与个人关系改进的渴望及需求相一致，也与公众对不同性别（包括思维方式和女性特质等方面）的好奇心相符。然而，这些书籍提出的指导原则，可能会混淆实际的言语行为与性别刻板印象之间的关系，这是因为许多书籍只是一般性的、比较浅显地提出作者的个人观点，缺乏科学证实的统计数据，或者只停留在逸事层面（Romaine，1996）。此外，在许多情况下，这些书籍故意将根深蒂固的文化偏见或刻板印象当作事实（García Mouton，1999）。

一般而言，男女在语言使用方面的差异主要体现在两个关键层面：一方面，这些差异显现在语言系统的内部规则中，即语言本身。另一方面，差异反映在不同性别在不同语境下采用的语言形式或风格上。而后者实际上源于语用学领域，受文化、社会等超语言因素的影响，因此，大多数性别刻板印象都根源于这些因素（赵蓉晖，2003）。在这方面，Calero（1999）指出，研究范围可以从简单的语言现象之间的性别偏好开始，逐渐延伸到使用不同性别的语言变体导致的截然不同的差别。

在最常见的刻板印象之中，一种极为熟悉的男女人物形象，常常在电影电视或其他影像、动画中得以反映，即丈夫在用餐时或眉头紧锁且保持沉默，或藏匿于报纸背后，而妻子则滔滔不绝。正如 García Mouton（1999）所强调的，其中为大众所熟知的语言刻板印象之一，是女性言辞繁多，通常被刻画为天生啰唆和多嘴多舌的形象。Calero（1999）收集了一系列西班牙谚语，以确立这些刻板印象在社会中的广泛传播："比起女人不停地说话，夜莺更容易唱歌""女人的舌头能说出她想说的一切""沉默的女人是稀有的"，等等。与此相对应，在中国文化中也存在一些词语或谚语，如"三个女人一台戏""女人的嘴巴是一个永远停不下来的闹钟""长舌妇"等。

对话内容是男女语言刻板印象支持者广泛关注的另一重要领域。一般来说，人们普遍认为女性更关注琐碎、情感、家庭和无足轻重的话题，她们在言语表达时思路较为曲折（Tusón Valls，1999；赵蓉晖，1999）。女性通常选择探讨家务、丈夫与孩子、人际关系、健康、美食和时尚等内容，而男性则更倾向于谈论音乐、体育、工作和政治等议题（Tusón Valls，1999）。此外，还可以找到一系列谚语，它们的含义支持这些刻板印象："蛤蟆的呱呱声好比女士之间的谈话"

---

① ② 中文名为笔者所译。

"女士所言皆为无实质内容的噪声"，等等。

此外，根据性别刻板印象，男性和女性采用截然不同的策略，以吸引对话对象的注意并引发其兴趣。男性常常运用幽默和笑话来增添对话的趣味性，因此比较重视幽默感。而女性的对话则在相对范畴内，更强调抒发情感、家长里短以及人际关系，这些话题在男性看来通常显得平淡无味和缺乏吸引力。当然，这些描述并不是绝对的，也存在着一些特例，因此必须以一般性的观点看待这些情况。

Wood（2012）提出："对于女性来说，人际关系的本质是沟通。"然而，我们还可以进一步补充：这种沟通的关键元素是情感共鸣，即共情。为支持这一观点，我们引用了一些相关研究（Holmes，1993；Lozano Domingo，2005），这些研究深入探讨了女性之间对话时追求感官满足的趋势，强调了情感共鸣的重要性，这与某些广泛流传的刻板印象相符，比如，"你不必认真倾听，也没必要参与到她们的话题中，她们只需要知道她们不是孤独的"。然而，对于男性而言，情感共鸣在对话中并不是主要因素。正如 Ronald Adler 和 Proctor Russell（2010）所指出的，男性在社交中不愿受制于他人或过于顺从，如果他们如此表现，很有可能引发社会的嘲笑。因此，他们更倾向于将一次沟通视为实现一个特定目标的过程，而非讨论人际关系。这也可以解释为什么他们在面对问题时，可能会以"不必担心"或"你需要立即做的是……"等方式予以回应。

在性别刻板印象中，存在许许多多印象，其中一部分源自天生性别特征，而另一部分则是更为极端和偏见的印象。在这方面，Calero（1999）观察到，女性和女性形象经常受到带有贬义的刻板印象的影响，如"爱唠叨""论据毫无实质""爱挑剔、爱说谎和愚弄"等，或者女性被描述为代表一种不安全、犹豫和肤浅的群体，因为女性时常倾向于提出确认性的问题，如"今天的天气真好，对吧？"等。这些印象往往源自社会偏见的驱动，并且通过民间文学、电视、戏剧、电影、平面媒体以及其他信息技术手段广泛传播并持续影响人们的认知。

我们难以明确刻板印象与实际口头表达行为之间的确切关系，因为这两者之间存在一种复杂的相互影响，我们尚未明确其互动程度，从而构成了一个循环性的难题。对于这一点，我们必须认识到，言语行为受到主体自身意识和选择的影响，而不是被强制性地施加。然而，不容忽视的是，所有的刻板印象都根源于对男女在社会化过程中，所面临不同期望的传递和塑造。

刻板印象在很大程度上是从男性的视角塑造的，其所反映的现实往往是部分或受限的。正如 Romaine（1996）所述："没有一种语言能够完全客观地呈现世界的'本真面貌'。世界并非如其自然形态，而是通过群体语言塑造出来的。"就像有些人挂在嘴上的那些话一样：这一观点强调了语言具有个体和历史特定性，历史往往并未以客观和真实的方式呈现给大众，人们理解历史的本质将有助于培养批判性思维和独立观点。同样，对这些刻板印象的深入分析旨在促进自主思考，以解决社交互动中出现的各种问题。正如 García Mouton（1999）所强调的："刻板印象在逻辑上会影响言语信仰和态度，有时其影响甚至超过实际情况本身。"

3.3.2 与社会相关的两性话语

上一节中我们已经阐释了男女在语言使用上的差异，这些差异是基于刻板印象得出的观点和结论。本节旨在揭示男女之间的语言交流中表现出的一些口头特征，我们将以经过验证的事实为基础，避免过于主观的、绝对的观点和意见，同时对这些差异的出现原因进行阐述。我们将所提到的典型男性或典型女性的特征视为特定性别群体的常见表现方式，而不将其绝对化。

性别并非决定人际语言类型的主要因素（杨永林，2004）。然而，我们不能忽视不同性别在语言或非语言交流系统中存在的差异，这些差异可能是与特定语言用途相关的最基本方面之一。根据赵蓉晖（1999）的观点，史前时代，当人类沟通需要依赖象形文字时，东西伯利亚的尤卡吉尔人已经表现出了语言使用方面的差异：男性更倾向于传递狩猎等方面的相关内容，而女性则更注重情感表达。Calero（1999）为我们提供了另一个早期语言区分现象的例子，即古罗马著名哲学家西塞罗在他的著作《论清晰的演讲》①中的描述。西塞罗声称，女性一直维护着拉丁语的纯洁性和适用性，具备更多的语言天赋。因此，在古罗马的贵族家庭中，他们常常将孩子主要托付给女性亲属，以接受卓越的言辞教育，这在罗马社会备受重视。

人类学家是最早意识到性别语言差异存在的人（García Mouton，1999）。在17世纪，当欧洲的人类学家首次踏足美洲和亚洲大陆时，他们惊讶地发现，原住民的语言因性别而异，他们甚至认为男性和女性在使用不同的语言（赵蓉晖，1999）。自 1664 年 Raymond Breton 的 *Dictionnaire Caraïbe-François* 出版以来，尽管其并不具备系统性，却标志着对"性别语言"描述性研究的开端（García Mouton，1999）。

"语言和性别"的关系直到 20 世纪初，才开始引起语言学家的广泛关注，Mauthner（1849~1923 年）是当时最具洞察力的语言学家之一。在对不同社会地位的人们之间的交流行为进行一系列分析后，他于 1913 年指出，男女之间的语言差异受到社会和历史因素的影响。他认为，创造新词汇是男性的特权，这是因为女性当时接受的教育有限，两性之间存在巨大的社会不平等。对于这种历史原

---

① 拉丁语原名为 *De Claris Oratoribus*，中文名由笔者译。

因造成的状况，他认为女性应该有所认知。几年后，Jespersen 在他的著作《语言：性质、发展和起源》中，详细描述了女性的语言特点。根据这位语言学家的研究，他认为女性语言具有"削弱作用"（Romaine，1996），而相对于男性来说，女性在语言使用方面更为保守。但令人困惑的是，他认为男性更善于学习新语言，而女性则只能掌握母语。

目前，社会语言学家将西方社会中关于"语言与性别"问题的研究划分为两个主要阶段（赵蓉晖，1999）：第一个阶段涵盖了 20 世纪前 60 年，研究在这一时期没有建立完整的理论框架，也未提出系统的方法论。第二个阶段则始于 20 世纪 60 年代，并一直延续至今，这一时期的显著特征是社会语言学逐渐成为语言学领域的一个独立学科，为语言与性别问题的深入研究提供了更加坚实的基础（孙汝建，2010）。

相对于西方社会的研究，中国在研究性别语言差异方面显然滞后。20 世纪 20 年代至 60 年代中期，这一方面的研究几乎没有在中国产生相关理论文章。正如孙汝建（2010）所指出的，这一时期的研究似乎停滞不前，直至 20 世纪 80 年代方才引起学界的广泛关注，两个重要事件激发了人们对性别语言差异的研究兴趣：一是 1987 年北京举办的首届社会语言学研究大会；二是在中国湖南省南部的江永县，发现了一种只有女性使用的文字系统，被命名为"女书"，其形状类似于"蚂蚁"和"蚊子"。此外，受到美国和欧洲的女权主义运动影响，中国的语言学者开始越来越关注这一问题，因为这些西方的观点在这些地区兴起后迅速传播到越来越多的国家。

在确定了这个主题的主要论点后，我们需要明确哪些表现可用于观察所谓的性别语言差异，或称性别差异语言，或者"性别 lectos"。虽然许多人认为男女之间的性别语言差异与各自的生物特征有关，但他们往往忽略了社会文化现实和自我认知的制约，这两者在形成这些差异时起到了至关重要的作用。的确，某些差异可以追溯至生物特征，如女性的声音通常较男性更尖锐。然而，这些例子属于少数。正如前文所述，大多数男性和女性差异都是随时间和社会发展而产生的印象。因此，在接下来的部分中，我们将探讨与性别相关的语言差异的主要方面，并尝试分析导致这些差异的原因。

3.3.2.1　语言习得过程中的差异

根据孙汝建（2010）的观点，语言的表现形式包括口头语言、书面语言和内部语言三种。许多学者一致认为，儿童母语的学习是天生的，而这一学习过程是与他们所处的语言环境相互交织的，因此，个体语言的发展受到社会互动的重大影响（Navarro Romero，2010）。

如众所周知，人的大脑的左半球承担着语言发展的核心功能，包括语法和词汇等，女性的大脑左半球发育比男性更早。然而，在中国文化中，性别差异主要表现在儿童时期，尤其是在与性别有关的交流方式方面。儿童的父母或者教育工作者，在与女童交流时通常采用更具辩证和主观性的模式，而在与男童交流时，语言使用通常更为简明和客观，这也可能是女童更早理解隐含信息的原因之一。随着年龄的增长，这种优势逐渐减弱，尤其是在进入青春期后，生理变化可能导致女孩子更多的分心。根据孙汝建（2010）的观点，在青春期之前，女童可以保持这种优势，但青春期后，这一优势逐渐减弱。

在女性的语言习得过程中，口齿清晰、流利表达和丰富表现力是比较显著的特征。根据统计数据（孙汝建，2010），男性患失语症的风险是女性的 5 倍，而男性的口吃问题也是女性的 5 倍。女性的大脑左半球发育较早，这意味着语言能力得到更早的刺激、激发和发展。此外，一般来说，女孩无论是自愿还是被迫，都表现出出平和和内敛的性格，她们通常较少参与社交活动，相比男孩更加不活跃，往往更多地偏向于口头互动，同时女孩拥有更强的观察力，这使她们与社会环境的交往更加丰富，所有这些因素凸显了两性之间世界观的差异。相比之下，男孩在口头语言习得期间（2~3 岁）语言发展相对较慢，因此在流利和富有表现力的语言能力方面较晚成熟。

就书面语言而言，情况与口头语言发展相似。女孩在书面语言表达方面展现出流利和富有表现力的性别特征，尤其在叙事和描述方面更为擅长，常使用短语构成的语篇。与之相反，男孩在逻辑和哲学方面表现较为出色。

至于内部语言，与口头语言和书面语言有所不同的是，在社交性语言和内部语言之间存在一个过渡阶段，即大声说话或自言自语。内部语言通常在 4~6 岁出现，而女孩在这一时期已积极地发展和磨炼语言技能，因此她们的内部语言相比男孩习得较早。根据相关研究，随着两性逐渐成长，特别是从小学稍晚阶段开始，男孩在内部语言的发展方面逐渐赶上女孩。

3.3.2.2 音韵和形态水平的差异

在这一部分，我们将探讨在音韵和形态水平上的差异，这些差异可能只能在特定语境中进行单独研究，与社会和语言之间的关系不大。与其他水平的差异不同，音韵水平上的差异，可以追溯到生物因素而非社会文化条件。

语言学家已在多种情境下确证了某些语音特征的性别相关性。本书将提供几个社会语言学领域中最重要、知名且广泛讨论的案例。这些案例涵盖了北美洲的雅纳语（Sapir，1929；Romaine，1996）、科阿萨蒂语（Haas，1944）以及南美洲的印度语、科卡玛语和库鲁克斯语（Lozano，2005）。在这些语言中发现了仅由男性或女性使用的语音和形态特征。例如，在科阿萨蒂语中，性别之间的差异表现在女性使用鼻化元音作为词尾，男性则不使用鼻音，而是添加/-s/。在库鲁克斯语中，女性仅在与其他女性处于同一环境中时，使用特定动词时的发音差异显著（Ekka，1972）。根据 Lozano Domingo（2005）的研究成果，这些差异被视为范畴性别差异，因为它们是特定性别的独有特征，通常出现在非工业化社会中。而在工业化社会中，特定语音和声调等形式，通常由其中一个性别的说话者更频繁地使用，但两性都不会将其独占使用，这被称为可变性别差异。在汉语中，存在"女国音"现象，"女国音"是年龄在 15～30 岁的北京女性口语里的尖音现象的称呼之一，它涉及拼音的某些辅音变体。它的特点是将一部分在标准北京话里应读团音（北京话里表现为腭化音，拼音：j、q、x）的字的发音位置前移，读成尖音（北京话里表现为齿龈音，拼音：z、c、s）。由于这种读音现象最早在北京劈柴胡同师大女附中被发现，因而又被叫作"劈柴派"读音。（Zhang，2003；孙汝建，2010）。

将语音层面的性别差异视为自然而不受社会干扰的差异，是因为它们明显地源自说话者的生理性别特征，即天生存在。通常情况下，音调的高低取决于声带振动的频率（赫兹）。研究表明，女性的声带更细、更短，因此其声带振动频率始终较高，这导致女性的声音通常更清脆和柔和，频率在 150～300 赫兹变化。相比之下，男性的声带相对更宽、更长，因此他们的声音通常更低沉、更粗犷，频率在 60～200 赫兹变化。然而，需要指出的是，语音领域也存在一些例外情况（孙汝建，2010；Richard et al.，2016）。

此外，Laver、Sachs 和 Yang 等指出，音质和音调高低不仅取决于生物结构，还受社会、文化和心理因素的影响。在这方面，前述的"女国音"现象是这类声学现象的一个典型案例。该现象局限于中国特定年龄段的女性：一方面，社会通常对女性大声说话、嘴巴略微张开但不露齿的行为给予肯定；另一方面，女性的声音较清脆和柔和的情况也广受欢迎。在北京地区，这种特殊的"女国音"现象得以体现。女性在发音时将 j、q 和 x 这些辅音发为 z、c 和 s，使她们的发音更加温柔、细腻和动听，通常被视为女性撒娇的"嗲音"。因此，"女国音"不仅是方言或舞台语言影响的表现，更是女性追求美丽和展示附庸风格的结果，我们可以这么断定，这一现象显然具有深刻的社会文化背景。除此之外，我们还可以在社会某些行业中发现音质和音调高低，也深受社会因素的影响。例如，在重要电视新闻播报以及解说、演讲时，人们认为男性的低沉、有力的声音更能产生震撼力和说服力，因此男性更容易被委以重任。而在其他行业中，如幼教、护理、客服、销售等，女性的委婉、细腻的声音更容易引起消费者的好感和信任，因此女性更容易在这些行业中获得成功。

在语音水平上，我们也能够观察到一些性别差异，涉及听觉能力和对发音规则的尊重。根据孙汝建（2010）的研究，相对于男性，女性通常表现出更出色的音频感知和对音高的辨别能力。此外，一般而言，女性更加遵循语音规则。因此，赵蓉晖（2003）认为，"女性通常更加注重她们在社会中的形象"。这一社会现象的形成主要源于两方面因素：一方面，社会期望女性表现得更为娴静、温柔、和善和顺从；另一方面，女性个体也倾向于追求这一目标，由此进一步强化了社会对她们的期望。

3.3.2.3 词汇使用上的性别差异

在语言学中，我们理解语言的基础通常与单词的认知相连（Hudson，2000）。从这一观点出发，语言间性别差异最显著的地方之一在于，不同性别在词汇选择和交际风格上的偏好不同（赵蓉晖，2003）。

以北美路易斯安那州科阿萨蒂语（Koasati）为例，该部落语言具有引人注目的性别相关特点。男性使用的词汇通常以-s 结尾，如 lakawhos（升起，扬起），而相应的女性形式则为 lakawhol（赵蓉晖，2003）。此外，日语中的男性和女性在第二人称和第三人称代词的使用上也存在差异。在这些特定情况下，正如赵蓉晖（2003）所指出的那样，他们在使用某些助词（joshi）和感叹词方面也存在显著差异（赫钟祥，2004）。

研究性别差异对不同社会群体的词汇使用的影响，既非常有趣又可能带来引人入胜的洞见，因为这"实际上反映了历史上受到特定性别角色、偏好和口味等影响的生活方式"（Tusón Valls，1999）。

在多数传统文化中，男性和女性因不同的社会角色而被明确定义。通常情况下，女性被赋予家庭责任，从事被称为"家务或小事"的活动，而男性则更多地涉及外部事务，被视作"公共或大事"的参与者。这些固定的社会角色，在两性各自的领域中得到反映，进而在其词汇使用上呈现出更特定化、专业化的特点。

鉴于上述事实，我们现在更容易解释为何与政治、经济、音乐和体育相关的词汇更常被男性所使用和掌握，而与家庭、健康、时尚和情感等领域的词汇更常为女性所熟悉（施玉惠，1984）。这一现象或许是对"兴趣是最好的老师"这一观点的一种响应。也就是说，每个性别所应培养的兴趣，在这些领域已经相对地受到社会的先入之见，而在许多情况下，这些兴趣也受到社会等因素的影响，是由社会强加的，因此导致了相应领域技能的不同发展。

此外，还有一个例子可以用来阐述以上观点。关于日常词汇的使用，尤其是颜色词汇（见图 3-2），已经在社交媒体上引发广泛关注。图 3-2 生动地反映了社会现实，清晰地呈现了性别在某一基本领域中的不同视角。研究结果表明，女性对与颜色相关的词汇具有更多的掌握。简而言之，相对于男性，女性对学习这些词汇表现出更大的兴趣，并更加频繁和不厌其烦地使用它们。这种词汇使用上的差异在某些情况下尤为明显，特别是在儿童时期。举例来说，幼儿时期存在某些词汇与性别相关的语义联系现象，如将粉色与小女孩相关联，而将蓝色与小男孩相关联，这种联系更多地受到社会文化因素的影响，而非受儿童自身喜好所驱动。

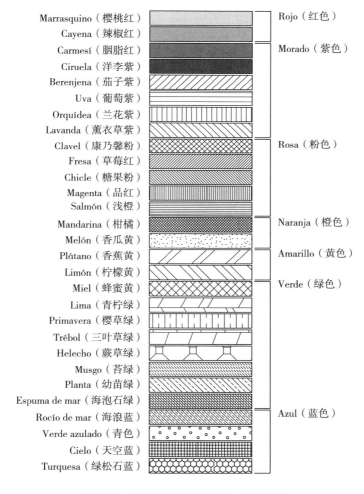

图 3-2　性别差异在颜色感知中的呈现

除了上述的案例，我们需要着重强调词汇在性别差异中扮演的其他角色。这些方面充当着男女性别之间的区分特征和标志。按照 Tusón Valls（1999）的观点，从更综合的角度来看，这些因素被视为语气助词的特殊元素。我们仍用以下示例进行佐证：女性通常更频繁地使用具有情感色彩的词汇，包括爱称或表达情

· 109 ·

感的词汇（如"亲爱的""漂亮""宝贝"等）、夸张的表达方式（如"非常""超级""太……了"等），以及带有评价性的感叹词（如"哎呀！""嘘！""哇！"等）。至于男性，一些学者指出，他们可能更多地使用其他词汇，以及表达情感时更倾向于使用"负面"的称呼（夏茜，2011）。

3.3.2.4 交际行为中的性别差异

已有研究充分证实，我们的语言表达方式受多种因素的调控，包括但不限于交流情境、话题、不同的对话伙伴以及信息传递的意图。这些因素可能以明示或隐含的方式在对话中显现，因此我们应当牢记它们的存在。然而，除这些可变因素之外，仍有一些恒定因素持续地影响着我们的语言行为，其中，性别是一个不可忽视的因素之一。

言语变异主义奠基人拉博夫详尽强调了女性言语特征的八个显著特点，包括自我修正、过度修正和语言不安等，着重阐述了女性在语言变异中的关键作用，她们更倾向于采用更受认可的语言形式，且更加遵守语言规范。

Tusón Valls（1999）综合了多位研究者的观点，总结了一些特征，以及辨别女性和男性在不同交际环境中的对话方式。如 Maltz 和 Rute（1995）、Tannen（1982）、Tusón Valls（1995）等的研究所揭示的，与男性相比，女性的对话特点表现为合作性的重叠和中断，她们更加注重对对话流畅性的维护，在对话中被视为更具操控能力。此外，女性常常采用疑问或感叹等其他交际策略，这些策略与 Jakobson（1963）所定义的交际功能相吻合。相反，男性的重叠和中断通常表现得更富竞争性，主要用于争取发言机会、表达不同意见以及否定他人观点等，显现出对对话维持方面的较低兴趣（Calero，2007）。

一般认为，女性在交流过程中更加注重自身的社交形象。这意味着，女性通常在交流中表现出更多的礼貌，更重视照顾其他人以及轮流交替发言的情况，比较倾向于为自己的多言道歉，不愿意容忍对话的垄断行为（Romaine，1996）。然而，与此观点相对立，Buxó Rey（1988）的研究表明，在受教育过程中，女性通常经历更多的语言限制。她们从青春期起就受到来自家庭和学校的压力，经常被提醒要注意自己的词汇选择、使用礼貌用语，并具有保持倾听与沉默的习惯。

根据 Romaine 的观点，女性在言语行为中更加注重礼貌和使用更多有声望的词汇，部分原因在于她们视语言表达方式为实现社会地位的手段，而男性则通常通过其他途径如职业和相关教育来获得社会地位。然而，现今在某些情境下，这种情况正在发生变化，女性在言语行为中也展现出更多的"积极"特质。

除此之外，我们认为有必要简要探讨一下与语言相关的其他领域，包括性别间在手势和身体动作方面的差异。在多数文化中，可以观察到女性更加熟练地掌握和运用面部表情，尤其是用眼神进行交流。一般来说，男性似乎更倾向于通过身体语言，包括手势来表达情感（孙汝建，2010）。这种多层次的性别差异在语言和非语言交际中提供了丰富的研究素材，值得深入探讨。

通过以上的研究分析，我们探讨了两性在言语行为的各个方面存在的差异。实际上，除了一些音韵和形态水平上的差异外，大部分言语行为的性别差异，就像其他人类行为一样，都受到了社会赋予各性别的价值观的影响。我们的社会为每个性别规定了不同的角色，要求他们在满足不同未来需求的同时接受不同的教育。在这方面，正如 Calero（1999）所指出的，男性和女性在"社会中往往是分隔开的"。

让我们回顾一下 Paloma Díaz Mas 在探讨塞法迪犹太社区①文化和语言时提出的一些观点。她的研究有助于我们深入地、历史性地研究和理解导致男女言语差异的根本原因，具有深远的借鉴和教育意义。然而，我们需要谨记，她的观察主要关注塞法迪犹太社区的文化背景和社会模式，这与我们的研究所涵盖的两个社会有较大的不同。从一种简化的视角看，这位学者认为，女性的孤立与社会背景仍然是解释男女言语差异的主要因素："较早年代中，她们接受的教育机会有限，往往处于文盲与半文盲状态；她们在宗教活动中参与较少，更多地局限于家务事务，因此无法涉足当时以及当代宗教文化等多个重要领域。在一些伊斯兰国家，社会禁锢女性，更加强调男女分隔和隔离，更加鼓励她们参与纯女性聚会，家里一夫多妻，出门纱巾黑袍，女性经常被限制与她们的丈夫之外的其他男性的互动，她们是口头传统文化的主要传承者等。正是出于这些原因，女性的言语方式与男性存在差异"（García Mouton，2002）。

我们总结前述研究，需要强调指出的是，如今越来越难以支持那种男女之间存在明显语言性别差异的观点，即女性和男性之间的语言系统存在完全不同的差异。随着社会的不断发展和进步，这一观点变得越来越不再适用。研究表明，这一领域的研究范围已经明显扩大，甚至扩展到了我们所研究的各种文化的不同层面。此外，在当今社会，年青一代开始在越来越均等的社会条件下，逐渐进入教育体系，整个社会的工业化、信息化程度也越来越高，这对于实现性别平等有着至关重要的作用。综上所述，我们支持社会语言学的所有变革都应朝着积极、性别互补的方向发展，以尊重自然特征，最重要的是通过平等的语言使用来促进性别平等。

---

① 塞法迪原指在 15 世纪被驱逐前，祖籍为伊比利亚半岛的犹太人，其遵循西班牙裔犹太人的社会生活习惯，使用犹太西班牙语，也称拉迪诺语（Ladino）。

第4章　称呼语与性别变量之间的相互关系

　　在讨论本章内容之前，我们需要提到 Robinson（1978）的研究，因为他是最早关注称呼方式与性别之间关系的学者之一。在他的著作《语言与社会行为》中多次探讨了"称呼方式"在社交关系中的重要性，特别强调了这些方式对解释人际交往行为的关键作用。他鼓励特别关注"在亲密关系中，尤其是在夫妻之间，出现的多重称呼方式的启示功能"，因为这些关系可能与不同的子角色、不同的工作分工和执行风格，以及与这些因素不同的称呼方式相关联。此外，Robinson 指出女性学生通常被称呼其名字，而男性学生则用姓氏称呼，因此他认为这种现象与"正式性、效率、地位不平等和历史传统等"的共同作用有关，但仍存在"未经研究的经验问题"。

　　显然，他已经引导我们特别关注性别和称呼方式研究的两个关键方面。首先，他为我们提供了关于男性和女性在使用称呼方式方面的差异的研究方向，尤其是在考虑不同影响因素时。其次，他指出这些称呼方式通常反映了某种性别偏好中的现象。在本章中，我们将进一步探讨这两个方面的问题。首先，我们将通过研究各种称呼方式，尤其是那些在面对面口头对话中使用的方式，来探讨男女在互相称呼时的不同特点，也就是男性和女性在口头对话交流中，如何以不同的方式称呼对方。其次，我们将深入研究发话者的性别定位，即在使用称呼方式时，男女性别选择方面的差异。

　　需要强调的是，我们的研究还必须认识到现实社会中，中国和西班牙是两个有着显著的国情差异的国家。这种差异涵盖了社会、文化、意识形态以及工业化与现代化进程等多个领域，也反映在两国各自的历史渊源和传承发展上，在各自不同基础上，形成两个独立的语言社群。中国和西班牙的历史、文化以及社会结构方面的不同，将直接影响这两个国家在称呼方式使用上的差异。

　　尽管称呼方式在交互沟通中发挥重要作用，但它通常被视为一种"纯粹的与直觉判断相关的公式化表达资源"（Brenes，2011）。在交流过程中，我们的主要目的是清晰地传达信息和情感，因此我们通常会在潜意识和自然状态下使用称呼方式，以吸引受话者的注意。然而，在所有语言社区中，都存在关于使用称呼方式的规则，这些规则涉及回答以下类型的问题：谁可以以什么方式称呼谁、使用一种或另一种方式的社会含义是什么、何时可以使用特定方式等。因此，尽管使用称呼方式似乎显得"机械"，但它总是伴随着一定的社会情境、心理情境以及自我调节。

Bañón Hernández（1993）列举了以下九种因素，这些因素为提高交际呼语能力提供了必要的支持：

（1）深入了解各种文化对交际呼语的社会重要性。

（2）了解情境原型。这些原型用于解决何时、如何使用和接受何种特定交际呼语的问题。

（3）认识到在不同的交际情境中，单一交际呼语系统的无效性，因为发话者需要根据交际地点的不同采用不同的呼语系统。

（4）明确认识到在每个交际时刻，年龄、性别、社会地位、种族、宗教背景、家庭关系等因素是最重要的变量。

（5）了解一系列交际呼语公式。尽管这些公式通常在实际交际中不被人们广泛使用，甚至也没有人与我们在沟通交流时使用它们，但它们仍包含着比较丰富的信息，包括姓名等变体。

（6）重拾以往在类似情境或与相同对话伙伴互动的经验。

（7）对于交际呼语的文本性能有清醒的认识。

（8）准确识别特定情境和不同发话者的可变性边界，以及在解释这种可变性时所需的灵活性（Braun，1988）。因此，交际呼语总是具有一定程度的可变性，因为总是存在着违反适当交际呼语规则的可能性。另外，也无法为任何情境去主张绝对的可变性，因为交互情境总是需要实施某种必要的限制。

（9）直观或非直观地识别最重要的交际呼语可变性类型，包括以下三种：

第一，对称的交际呼语可变性，通常涉及两位发话者相互称呼时所采用的不同交际呼语形式。

第二，不对称的交际呼语可变性，表现为一位发话者对特定受话者采用不同的交际呼语形式。

第三，多极交际呼语可变性，指的是在一种或多种交际情境互动中，特定个体与多位发话者互动时可能接收到的不同交际呼语信息。

在上述因素的相互关系中，我们清晰地观察到，发话者和受话者之间的交际呼语的二元选择和认知，受到多种环境因素的制约。这种可变性受到社会语言学因素的影响，包括日志系（如语言的准确性或通俗性等）、语用系（如正式、非正式或口语等）以及地域系（如地方方言等）。然而，也存在一些"恒定"的社会语言学因素，如年龄、性别、种族、社会地位和受教育水平等，这些构成了社会语言学研究的核心模式，并与社会语言学变量相关。值得强调的是，在这些变量中，我们将特别关注在称呼语选择和认知过程中，具有关键作用的变量，它也是我们进行研究的起始点，即性别变量。

社会由男性和女性构成。然而，尽管性别变量在社会语言学研究中被认为是一个重要方面，但它常常因其"有限的解释力"而受到批评（Moreno Fernández，1996）。尽管如此，在实际研究过程中，很少有研究完全忽视性别变量的存在。在这方面，我们可以指出，性别变量与称呼语使用之间的关系是复杂的，主要表现在以下两个方面：一方面，存在许多其他因素，这些因素会更广泛地影响称呼语的选择，正如前文所述，这个选择过程是相当动态的，所有这些因素都在同时发挥作用。另一方面，如果仅从语义学的角度来研究这个问题，那么结果可能无法提供深刻的见解，因为社会中男性和女性的行为大多数与其生物性别无关，而与社会性别角色观念有关。

具有讽刺意味的是，尽管性别变量在各种交际行为中发挥着重要作用，但这个问题却经常被忽视，而且这种负相关表现还比较常见。这是因为生物性别和性别角色是人类生存中最深刻的特征之一，尽管与之相关的价值观和行为通常以微妙且无意识的方式在我们内部编程（Hofstede，1999）。社会语言学研究已经清晰地表明，许多国家的特定心理特征很大程度上"取决于出生的是男孩还是女孩"（Hofstede，1999）。因此，语言行为同样不会逃脱与社会性别行为相关的规则的影响。此外，还需要再次强调，每个社会中的性别角色衍生出的相应行为，在很大程度上是后天习得的。换句话说，我们必须清醒地认识到，我们的价值观和社会行为的形成，相当一部分取决于社会文化因素，而不只是生物特征。鉴于这些因素，有必要重新审视性别作为研究的起点是否合适，并考虑其社会文化维度。同时，称呼语与语言的其他要素一样，是通过历代传承的文化遗产构成的，这一遗产已经得到更新，并适应了发话者和社会现实的新表达需求。因此，我们认为，必须将跨文化变异因素添加到性别变量中，这将是我们研究的一个重要起点：对比中国文化和西班牙文化之间的称呼语使用与形式。基于这些前提，我们希望接下来的内容能够突出那些对所研究领域而言至关重要的方面。

接下来，我们将尝试探讨称呼语与性别变量之间的潜在联系，特别关注Bañón Hernández 提出的"交际呼语能力"与性别以及主动和被动能力之间的关系。我们选择从被动能力的发展角度入手，通过一系列调查分析，以期实现主动能力的进一步改善。这一探索为开辟新的研究领域提供了契机，虽然尚需经过多次实证研究的支持，但我们希望通过提出一些新颖的观点来激发更多深入研究的兴趣。

接下来，本章将深入探讨一个至关重要的核心主题，即研究性别与被动交际呼语能力之间的潜在相互关系。本书关注的核心问题是根据对方的性别来选择适当的称呼语形式。在深入分析这一核心主题之前，我们认为有必要明确列出通常用作称呼语的词汇类别。按照 Alonso-Cortés（1999）的分类，称呼语可划分为九大类：

（1）专有名词，包括正式形式和昵称形式。
（2）父亲的名字。
（3）国籍。
（4）亲属的名字。
（5）表示年龄的名词，如孩子、年轻人、小家伙等。
（6）绰号，如海盗、鼹鼠等。
（7）表示亲近关系的名词，如同事、伙伴、同志、同乡、朋友等。
（8）头衔，如小姐、女士、先生等。
（9）职业名字，如厨师、门卫、出租车司机、服务员、警卫等。

此外，Alonso-Cortés 还强调了一些形容词具有称呼语的功能，如"亲爱的""尊敬的"等。这些形容词常常用于表达说话者的情感，因此也将其包括在本书的讨论范围内。一旦我们详细审视了作为称呼语使用的主要词汇类别，我们将继续研究，以探索称呼语使用与性别因素之间的相关特征。

4.1　姓名与姓名缩略形式

本节将重点分析人名，包括姓和名。正如 Alonso-Cortés（1999）所指出的，"称呼语的使用如同使用名字和第二人称代词一样是自然而然的"。总体而言，我们可以认为人名是用于指代人的专有名词，它们是每个人的语言符号。因此，可将人名视为一种语言现象，因为它们在语言分析中具有需要考虑的语义特性。然而，除了充当人的"符号象征"之外，姓和名也是社会文化概念。它们通过其中的一系列内涵，建构了关于某些特定名字的不同刻板印象。下面选取的示例，将帮助我们观察称呼语与性别之间的相互关系。

4.1.1　中国文化方面

在中国文化背景下，姓氏的发展演变，源于性别分工与性别角色的不同起源。姓氏的演变反映了母系社会的历史，在这个时期，女性在社会中占据着更主导的地位，相较于男性作用更为重要。因此，姓氏的形成旨在作为一种标识，证明其隶属于特定女性领导的氏族。这也解释了为什么汉字中"姓"的字形由两个独立的字符组成："女"（女性/女儿）和"生"（出生/生育）的原始含义是"由女性生育"，这就明确解释了母系社会中的姓氏起源。

在随后的汉语发展中，绝大多数古老的姓氏均将"女"字作为基本部首，或作为组成部分之一。赵英山（1983）①的研究专注于古代青铜器上的铭文，他在调查西周时期出土的青铜器时发现，尽管当时出土的青铜器上出现的姓氏不超过 30 个，但几乎所有这些姓氏都包含"女"字或与"女"字相关的字形，如"姜""姬""姚""姒""嬴""妃""偯""妊""娄"等。

然而，尽管姓氏最初源自母系社会，但随着社会发展，它还是逐渐被纳入了父系社会体系，演变成一种传统或社会规范。在两千多年前，西汉王朝时期，儒家思想的杰出代表之一——董仲舒（公元前 179 年至公元前 104 年），提出了制定合法化制度的指导方针，被称为"三纲五常"，成为支持西汉帝国命令的政府法律基础。基于"三纲"的道德规范，女性逐渐演变为男性的从属，她们首先是父亲的私有财产，一旦结婚，就成为丈夫的私有财产，她们丧失了拥有自己名字的权利（陈建民，1999）。因此，已婚妇女通常以丈夫和父亲的姓氏组合来标识自己，最终添加"氏"这个字。这标明她们的家庭出身，也表示在结婚之后，她们属于哪个家庭（黄兴涛，2015）。在采用姓氏的过程中，她们的名字也会消失。如"刘李氏"这一示例所示，她的丈夫姓刘，她的父亲姓李，而"氏"字表示"目前隶属于刘家，以前隶属于李家"。

目前的情况表明，单一姓氏制度在中国社会仍然持续存在，而在其他社会，尤其是西方社会，也非常普遍。在中国，通常采用父亲的姓氏，孩子的姓名通常由父亲的姓氏加上名字组成，而母亲的姓氏则常常被忽视（西班牙还曾颁布一些禁止母姓排在父姓前面的法律）。虽然中国没有禁止母姓优先的法律规定，但这种母姓优先选择的灵活性在中国家庭中很少见。通常情况下，家庭中的孩子都会选择父亲的姓氏，除非存在无法确定父亲身份的情况，或者是在父母离婚后孩子随母亲生活的情形下，孩子才随母姓。

关于姓氏在汉语中特定的称呼应用，本书将从语言学角度进行深入探讨。如前所述，汉语与西班牙语在姓氏的用法上存在显著差异。在汉语中，姓氏几乎不会单独用于与对话伙伴的交流，而更常见的是作为其他词语的一部分出现。我们可以看到一些常见的结构，如前缀"小"与姓氏的结合，形成以"小"字开头

---

① 赵英山．古青铜器铭文研究［M］．台北：台湾商务印书馆，1983．

的合成名词，如"小李""小张""小王"等。此类命名方式常见于个体的朋辈或同辈社交场合。姓氏也可以与一定的尊称或称号相结合。当姓氏作为一种尊称使用时，通常出现在长辈与晚辈或平辈之间，根据年龄或社会地位的差异，由姓氏与其他元素共同构成称谓。典型的示例如"李女士""林先生"和"陈小姐"，这种使用方式主要出现在正式场合，用于维护社交礼仪。此外，汉语中还存在一种将姓氏与职业或头衔结合使用的用法。例如，可以将姓氏与"老师""律师""工程师"等职业词汇相连接，以构成具体职业身份的称谓，如"李老师""赵律师""刘工程师"。这种表达方式常见于教育、法律和工程等专业性较强的领域，有助于明确对被称呼者的身份认知。还存在一种将姓氏与亲属称谓相结合的称呼方式，如"阿姨""爷爷"。这种组合称谓用于表达亲属关系或亲切感情，如"梁阿姨"表示对姓梁的女性长辈的亲近称呼，而"宋爷爷"则表达对姓宋的男性长辈的亲切尊敬。

综上所述，汉语中的姓氏使用方式多种多样，涵盖了社交、尊敬、职业身份和亲属关系等不同领域，反映了语言与文化的复杂交织。通过深入研究这一语言现象，可以更好地理解汉语社会和文化的特点。

名字在社会中扮演着识别个体的主要角色，其在中国社会中的功能，通常比包含了继承和义务概念的姓氏更为重要。虽然通常情况下不存在名字选择方面的规定，但大多数中国人的名字是在出生后赋予或创造的。因此，名字通常蕴含着比姓氏更为微妙的语义差异和愿景，这反映了父母或监护人在选择孩子的名字时对孩子的期望（田惠刚，1998）。因此，研究中国人的名字并理解古代中国社会中这些名字的历史与渊源同样至关重要，因为后者有助于我们深入分析名字的演变和应用。

在中国建立父权社会制度后，命名子女的权力通常掌握在家庭中的男性手中，正如我们之前提到的，妇女不仅被排除在这一决策之外，她们甚至没有自己的名字（陈建民，1999）。另外，与中国古代社会高阶层男性的复杂命名惯例相比，女性的名字命名要简单得多，甚至很多女性根本没有自己的名字，这主要是当时的社会地位使然，女性被视为在家庭领域之外没有其他活动领域的"家庭附庸"，一直被认为进行"外部"活动没有必要。因此，按照这种观点，女性不需要名字。用于称呼家庭中的女性的称谓通常是与年龄相关的词语，以表示她们的婚嫁状况，如"丫头"（年轻女孩/小姑娘）、"妮子"（年轻女孩/小姑娘）、"小妞"（年轻女孩/小姑娘）等；或者使用复合形式，基于她们的丈夫或儿子的姓氏或名字，如"××夫人""××母""×女""×氏"等。

自 1949 年中华人民共和国成立以来，这些古老、陈旧、世代相传的风俗习惯在很大程度上已经式微，中国的妇女成功地摆脱了西汉儒家"三纲五常"道德规范所带来的持续压迫和意识形态的无形束缚。她们已经重获拥有个人名字的基本权利。然而，关于男女名字选择的问题，仍然在某种程度上受到性别刻板印象的影响，同时也反映了男女之间的某些社会差异。

根据植根于中国儒家合法性社会道德规范传统，似乎只有男性才有资格完成"保持家族血脉传承"的任务，而且只有他们才能确保家庭的经济稳定。因此，用于男性名字的字符通常具有积极的和"男性化"的特征或寄予期望。这些字符包括"坚"（坚定不移）、"刚"（坚韧坚强）、"伟"（伟岸伟大）、"力"（力量和能力）、"勇"（勇敢和英勇）、"钧"（尊贵和权威）、"峰"（高峰和巅峰）、"雄"（威武和雄壮）、"毅"（果断坚韧）、"健"（健壮和强壮）、"翔"（腾飞和吉祥）等。

代表家庭荣誉、美德和道德的字符包括"磊"（坚强刚毅）、"诚"（真诚可靠）、"德"（德高贤明）、"义"（善良高尚）、"念祖"（思念祖先）、"祭祖"（祭拜祖先）、"敬先"（尊敬长辈）等。

表示幸运、好运和健康的字符有"双喜"（双喜临门）、"顺达"（通畅顺遂）、"厚福"（幸运祥瑞）、"宝瑞"（幸福美好）、"康健"（福泽绵长）等。

表达智慧或知识重要性的字符，如"博"（渊博奋进）、"睿"（睿智明达）、"聪"（聪明智慧）、"杰"（卓越优秀）、"宇"（志向远大）、"斌"（文武兼备）、"智"（智慧见识）等。

不同于男性儿童名字所使用的字符，女性名字的选择反映了社会对那些表现出"女性特质"和"温柔品质"的偏好。这些特质主要体现在字符的发音、含义和书写方式上。女性名字的偏好主要包括以下几个方面：

经常使用包含偏旁部首"女"字的字符，如"媛"（端庄貌美）、"婷"（秀丽雅致）、"婕"（漂亮聪慧）、"姣"（俊俏动人）、"婉"（温柔美丽）、"娉"（姿态柔美）等。

表达美丽和气质的字符，如"慧"（聪明贤惠）、"秀"（秀美善良）、"洁"（纯洁高尚）、"丽"（花容月貌）、"馨"（芳香优雅）、"嘉"（吉祥美好）等。

展现美德和道德的字符，如"佳"（标致出众）、"淑"（温柔善良）、"贞"（圣洁专一）、"文"（通情达理）、"雅"（美貌智慧）、"颖"（机智聪慧）、"悦"（高兴快乐）等。

表征珍贵植物或花卉的汉字字符包括"梅"（象征梅花之美）、"兰"（代表兰花之雅致）、"竹"（表征竹子之坚韧）以及"桂"（象征桂花之芬芳）、"莲"（代表莲花之纯洁）、"薇"（表现蔷薇之美丽）、"萱"（象征萱草之柔美）等。

表示宝石或玉石的字符，包括"珍"（代表掌上明珠）、"瑛"（象征美玉美石）、"璐"（表现纯真美玉），以及"玉"（代表美丽尊贵）、"珊"（象征珍贵高贵）、"瑶"（表现美玉无瑕）等。

表征美丽风景或珍贵动物的字符，包括"雪"（象征冰清玉洁）、"霞"（代表貌美如花）、"月"（表现贞洁美丽）、"露"（代表清莹玉润）、"雨"（象征恩惠润泽）、"凤"（表现凤凰之美丽）和"燕"（代表燕子之优雅）等。

包含与女性相关颜色的字符，如"红"（象征红色喜庆）、"青"（代表青色祥瑞）、"蓝"（表现蓝色宁静），以及"紫"（代表紫色圣洁）、"白"（象征白色纯洁）和"丹"（表现丹色明艳）等。

包含字符"男"或与男性有关的字符的女性名字，如"胜男"（意指优于男性）、"亚男"（意指次于男性）、"赛男"（意指胜于男性）、"若男"（意指如同男性）、"招娣"（意为招来弟弟）、"盼娣"（表示盼望弟弟）、"来娣"（指引来弟弟）、"旺娣"（暗示兴旺弟弟）、"迎娣"（表示迎接弟弟）、"梦娣"（暗示梦中的弟弟）等。

很明显，与男性的名字更侧重于个人发展不同，女性的名字更加注重刻画女性特征，如美貌、贞操、顺从等。

我们有必要深入分析与父权社会中存在的与性别偏见相关的女性名字。正如我们之前所提到的，这些名字的选择反映了社会以及家庭背后"男尊女卑"的观念，强调生育女孩的现实是不受欢迎的。尽管有些名字试图通过添加包含"女"字部首的"娣"来缓和这种认识，强调代表女性的一种方式，但这些选择仍然清晰地展示了社会中对女性的性别偏见，以及对男性的过度偏好。这些性别偏见通常在父权社会中表现得更为显著。

在当今社会，性别刻板印象依然通过名字被无意中强化。根据一项对社交媒体的统计分析（2011 年），中国约有 79.8% 的父母认为，男孩的名字应当反映出明显的男性特征，而女孩的名字则应凸显女性特质。此外，名字的语音特征也应与性别相契合。另外仅有 14% 的受访者认为，男孩和女孩的名字中都可以出现中性特征。有趣的是，该调查结果还揭示了父亲相对于母亲更趋向于传统和保守。也就是说，父亲更倾向于通过名字的选择来强调性别观念，进而将传统性别刻板印象传承给下一代。

至于汉语中的"爱称"（hipocorísticos），最常见的应用方式是通过重复名字中的最后一个字符，例如"婷婷"（罗婉婷）、"珊珊"（赵孟珊）、"鹏鹏"（卢亚鹏）等来表示，此外，还常常在名字前添加前缀，如"小张"或"大李"，以表达个人情感。

4.1.2　西班牙文化方面

一般情况下，我们可以说西班牙与中国这两种不同文化，在名字的起源和应用领域等方面具有共通之处，但每个国家的独特历史和传统也会引发特定差异，尤其在名字领域。不管各自的文化背景如何，给人命名的需求与人类存在一样古老久远。虽然西班牙正式采用了姓氏命名系统，这一制度在 1870 年得到法律认可，但并不意味着在此前西班牙没有使用这种命名制度。早期的姓氏主要用于区分不同家族分支，根据其含义和词源，这些姓氏可以划分为多个类型。

西班牙的官方双姓制度与其他欧洲国家（葡萄牙除外），以及全球大多数国家的命名体系存在显著不同。在大多数国家，通常只有一个姓氏，传统上是父亲的姓氏，而西班牙这个国家的不同之处在于，它采用双姓制度。据氏族谱系学家 George R. Riskamp 所言，西班牙语中双姓的使用可以追溯到卡斯蒂利亚的上层社会，尤其是巴斯克地区的贵族阶层。这种双姓的使用从 18 世纪晚期开始，之后在西班牙其他地区传播，直到 1850 年左右，才成为一种被广泛采纳的方式，因此它的普及相对较晚。

西班牙人通常认为采用双姓制度具有文化自豪感，因为它有助于明确定义个体与两个家庭支系——父系和母系的联系，同时在性别平等观念的推广中还发挥了积极作用。然而，这里需要强调的是，采用官方的双姓制度，并不代表西班牙不存在父权观念下姓氏蕴含的微妙的社会问题。例如，两个姓氏的放置顺序就是其中一个问题。

在传统的命名形式中，父姓通常位于母姓之前，这往往导致在很多情况下母姓的失传，尤其明显的情况是在将姓氏传递给子女时，通常传递的是父姓。在非正式场合或需要更为简洁的个人标识时通常会将母姓省略。此外，以母姓作为称呼在某些情况下较不常见，而使用父姓则更为普遍。例如，"Manuel Gutiérrez"（曼努埃尔·古铁雷斯）、"José Samora"（何塞·萨莫拉）等。在熟人或同事之间称呼姓氏是非常普遍的，但通常用于男性。较不常见的是仅用姓氏来称呼女性，称呼女性更常见的是使用名字。例如，"Gutiérrez y Pilar son muy eficientes en su trabajo"［古铁雷斯（姓氏）和皮拉（名字）在工作中非常高效］；或者在非正式场合前加上冠词，例如，"La Márquez"（姓马奎斯的女生）或 "La Suárez"（姓苏亚雷斯的女生）等。还有，如果存在相同的名字，例如，"Paula Álvarez"（保拉·阿尔瓦雷斯）、"Paula Alonso"（保拉·阿隆索）与 "Julia Martínez"（茱莉娅·马丁内斯）、"Julia Villarejo"（茱莉娅·维利亚雷霍）等，同样的命名机制也会重复出现。

有必要指出的是，Romaine（1996）和 García Meseguer（1996）在英语与西班牙语中的女性名字构成方面进行了引人深思的观察。这两位研究者均认为，许多女性名字采用了指示小型或温柔特质的词尾，与对应的男性名字形成鲜明对比，如 "Ernestina - Ernesto"（埃内斯蒂娜·埃尔乃斯托）、"Leopoldina -

Leopoldo"（利奥波蒂娜·莱奥波尔多）、"Adolfina-Adolfo"（阿道菲娜·阿道夫）等。在英语中也有类似情况，如"Henriette-Henry"（亨丽埃特·亨利）、"Georgette-George"（乔吉特·乔治）、"Pauline-Paul"（珀琳·保罗）等。他们均认为，这些指示小型词尾携带着特定的含义，涉及"小、娇小"等概念，不经意间加强了关于女性的性别刻板印象，将女性视为弱势、孩子般、需要被保护的存在。

值得一提的是，García Meseguer（1996）引用了 Carol Larm 的研究，后者对300 个男性和女性名字在语音水平上的差异进行了深入分析，其研究结果引发了其他研究者的浓厚兴趣。这位研究者的观点总结而言，在英语中，男性名字与女性名字在语音特征上存在显著差异：首先，男性名字倾向于以辅音结尾，而女性名字则多以元音结尾；其次，女性名字通常比男性名字拥有更多音节。García Meseguer（1996）认为，英语中这种男女名字的语音不对称现象，主要是由于许多女性名字在形态上派生自对应的男性名字，通常在原本的男性名字基础上增加了一个或两个音节。

通常情况下，每个人的名字都承载着特殊的意义，以传递其中蕴含的某些特质或品质。然而，随着语言的使用和发展，这些含义逐渐被淡忘，导致很多人对自己名字的起源和内涵一无所知。关于这一问题，胡晓琳（2013）指出，男性和女性名字在语义上也呈现不同内涵，西班牙语中的大多数男性名字，通常带有力量和勇气的含义。举例而言，"Abraham"（亚伯拉罕）是三大一神教历史上的第一位先知；"David"（大卫）则是古代以色列国王，以击败巨人歌利亚而著称；"Alejandro"（亚历杭德罗）则是西方历史上第一位横穿亚洲的皇帝。相比之下，女性名字通常承载着纯洁、优雅、美丽或温顺性格的含义，表现为优秀的妻子和母亲，例如，"Eva"（夏娃）是亚当的妻子，名字意为"生命"；"Diana"（戴安娜）则是罗马神话中月亮女神的名字，意为"美丽"；"Ángela"（安吉拉）意为"纯洁之人"；等等。这种男性和女性名字语义之间的不同，实际上就反映了社会文化对男女期望的差异。

4.2　亲属称谓词

亲属称谓是一类在应用和形式上相对稳定的语言元素，与语言中其他种类的应用形式的多变性不同，亲属称谓常因特定事件不断变迁而去适应新语境的需要。亲属称谓可以被看作一种词汇表，其内容相对固定且难以改变。

正如本书提到的，美国人类学家 Morgan（1871）曾提出了对亲属称谓系统进行分类的第一个系统性方案。该方案基于他收集的来自全球各地的多样样本，并根据这些样本的特征进行分类。根据他的方案，亲属称谓系统通常可以分为两种主要类型，即描述性系统和分类性系统。描述性系统的特点在于其严格区分各种亲属关系，如父系和母系、直系和旁系，同时还考虑辈分和年龄等因素。而分类性系统相对简单，不像描述性系统那样精确，主要区分性别和辈分，不涵盖前述更复杂的特征。在 Morgan 的理论基础上，Georges Murdock 进一步对亲属称谓系统进行详细分类，将其分为六种类型。在这六种系统中，中国社会和西班牙社会分别属于两种截然不同的类型：中国社会被归类为"苏丹系统"，因中国社会中每一位亲戚都拥有特定的称谓；西班牙社会因在某些方面具有描述性特征，同时也采用分类性特征，故被划分为"爱斯基摩系统"。

4.2.1 中国文化方面

在儒家思想的长期影响下，中国社会，特别是汉族社会，形成了以家庭权力为中心的生活模式。这一模式以父权制、父系制度和夫家体系为特征，即将家庭单位组织在丈夫家庭内。因此，在中国家庭中，亲属关系通常分为两种类型："宗亲（或称血亲）""姻亲（或称婚亲）"。根据这一划分，只有父系的亲属被视为"我"的血亲家庭的一部分，而母系的亲属则成为婚亲家庭的一部分。这种社会结构差异，在亲属称谓中就产生了"内外有别"的第一个特征。

分离母亲的亲属称谓与父亲的亲属称谓，反映了对当时的道德准则和儒家教义所确立的男女社会等级关系的尊重。尽管这些古代规定在现代已不再具有正式性，但以血统为基础为亲戚命名的习惯，一直扎根于社会传统之中。因此，这些社会道德规范和规则的不断延续，在社会和个体思维中留下了深刻的烙印，这实际上是多个历史时期的连续影响的产物。以下是一些例证：

父亲的兄弟的子女，无论男女，均被称为"堂亲"，而父亲的姐妹的子女和母亲的兄弟姐妹的子女则一律被称为"表亲"。当考虑下一代时，堂亲的子女分别被称为"侄子"和"侄女"，而表亲的子女则分别被称为"外甥"和"外甥女"。为了更清晰地呈现亲属关系的分类，我们进行了图形化展示，具体如图 4-1 所示。

另一个相似的示例是，父母通常将儿子的子女分别称为"孙子"和"孙女"，而将女儿的子女称为"外孙"和"外孙女"。语言的使用在很大程度上反映了社会和家庭的现实，特别是在中国社会。这些称谓明确传达了中国社会的态度和价值观，这些价值观根植于儒家思想中的等级制度观念，与家庭结构相关：妇女在家庭中被视为"外来成员"，因此，她们常常受制于男性，甚至对于自己

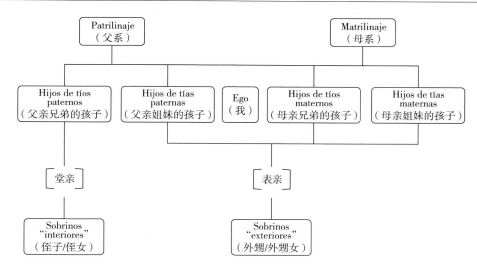

图 4-1　汉语亲属称谓系统

的子女来说，也没有夫家中的子女地位显赫。①

在中国的亲属称谓中，有性别因素存在的第二个特征是，在两性之间分配的称谓数量不对称，即"亲疏不同"。

在中国的亲属称谓中，存在着称谓数量的不对称性，即"亲疏不同"。通常情况下，亲属称谓是对称的，这意味着为男性设定的称谓也会有对应的女性称谓，反之亦然，如"父亲和母亲""儿子和女儿""女婿和儿媳"等。因此，在标准语境下，不存在词汇缺失的现象。然而，有一种语言现象则显示出一个性别的称谓较多，而另一个性别的称谓较少。这种称谓较多的不对称性主要在男性亲属的称谓中存在，这些称谓更加丰富和具有描述性，尤其是在指代血亲关系时。相比之下，用于女性亲属的称谓更为简化和综合，较少强调年龄差异，无论是对年长还是年幼的区分。

举例来说，在与男系亲属互动时，年龄等级的遵守尤为重要，尤其是在与父亲的兄弟姐妹打交道时。当提及父亲兄弟中的长兄时，应使用"伯"及其不同变体，如"伯父""伯伯""大大""大爷"等作为适当的称谓。再有，称呼父亲兄弟中的弟弟，应使用"叔"及其相关变式，如"叔父"或"叔叔"等。然而，无论母亲的兄弟与母亲年龄相比如何，他们都被称为"舅"，而不存在两种不同的称谓，数量上明显有不对称性。为了区分年龄差异，可以添加相应的编号前缀，如"大舅""二舅""三舅""小舅"等。

---

①　特指封建社会。

经过前两点的深入分析，亲属称谓的第三个特征显而易见地凸显出来：分配给女性的亲属称谓相对较少，反映了对女性意识的思想轻视。这一现象在父亲姐姐的称谓"姑"上特别明显。父亲的姐姐与母系亲属一样，被视为家庭中的"外部亲属"，而非"我"的"血亲"家庭成员，这一归类仅因为她们是女性。这种观点也延伸至她们的子女，对于祖父母来讲，"姑"的子女被称为"外孙"和"外孙女"。从我们的视角来看，这一明显的差异反映了在语言中体现的社会性别歧视现象。

关于基于替代变化的亲属称谓，根据 Zhang（2007）的研究，这些称谓通常由女性使用。通常情况下，这些称谓的替代对象一般是男性，如丈夫或儿子。举例来说，女性在称呼丈夫的父母时，往往会站在自己子女的角度，因此往往使用"爷爷"和"奶奶"这样的称谓。这种现象一方面反映了妻子在与公公和公婆互动时表现出的尊重；另一方面正如 Zhang（2007）所指出的那样，也"完美地诠释了女性在婚姻家庭中的谦卑态度和低下地位"。①

通常情况下，丈夫在家庭中被寄予了一种隐含的"中介者"角色，通过他，妻子与家庭中的其他成员建立联系。然而，在中国传统家庭观念中，夫妻之间的这种二元关系通常被认为不足以构成完整的"家"的概念，而需要通过孩子的出生来实现家庭的完整。换句话说，妻子通过生育丈夫的孩子，才能够被纳入丈夫的家庭，并在一定程度上提高她在家庭中的地位。因此，在传统观念中，女性通常替代她们子女的"声音"来称呼公婆，因为这是一种间接的方式，以强调她已经为家庭生育了儿子，从而将家庭延续下去。

这一独特的社会语言现象在汉语另一种亲属称谓中也表现得尤为显著，即基于虚构亲属关系的称呼。Martínez Robles（2011）认为，这一现象备受瞩目，引人入胜。正如田惠刚（1998）和 Zhang（2007）所强调的，这些虚构称呼通常源自父系亲属关系，是这一现象最引人注目的特点之一，也是最不寻常且广泛存在的特征。例如，孩子称呼父母的平辈朋友为"伯伯"或"叔叔"，具体的称呼取决于对方的年龄，与此同时，年长的人（与祖父母同辈）则被尊称为"爷爷"或"奶奶"。而使用母系亲属关系的称呼，如"舅舅""外公""外婆"，来称呼非家庭成员的人的情况则相对较为罕见。

要解释这一现象，首先需要深入了解这些称呼在言语互动中的功能。正如 Zhang（2007）的说法，使用亲属关系的称呼来称呼那些没有血缘关系的人，主要出现在非正式的对话中，其目的是缩小双方之间的社交距离，同时传递对被称呼者的尊重和情感关怀。另外，男性亲属通常被视为"我"的"最为密切亲近"

---

① 特指封建社会，当下女性在婚姻家庭中的地位与男性相当。

"最具权威"和"最有地位"的家庭成员。从这个角度来看，我们便可以更好地理解，为何在这些情境中频繁使用父系亲属关系的称呼。

总结一下，汉语中的亲属称谓让我们能够较真实地观察到两个方面：一方面，它们反映了历经时间沉淀的儒家思想在中国文化中的影响；另一方面，也反映了当今社会中的社会文化和集体意识。从家庭体系来看，更多的关注被放在了父系亲属关系上；从性别和年龄的角度来看，这些称呼表现出对性别和年龄等级制度的高度尊重。

在中国的家庭交往中，存在着独特的亲属称谓，这些称谓被晚辈（通常指年龄较小或地位较低的家庭成员）用来对待长辈（通常指年龄较大或地位较高的家庭成员），以示对年龄和地位的尊重。与之相反，长辈在与晚辈或同辈（同龄或地位相当的家庭成员）交往时，使用的称呼更加多样化，可以包括使用名字或亲昵的方式来称呼对方。

4.2.2　西班牙文化方面

考虑到社会文化坐标，我们聚焦于西班牙语中对一级亲属关系使用的称谓，如父母、祖父母、叔叔阿姨、兄弟姐妹、侄子侄女、堂兄弟姐妹和表兄弟姐妹。正如前文提到的，西班牙语中的亲属称谓系统与爱斯基摩（esquimal）系统相对应，相对于中国的苏丹系统，爱斯基摩系统在描述亲属关系时受限更多。此外，在西班牙社会中，没有建立严格的性别和年龄等级体系，与中国社会不同。因此，亲属之间的关系在某种程度上更加轻松和平等。这种平等的亲属关系体现在成员之间的称呼通常更具形式上的对称性。总的来说，女性通常使用更富有情感的形式，如爱称或昵称；而男性在家庭甚至在与同事交往时，通常使用绰号。这是因为男性之间的互动，通常在日常交谈中更具轻松性；而女性之间的互动，通常围绕更亲密和情感丰富的话题展开。因此，深入研究这些数据是非常有趣的。

在家庭环境中，通常存在多种用于称呼亲属的方式，这些方式可以根据两个主要方面进行分类：一是年长辈分对年幼辈分的称呼；二是年幼辈分对年长辈分的称呼。

父母对子女的称呼可以采用不同的形式，如名字、情感昵称、昵称等。以下是一些常见的方式：使用名字或昵称，例如，"Patricia/Patri"（帕特里西娅/帕特里，意为"小帕特里西娅"）。使用"儿子/女儿"这些词，有时会加上所有格代词以强调家庭成员的身份："mi hijo/ja"。如果没有所有格代词，通常会使用一些比喻的短语，如"hijo de mi vida"（我毕生所爱的孩子）、"de mi alma"（我灵魂深处所爱的孩子）等。还有一种常见的方式是使用"cariño"（亲爱的）这个称呼，尽管现今已经普遍用于年青一代之间的互称。此外，还有一些形式将名字与前述的称呼结合在一起，例如，"Patricia，cariño"（亲爱的帕特里西娅）或"Diego，hijo"（迪亚哥，我的孩子）；也可以将昵称与其他称呼相结合，如"Patri，cariño""Patri，hija"等。

相对于父母对子女使用的多样化称呼，子女对父母的称呼方式则相对有限。在父母与子女之间的关系中，子女通常使用早期学习的直系亲属关系称呼，这些称呼通常表达了亲缘关系，例如"papá"（爸爸）和"mamá"（妈妈），或他/她们的昵称，如"papi"（爸比）和"mami"（妈咪）。然而，这些昵称在青少年时期通常不再使用，因为其在社会中被视为一种幼稚的表现。尽管如此，女性更有可能在成年后保留带有情感色彩的父母称呼或昵称，如"pap（a）íto"（小爸爸）和"mam（a）íta"（小妈妈）、"abuelito"（爷爷）和"abuelita"（奶奶）、"tito"（叔叔）和"tita"（阿姨）等。在若干年前，通常使用更为正式和尊重的称呼，如"父亲、母亲"，但随着家庭关系的放松，各家庭成员之间的地位逐渐平等化，称呼方式也随之演变。因此，许多子女使用名字或情感昵称来称呼父母，如"viejo/a"（老头/老太太），这在西班牙语家庭交流中很常见。

4.3　地域民族、头衔和职业称谓词

本节将重点探讨 Alonso-Cortés（1999）所分的三种词汇类型：称号、职称和地域民族称谓词。这三种词汇主要在社会互动中用作称呼语。

4.3.1　中国文化方面

关于地域民族称谓词的研究在标准汉语中相对有限，特别是在与实际称呼语的语用关系方面。因此，与性别因素相关的地域民族称谓词的使用变得更加具有挑战性。鉴于缺乏相关文献，我们将仅探讨一些在汉语中广泛使用的示例，并分析其在语言交际中的相关性。

在这一领域，鉴于目前尚未构建相关语料库的局限，我们选取一些具体地名作为范例，这些地名常被用作称呼语。这些地名通常反映在姓氏或名字中，如"齐""鲁""晋""秦""赵"等，或以地域为特征，如"鲁豫""粤明""齐秦"等。

这些地域民族称谓词通常与特定地域或家族背景相关联，常用于交际中，用于指代或询问个体的背景或起源。然而，性别因素与这些地域民族称谓词的研究仍未深入，因此需要进一步的研究来了解它们与性别和社交互动之间的相互关系。

值得注意的是，与西班牙语中的地域民族称谓词不同，汉语中的专有名词或地域民族称谓词通常以特定方式构建。这些词汇通常可以与其他语言元素结合，在特定语境下用作称呼语。例如，"小广东""小四川""小东北""小河南""小山东"等。这些表达通常由前缀"小"与省份地名或地区名（如"广东""四川""东北""河南"和"山东"）组成。它们通常用于特定情境，作为互相不太熟悉的对话参与者之间的绰号或昵称，尤其是当年长一方对对方的出生地和年龄等信息不完全了解，同时发话者与受话者在社会地位上又存在一定差距时。因此，这些称呼语的使用呈现出不对称性，通常由地位较高的对话参与者使用。还有一个明显的例子是客户与店员之间的交往。根据我们在该领域的观察，这种类型的称呼语在男性之间更为常见，因为它们通常具有一些诙谐和幽默成分，而这在男性之间的对话中非常受欢迎。另外，正如我们在前文指出的，男性对于与对方不太相关的信息表现出较少的兴趣。

在中国社会的沟通交流过程中，使用头衔和职业名称作为直接称呼的元素，那么性别因素可能就不像社会地位或年龄等其他因素那样重要。在最为正式的情境中，一般情况下，两位交谈者会相互使用头衔，而不太考虑年龄或性别。在不那么正式的情境中，称呼通常会根据交谈者之间的亲近程度来选择，可以采用以下形式或短语：T（头衔）、AT（姓氏+头衔）、NT（名字+头衔）、NP（名字）甚至 AP（绰号）等。通常情况下，只有社会地位较高的交谈者可以自由选择这些形式，而地位较低的交谈者，尽管双方之间可能存在一定的信任，通常不应使用最后两种形式（NP 和 AP）作为称呼方式。

尽管如此，我们必须承认性别因素在这一语言现象中也发挥了重要作用。在汉语中，女性并非在所有情境下都有合适的称呼形式。例如，在街头，对于陌生的成年男性，礼貌的称呼可以采用"先生"；然而，对于陌生的成年女性，要找到一个合适的称呼则并不容易，因为在这一用法上既没有官方的一致规范，也没有民间的普遍的通用方式。如胡晓琳（2013）所言，这一情况在词汇使用上造成了一种空白。

在现实生活中，的确存在多种用于女性的称谓，类似于"先生"，可在各种情境下充当通用的礼貌称谓，诸如"女士""小姐""夫人""太太"和"美女"等。然而，这些用于女性的称谓都受到各自的使用限制。例如，"女士"最适用于已婚女性，而"小姐"则适用于未婚女性（需要谨慎使用，因在中国社会中它还可能带有特定的贬义，故在使用时需根据场景和对象酌情而用）。而"夫人"和"太太"则仅适用于已婚女性。此外，"美女"一词主要适用于年轻女性。

然而，令人关注的是，有一个称谓词成为了例外，为女性赋予了足够的尊重和褒奖，那就是"先生"一词。这个称谓在某些情况下同样适用于女性，尤其是那些在学术或社会文化领域做出重要贡献的女性。从中可以窥见中国女性地位的提高和社会的文明进步。

　　在这一研究领域中存在一些词汇缺失现象，表现为男性词汇与女性词汇形式上的不相对应。例如，汉语里称呼教师（无论性别）时，通常使用"师傅"或"老师"。在教师是男性的情况下，可以使用"师母"或"师娘"来称呼他们的妻子；然而当教师是女性时，却没有相应的称谓用于称呼她们的丈夫，这是一个"男性词汇缺失"的案例。根据中国教育部 2015 年《中国教育统计年鉴》的数据，中国高等学校中，专任女教师的比例从 37.35% 提升至 48.62%，这反映出新时代中国女性地位的日益提高，女性已逐步走上社会舞台的中心。然而，在飞速发展的新时代，为何仍存在这种词汇缺失现象呢？原因在于，传统上教师职业主要由男性从事，同时受根深蒂固的封建观念、传统家庭的性别差异以及历史文化的惯性发展等因素的影响。据此，上述提到的词汇缺失现象，可以说一定程度上反映了社会发展与文化繁荣的局限。

　　除前述示例外，关于头衔和职业名称的大多数术语在作为称呼时通常忽略性别因素。换言之，在社交和正式语境中，称呼他人的头衔时，社会地位和年龄通常比性别更重要。然而，正如前文所提到的，社会语言学研究中存在一些情境，性别差异更为显著，反映了不同性别的社会期望。因此，可以说，男性和女性分别作为发话者时，通常会表现出各自的社会刻板特征。在接下来的章节中，我们将通过调查结果来支持这些论点，并分析可能在性别方面存在差异的因素。

4.3.2　西班牙文化方面

　　与汉语相类似，西班牙语中的地域民族称谓词通常并非用于日常互动的称呼或礼貌用语中，至少不是频繁使用的。这些词汇通常源自地名，可以出现在姓氏中，如"Sevilla"（塞维利亚）、"Toledo"（托莱多）、"Zamora"（萨莫拉）等；或名字中，如"Triana"（特里亚纳）、"Macarena"（马卡里娜）、"África"（埃弗利卡）、"América"（艾美莉卡）等。有些地名甚至演变成姓氏，如"Navarro"（纳瓦拉的居民）、"Gallego"（加利西亚的居民）、"Bejarano"（贝哈尔的居民）等。这些地域民族称谓词可以在一些特殊场合用作特征性的称呼，如"gaditano"（卡迪斯的）、"catalán"（加泰罗尼亚的）等，有时也作为朋友聚会中的幽默昵称。此外，西班牙语中，通过地名来指代第三人是非常常见的，也就是使用对方的出生地来称呼某人，例如，"el otro día hablé con el gallego"（前几天我和那个加利西亚人交谈过）。然而，当发话者与对方直接交谈，且与双方没有亲近关系时，这种语言现象可能显得失礼。地域民族称谓词的另一种用法，作为称呼词也可以在正式和非正式的语境中找到，它们甚至可以在政治语境中作为集体称呼，例如，"todos los sevillanos han mostrado su acuerdo mediante voto"（所有塞维利亚人都通过投票表达了他们的同意）"。

西班牙语地域民族称谓词有多种后缀形式，例如，"-aco：austríaco"（奥地利人）、"-ano：murciano"（穆尔西亚人）、"-eno/-ena：chileno"（智利人）、"-damasceno"（大马士革人）、"-ense：jienense"（哈恩人）、"-eño：extremeño"（埃斯特雷梅尼奥人）、"-eo：europeo"（欧洲人）、"-és：aragonés"（阿拉贡人）、"-í：iraní"（伊朗人）、"-ino：granadino"（格拉纳达人）、"-san-juanino"（圣胡安人）等，因此西班牙语地域民族称谓词的系统非常复杂，甚至"居民和担任代表职务的人经常完全不知道适用于他们的地域民族称谓词"（De la Torre，2005）。在这方面，我们可以看出，那些地域民族称谓词已经变得非常流行，以至于它们在西班牙语中的使用变得非常广泛，它们的起源不再是其特征的标志，而开始被赋予其他含义。例如，"galán"（帅哥）一词，如今它可以用作称呼："¿Dónde vas，galán？"（你去哪里，帅哥？）。可能大多数西班牙人并不知道这个词汇的起源：它是指西班牙城市 Ciudad Real 省的 La Solana 地区（卡斯蒂利亚-拉曼查自治区）的居民，被称为"galanes"（卡拉尼亚斯人），但不妨碍西班牙人在日常生活中使用它。

关于头衔和职业名称，它们在西班牙语中通常用作言语行为中的称呼，包括职业头衔，例如，"profesor"（老师）、"doctor"（医生）、"director"（导演）、"presidente"（主席）等，还有礼貌头衔，例如，"señor/a"（先生/女士）、"señorita"（小姐）、"don"（先生）、"doña"（太太）等，以及尊敬头衔。在众多情境下，选择使用头衔和职业名称作为称呼，会受对话情境和双方社会地位的偏好所影响。鉴于在本书第 2 章中已经对西班牙语礼貌用语的使用进行了简要分析，我们认为这一议题仍值得进行更深入和更详细的研究。但限于本书篇幅，在此，我们将专注分析西班牙语中的礼貌用语形式中存在的性别不对称情况。

正如我们在汉语中所提到的，根据女性的婚姻状况来确定如何称呼她，是一种"几乎在所有文化中都普遍存在的现象"（García Meseguer，1996），因此在多种语言中都有相应的体现。与汉语类似，这种现象在西班牙语中表现出来，主要体现在使用礼貌称呼"先生"与"女士/小姐"之间的不对称性上。具体而言，无论男性的婚姻状况如何，都会被称作"先生"，而女性的称呼则根据其是否已婚，或相对于绝对年龄来区分。值得注意的是，虽然西班牙皇家语言学院（DLE）仍然将"señorita"定义为"用于未婚女性的礼貌称呼"，但如今在日常交流中已不再频繁使用它，因为它可能会"引起许多女性的不悦"（García Meseguer，1996）。近年来，许多女性开始认为"女士还是小姐"的问题是具有冒犯性质的，而在过去，这个问题被视为一种礼貌的表达方式（García Meseguer，1996）。例如，关于该术语的使用，国会宪法委员会前主席 Alfonso Guerra 曾面临一场争议，并不得不因在公开场合使用了这个据称是有性别歧视含义的术语而道歉，这表明这个词汇已经演化为具有贬义的表达，取而代之的是其他不带贬义的称呼方式。

此外，当涉及已婚女性时，通常采用第三人称称呼，这是因为这些称呼很少被用来直接称呼，而通常与以表达"她们与男性的从属关系"为特点的词组（胡晓琳，2013）结合使用。例如，"mujer"（女人）、"esposa"（妻子）、"señora"（女士）、"viuda"（寡妇）等词汇，经常与介词"de"相连，传达着"已婚女性与男性的从属关系"的含义，以下是相关例子："Me llevo muy bien con la mujer del vecino"（我和邻居的妻子相处得很好）、"la póliza cubre a los trabajadores，a sus esposas y demás dependientes"（该保单覆盖了工人及其妻子和其他受养人）、"la señora de Gutiérrez manifestó su disconformidad con el presupuesto presentado"（古铁雷斯夫人对提交的预算表示不满）等。

除了一些正式的行政文件，如合同、申请、学位证书等，以及在正式场合，如法庭审判、官方委任等，仍可能继续使用 Don 和 Doña 这两个称呼外，这两个称呼连同名字一起使用的用法在现代西班牙语中已经逐渐过时。大约二十年前，这些称呼仍然相当常见，通常用于那些担任高级职务、传统上被认为值得尊敬，或者用于与之没有亲近关系的人身上。总之，这些称呼被用于标明社会地位，通常仅用于社会地位较高的人身上。Álvarez Alfredo（2005）指出，Sr. D.（即"Señor don"）通常用于以第三人称提及某人（而不是用作直接称呼），在当前已提到的各种上下文中也是如此。同样，它也用于书信的抬头和邮寄地址中，在这方面，女性对应的称呼"doña"也有相同的用法。然而，这两个称呼直至现在也没有对等的用法。Beinhauer（1973）指出，在西班牙，"don"被看作是一种既表示尊敬又带有亲近感的主观评价，而"doña"则一直包含了一定程度的疏离感，并在某些上下文中具有贬义，意思是"独断和严格"。当今这两个称呼正在逐渐淡出，并且对应女性的这一称呼淡出得更早，这是因为现代社会，对于具有明显社会地位内涵的词汇通常持保留态度。

4.4　亲昵称呼词

在本书中，所谓的"亲昵称呼词"，指的是在对话中用以隐含亲密关系的词汇。正如 Álvarez Alfredo（2005）所强调的，这些称呼词不仅用于标明对话对象，还承载着说话者对其交流对象的喜好或反感之情。Beinhauer（1973）将这些称呼词描述为表达好感和反感的呼喊词，与本书中的呼喊词功能有所不同，后者的主要任务在于吸引和确保交流对象的注意。

值得强调的是，在将亲昵称呼词用作呼喊时，性别差异不再是一个决定性因素，因此在使用时无须区分性别，这是因为情感意图通常会中性化性别差异。从这个角度出发，更加适宜的方法是观察这两种语言中最常见的亲昵称呼词的不同之处，以凸显各自文化在这方面的特色。

4.4.1 中国文化方面

与以西班牙语为母语的人通常表现出的开放和热情不同，以汉语为母语的人通常更加内向和冷静。中国社会自古以来一直被视为具有集体主义国家文化的特征，强调群体的利益高于个体的利益。换句话说，中西两种文化在这个方面存在明显的差异，因为中国文化一直秉持其传统的"国家利益""集体主义"观念，与西方文化中的"个人主义"形成鲜明对比。因此，中国人通常非常关注个人工作、生活的群体以及他人的反应，关心他人的言行和看法，同时非常重视人际关系，包括个体与集体之间的关系以及由此产生的紧密互动。根据传统观念，中国人对集体归属感情深厚，个人价值观已根深蒂固，因此更趋向内向和保守。此外，更多的中国人，特别是在成年和老年时，将儒家思想中的一些原则视为自己的生活理念，如"中庸之道"，这是一种集体思维，具有内向、和平和宁静的特征，被看作是行为和生活的准则，因此，中国人在表达情感方面更加保守。一个有趣的例子是关于幸福的概念，通常用"心中开花"的比喻来表达，这也反映在流行的成语"心花怒放"中，意思是像心中绽放的花一样高兴。根据 Yu（2009）的观点，这一概念反映了中国文化与西方文化之间的差异，中国文化更加内向和深刻，而西方文化更加外向和表面。总体而言，中国的交际者在表达思想和情感方面更为内向，因此在日常生活中使用的亲昵称呼词汇相对较少。所有这些微妙的文化差异，解释了每种语言中的文化差异，这些语言与其使用者所处的社会现实密切相关，相互交织在一起。

事实证明，随着与某人的亲近程度或情感联系增强，人们通常会更频繁地使用亲昵词汇，如对父母、子女、伴侣等。这一现象已经得到广泛认可。有趣的是，随着信任关系的更进一步建立，人们特别增加了使用具有冒犯性质的亲昵词汇的频率（Beinhauer，1973），这是因为可以由此观察、衡量与对话伙伴的关系是否足够坚固和持久，对方是否能够容忍这种带有调侃甚至"不尊重"的用词。在这方面，中国文化的特点与西班牙文化相一致，因为中国人在对话交流中也同样使用更多具有贬义特征的词汇，而不是全部使用褒义特征的词汇来表达情感。从性别角度来看，女性通常比男性更倾向于使用这种方式。这些亲昵词汇通常涉及笨拙或天真等特征。另外，亚洲社会通常期望女性在社交互动中表现得更温和亲切，因此，亲昵词汇通常在与女性的亲昵互动中更为常见，以凸显女性的特质，如温和或甜美。与此同时，大多数女性还比较倾向于接受社会赋予的这种女性形象，这意味着女性对这些亲昵词汇的使用与男性使用的形式之间存在很高的一致性。

4.4.2 西班牙文化方面

关于西班牙语中的情感术语使用，我们的目标是简要概述西班牙语使用者在这个领域的一般特征，以与汉语使用者区分开来，尽管不希望过于绝对。因此，我们不会深入探讨这些术语的具体用法，因为这将牵涉更广泛的研究领域。

通过比较这两种语言，我们可以得出结论：西班牙语中的情感词汇更加多样，适用的语境也更加广泛和多样化，因为它们与家人、朋友、邻居甚至陌生人之间的交往中多有使用。在这一语境下，性别并不是这些词汇使用的关键因素。我们可以认为社会文化因素起主导作用，特别是年青一代更广泛和富有创意地使用一般情感词汇，相对于年长一代，他们更愿意表达自己的情感。值得强调的是，这种语言上的平等是建立在过去几十年中在两性之间树立的平等观念的坚实的基础之上的。

另外，如前文所述，亲昵词汇通常涉及一系列正面或负面的品质或属性，虽然这些品质或属性并非其通用含义，而是在情感意图中赋予它们一种新的编码含义。换句话说，只有那些特定地使用这些词汇的人才能真正理解它们的含义。然而，在西班牙语中也存在一些通用且广泛传播的词汇，这些词汇的范式通常可以分为以下两个方面：一方面涵盖了那些凸显积极品质的词汇，其中包括形容漂亮外貌的词汇，如"帅"和"美"等；与天体运行相关的词汇，如"珍宝""星星"和"太阳"等；表示生命的名词，如"心"和"生命"等。此外，还包括表达崇敬、感激或爱意的短语，如"我的宝贝""我的一切"等。另一方面还有一些涉及负面含义的词汇，虽然在社交语境中的使用可能带有冒犯性，但在夫妻关系或亲密友情中，特别是在年轻女性之间，这些词汇被当作亲昵的称呼，包括"胖""瘦""丑"等。

不同的称呼使用涉及社会语言变量，包括社会地位、地域差异和语境差异。例如，在工作环境中，员工使用非正式的词汇，如"chiquillo, niño"（小孩儿）来称呼老板，可能会被视为不礼貌甚至会感到被冒犯。因此，这些词汇通常在非正式社交环境中使用，或者在更亲密的关系中频繁使用。

我们在研究中还发现了另一个有趣而常见的现象，即在当今时代的中国文化与西班牙文化中，年轻人可能以亲昵的方式或使用绰号去称呼年长的人，例如，"viejo——老头儿""gordi——胖子"等，尤其是孩子称呼父母。这种称呼方式甚至可以在社交场合中公开使用，不考虑其他人在不在场以及他们的反应。这就表明，亲昵称呼词会随着社会的更加开放、包容而更加趋向丰富多样。

第5章 对比性调查研究

在前文我们从接受者的视角简要分析了性别变量影响下的称谓形式，重点讨论了称谓范式的特征，即对被动称谓能力的研究（Bañón Hernández，1993）。本章将从发话者的角度出发，关注男性和女性主动使用的称谓，即主动称谓能力。为了实现这一目标，我们将采用对比调查的方法，研究称谓的使用与社会因素（如年龄、性别以及受教育水平）之间的关系，探讨与这种方法相关的一般特点和本书设定的具体研究目标。

5.1 研究的基本特征

在称呼语的研究中，我们强调了从多个角度全面考察的重要性。称谓作为一种语言学研究对象，在语用学和话语分析领域具有密切的关联性，涉及言语礼貌问题，与对语言互动行为的深入分析相关。具体称谓形式的使用不仅有助于增强陈述的表达能力，还有助于更好地维护人际关系。称谓的研究跨足多个语言学层面：在音韵和语音学方面，通过语气和音色，称谓提供了关于发话者对受话者态度的非语言信息，如情感表达、冷漠或亲情等；在形态学层面，不同语言家族存在着各自的适用范式；在词汇语义学领域，在社会因素影响下，称谓传递了发话者和受话者在社会语境中的不同地位；在句法层面，称谓作为句子的独立成分，可以出现在不同位置，其位置差异也导致不同信息的传达；在社会文化层面，它与语言规范和社会规范密切相关，影响着特定社会交际互动。最重要的是，称谓通过语言反映社会现实。

在进行量化分析时，我们必须明确研究的目标。同时还必须考虑到，量化分析使用称谓可能具有多种不同的目的，比如，创建具体用途的词典、研究特定语言现象中的词频、新词研究、自动翻译、言语行为研究（语用学）等。因此，研究目标将决定我们研究什么内容以及获取数据的方法。

实际上，对称谓的形式或用法的研究探讨已有不少。这些研究多侧重于分析这些语言现象在特定社区中的特征，来确定其在语义和语用层面上的特点，很少有研究对来自两个或更多不同语言社区的称谓用法进行对比，更不用说那些以相当"复杂"的方式来分析性别因素的研究了。我们之所以要探讨这个问题，而不是像一些语言学家一样拒绝这一观点，是因为性别认同对于理解人们的语言行为至关重要。通过研究语言与性别之间的关系，我们希望能够在接下来的研究中提出这些因素之间的直接联系。另外，称谓是建立和维护人际联系的基本工具（Cantamutto，2013）。因此，它在男性和女性的语言行为中自然而然地发挥作用，并为分析言语互动中的各种语用和社会文化现象提供了丰富的素材。

我们研究的最终目标是进行跨文化比较，通过量化分析比较西班牙社会和中国社会中称谓的使用情况。为了实现这一目标，我们的研究将从两个方面入手：

首先，我们将验证在这两个不同语言社区中，男性和女性是否遵循"语言信仰"（Calero，2007），并考察性别在这两个社会中所扮演的角色是否相似。换句话说，我们将探究男性和女性在使用称谓方面的相似性，以及他们是否在语言使用上遵循相似的规范。

其次，我们将研究是否存在除性别之外的其他社会语言学因素，可能会影响两个社会对称谓的使用和接受。我们将深入观察这些潜在的因素，以更全面地理解称谓在不同社会背景下的使用情况。

通过这两个方面的研究，我们旨在揭示不同语言社区之间的异同，以及语言中性别和其他社会语言学因素在称谓使用中的作用。这将为我们提供更深入的洞察，并有助于理解称谓现象的更广泛背景。

Medina Morales（2010）指出，关于量化分析称谓形式，有三种方法：

（1）向特定的言语群体发放调查问卷。

（2）研究历史文本（文学作品、语法书、私人信件等）。

（3）分析广告媒体的不同领域（包括印刷和数字广告、电视和广播采访等）。

这三种方法虽然都是用来研究称谓的形式和用法，但侧重点却有所不同。正如 Song（2015）提出的：

第一种方法，通常是从跨社会、跨语境和跨地理区域的视角，用于研究目前的某一特定言语社群（如青少年、成年人或情侣之间）称谓形式和用法。

第二种方法，通常是从不同文本中分析特定时期的称谓形式和用法，尽管研究角度通常是历史的。

第三种方法，通常用于研究专业语境中的称谓形式和用法，如广告传播中

"tú"（你）和 "usted"（您）的使用，作为一种风格和说服策略，用于广播广告和宣传性演讲中等（Moreno Fernández，1990）。

就方法论而言，没有一种技术或方法论一定比其他的更优越，因为选择一种技术或方法应取决于所研究现象的性质（Moreno Fernández，1990）。比较上述三种方法，考虑到本书旨在对比分析西班牙和中国称谓形式的使用，我们认为第一种方法——调查，最适合用于研究此现象。通过设计不同的问题来呈现不同的方面，以明确而简洁的方式对称谓形式进行对比，从而揭示两个国家使用形式的异同。

此外，选择使用调查的方式实现研究目标还在于，我们需要观察男性和女性在称谓使用方式以及对这些语言行为的态度方面的异同，这需要让他们置身于相同的交际背景或使用语境中，以更好地理解每个个体在考虑其性别认同的情境下做出的反应。这也解释了我们为什么放弃了其他技术和方法，如对电视节目或电影剧集等进行定量分析。

值得强调的是，在进行称谓形式的定量分析时，我们面临了一个现实情境，即分析方法或框架的选择。我们首先考虑了不同研究小组的各种研究项目，如 Val. Es. Co（由 Antonio Briz 负责）、语言学中的论证和说服（由 Catalina Fuentes 负责）、Es. Vag（由 Marta Albelda Marco 负责）、LIVAC（由周佳彦负责）等。这些项目旨在分析真实对话的语音数据库或语料库，其记录来自日常情境。然而，我们注意到，虽然我们在已有的语料库中查询了与语用和话语水平相关的不同类别的资料，但却未找到一个专门用于称谓形式或称谓研究的材料，因为尚未制定出专门用于这一研究目的的语料库。此外，尽管我们在现有的语料库中寻找了称谓的使用情况，但并未获得理想的结果，因为在真实对话中，这一要素通常被忽略。性别视角是我们研究中的一个至关重要的参数。因此，这给比较并分析两个不同语言社群中男性和女性对称谓形式的使用带来了很大的挑战与困难。

我们认为使用这种方法虽有一定的优势，但也存在一些明显的局限性：

首先，这种方法的一个明显不足在于，受访者的表现可能不够自然。这是因为该方法为受访者提供了一种构建的、理想化的交际环境，而不是真实的对话情境。因此，我们必须考虑到受访者对问题的回答可能不完全忠实于实际对话情境，正如 Song（2015）所指出的那样。

其次，正如 Paredes（2010）所强调的，这种方法可能导致一种"去情境化"的现象。从两个角度来看，一方面，受访者可能会在执行过程中错误地解释调查中的某些内容，如模棱两可或复杂的问题、难以解释的图表等，这可能导致混淆；另一方面，受访者必须以客观的方式解释结果，但这个过程很复杂，可能导致相对主观的解释，这对研究者来说是难以量化分析的。

当然，按照 Paredes 的说法，这些局限并不能降低调查的价值，因为，"显然，随着技术、方法和观点的范围扩大，对现实的了解也更加全面"。

为了尽量减轻或克服这些局限性，我们的调查进行得非常谨慎，我们尽可能详尽地向受访者解释真实意图和要达到的目标，并要求他们如实回答。我们相信他们的回答是真诚的。

5.2　调查设计

在确定了量化研究的方法后，我们需要着重关注调查设计，这是本章节的核心内容。调查设计需要综合考虑多个方面。这里我们引用 Paredes 的话语作为我们调查设计的指南，他说："只要调查问卷能够在与研究对象的实际情境相适应的同时，考虑到社会结构和语言背景，那么它最终将具有实际价值。"

正如之前所提到的，我们研究的对象是两个截然不同社会文化背景下的语言使用者，即中国和西班牙的个体在称呼方式上的表现，因此，我们的调查设计以比较两种不同文化中的不同语言情境和社会结构为基础展开。

考虑到称呼方式的使用是一种语言机制，通常由来自两个不同文化背景下的男性和女性受访者惯用，因此研究中提到的范式将帮助我们清晰地确定每个社会中最常用的称呼方式的类别或词汇。从这一角度出发，研究的焦点进一步集中在了两个不同的类别上：名词短语和代词短语，它们代表了通常的称呼方式的功能。

另外，为了确保设计的问题符合语言现实，我们考虑到受访者通常与他们的交流对象的关系，划分出三个主要的使用领域：家庭领域、社交关系领域和职业领域。同时，为了让这项调查能够反映出影响称呼方式使用的因素，如不同的交流背景、情绪状态，以及不同的交际策略等，我们还根据两种不同文化的现实和特点，设计了不同类型的问题。这些问题以相同或不同的方式分布在两个调查模型中。

（1）在西班牙文化和中国文化中，存在以下问题：

在家庭、社交以及职业领域，您更倾向于使用"tú"（你）还是"usted"（您）来称呼与您交往的人？

除了"您"和"你"之外，在家庭、社交以及职业领域，您还会采用哪些称呼方式来与您的交流对象互动？

在亲密关系中，您是否使用与您在调查中回答的相同的称呼方式？

当您与您的伴侣生气时，您倾向于以何种方式与他或她互动？您会选择亲密关系中的方式、社交方式，还是其他方式？

为了更好地融合语言现实和每个社会的社会文化结构，我们对问题的设计和定义进行了一些调整。例如，在家庭领域的调查问题中，我们在尊重文化逻辑的前提下，适度减少了涉及中国亲属关系的术语的数量，将其数量减少到了 18 个，以更好地适应中国调查。在第四个问题中，考虑到并非所有的职业和职务都在中国社会普遍存在，如"牧师""修女"，因此我们对其进行了调整，使其包括更符合中国社会现实的职业，如政府管理人员。

研究中还添加两组与西班牙和中国的社会文化环境更相关的问题。例如，为了深入了解姓氏排序或设置问题在语言现实中的体现，我们提出了以下问题：

（2）在西班牙的调查中，将涉及以下问题：

在您的家庭中，您是如何安排姓氏的？

您是否赞同这个排序方式？为什么？

（3）在中国的调查中，以下问题将被提出：

您对"孩子只能继承父姓"的观点有何看法？

在确定受访者的特征时，我们采用了 PRESEEA 的方法框架。这种方法框架的显著特点在于提供了按固定配额分布的样本，该分布覆盖了最基本和最一致的社会变量，从而有助于随后在同一样本的内部和不同样本之间进行统计比较（Moreno Fernández, 2003）。根据这一方法，社会群体或群体，即"相对宇宙"，被划分为各种"子人口、层或配额"，并为它们分配相同数量的受访者，以确保涵盖语言社群中存在的所有可能的社会语言模式。

遵循 PRESEEA 的方法指导，我们的调查配额是根据三个社会变量确定的：性别（男性和女性）、年龄（16~30 岁、31~54 岁、55 岁及以上）和受教育水平（基本——职业培训/高中，中等——ESO 即中等教育毕业生，高等——大学）。根据 PRESEEA 的分类，结合我们的研究视角，为了使受教育水平和受教育程度相当，我们选择将职业培训和高中列为同一级别，而社会公认的本科和研究生学历则列为高等教育，因为它们在学校年限上明显超出了中等教育。

值得指出的是，在年龄和受教育水平分层方面，我们并未严格奉行 PRESEEA 方法。我们认为，应当根据两个社会的不同语言实际情况调整我们的调查分层。因此，我们对年龄范围进行了一些修改，将第一年龄层的起点提前了四年，从 20 岁提前到 16 岁；将第二年龄层提前了四年，从 35 岁提前到 31 岁。这一调整的背后，一方面是因为无论在中国还是西班牙，根据社会文化或心理社会定义，青年期通常被认为在 25 岁时已经结束；另一方面随着社会的进步与发展，中国与西班牙两个国家的青年期年龄范围都已扩大至 30 岁。因此，我们采用了中国与西班牙都能接受的社会文化年龄段，将受访者分入此年龄范围内进行社会分层。无论从社会学还是心理学角度来看，处于 30 岁青年期的中国与西班牙的年轻人，都具备了承担重要社会责任的能力。

关于样本规模，本书采用了 PRESEEA 方法进行分配。具体分配如下：对于每个年龄段和每个受教育水平的人，我们分别选取了 3 名女性和 3 名男性受访者。因此，通过将所有进入分析语料库的参数（或因素）相乘我们得到，在中国和西班牙两个社会语言社群中受访者的数量为：（3 名受访者×2 种性别）×3（不同年龄范围）×3（不同受教育水平）= 54 人。这意味着在这两个社会语言社群中，共有 27 名女性和 27 名男性受访者，他们分布在三个年龄段（每组 18 人）和三个受教育水平上（每个水平 18 人），共计 108 名受访者参与问卷调查。这一分布可以通过表 5-1 予以表现。

表 5-1　对比调查的配额抽样　　　　　　　　　　　　　　　单位：人

RE/年龄范围 NI/受教育水平	16~30 años （16~30 岁）	31~54 años （31~54 岁）	Más de 55 （55 岁及以上）	Cantidad （总数）
Nivel básico （基本水平）	3 mujeres（3 女）	3 mujeres（3 女）	3 mujeres（3 女）	18
	3 hombres（3 男）	3 hombres（3 男）	3 hombres（3 男）	
Nivel medio （中等水平）	3 mujeres（3 女）	3 mujeres（3 女）	3 mujeres（3 女）	18
	3 hombres（3 男）	3 hombres（3 男）	3 hombres（3 男）	
Nivel superior （高等水平）	3 mujeres（3 女）	3 mujeres（3 女）	3 mujeres（3 女）	18
	3 hombres（3 男）	3 hombres（3 男）	3 hombres（3 男）	
Total（总计）	27 mujeres（27 女）			54
	27 hombres（27 男）			

5.3　数据处理

数据处理阶段旨在从不同的数据收集来源中提取意义深远的信息。

首先，我们进行数据提取。所有呈现在书中的数据均来源于面对面调查，由研究人员在分发至受访者并进行填写的过程中收集。

其次，进行分类、汇总和排序。我们按照性别、年龄和受教育程度等参数，对所获信息进行分类，并将相似信息进行汇总。在此过程中结合包含的因素对数据进行排序，例如，组织语料库，集合具有相同功能的术语（如"您"或"你"），以便进行不同用法的比较。

最后，进行数据分析和呈现。本书将研究结果通过不同的图形进行展示，以支持本书的结论和发现。

第6章 数据分析

关于数据分析，本书进行了百分比计算，以反映各种使用变量，其中，性别是主要考量因素。我们将数据分析建立在年龄和受教育水平两个关键轴上，并以这些变量为基础，采集调查对象（每种文化各 54 人）在语法表达方面的信息。百分比结果被用来制作各种图表，以支持每一项分析结论。

6.1 西班牙语中的称呼语词汇使用分析

让我们明确受访者样本的构成：受访者共计 54 名，其中包括 27 名男性和 27 名女性，主要来自西班牙塞维利亚省。值得注意的是，这一样本涵盖了不同的地理方言使用者，包括阿斯图里亚斯方言和马德里方言的使用者。

我们的数据分析围绕三个关键方面展开：第二人称代词的使用、称呼形式和态度问题。这些方面与三个社会语言学因素相互关联，即性别、年龄和受教育水平。其中，性别是研究中的主要考察变量，因为不同词汇的使用取决于社会对性别角色的不同理解。

6.1.1 代词式称呼语

在本书中，我们汇总了构成称呼范例的最常用形式。这些形式在中西两种语言的受访者中被广泛使用，这为我们提供了比较研究的基础。我们对第二人称代词（T/V）进行了详细分析。这些代词用于不同语境中，以明示社会等级差异。我们关注了三种主要情境，即家庭、社交和职业，因为这些情境中的称呼方式涉及已经提到的性别、年龄和受教育水平等不同参数。

6.1.1.1 家庭环境

总体来看，在家庭环境中，大多数西班牙语受访者主要使用第二人称的称呼形式"tú"（你），这种形式表示亲近和亲密，相对于"usted"（您），后者更多用于标志社会等级差异并具有尊重的含义。这一观察结果如图 6-1 所示，只有约12%的受访者表示他们在这一领域内使用"usted"（您）这种表示尊重的形式。在图 6-1 中，我们只考虑了性别数据，因为性别是我们研究的一个关键因素，并且通过量化分析，我们可以得出性别因素与其他变量之间的关系。

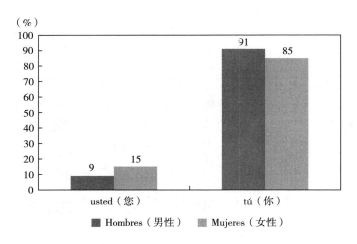

图 6-1　家庭环境中使用"usted"（您）和"tú"（你）的频率（西班牙）

在性别方面，我们发现女性的使用率明显高于男性。这表明，性别在这个现象中发挥了重要作用。正如我们在本书第 3 章所讨论的，女性更注重她们的社交形象，因为社会对她们有更多的外部期望，所以这一结果是合理的。

6.1.1.2　社会领域

社交领域在某种程度上是家庭领域的延伸，同时也扮演了连接家庭和工作领域的重要角色。在社交环境中，根据对话双方的关系，可能存在社会等级差异或者情感亲近感。在西班牙这个相对开放的文化环境中，通常会将家庭中的亲近感扩展到非家庭成员。因此，如图 6-2 所示，社交情境中使用"tú"（你）的情况是常见和广泛的。此外，就性别而言，女性在某种程度上更倾向于使用"usted"（您），因为在特定情境下，女性通常更注重表现社会等级差距。

6.1.1.3　工作场合

正如前文所述，职场领域通常被视为与家庭领域明显不同，这种对比在语言使用上也有所体现。如图 6-3 所示，工作场所中"usted"（您）的使用率在男性和女性中均明显高于其他语境。

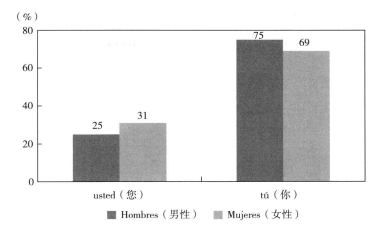

图 6-2 社交场合中使用"usted"（您）和"tú"（你）的频率（西班牙）

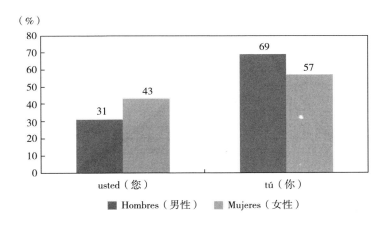

图 6-3 工作场所中使用"usted"（您）和"tú"（你）的频率（西班牙）

6.1.2 名词式称呼语

名词式称呼语是西班牙语中常见的具有称呼功能的主要形式之一。我们从不同语言环境中提取了最常见的词汇来进行比较性分析。

6.1.2.1 家庭环境

为了深入探究家庭环境中名词式称呼形式的使用情况，考虑到发话者的情境可能会引起较大变化，我们将家庭环境划分为两个主要部分：家庭环境和非家庭环境。在这两种环境中，经过分析后，我们得出以下最常见的称呼语类别：亲属称谓（TP）、情感称谓（TA）、专有名词（NP）和其他。基于这些结果，我们总结了不同性别的受访者在家庭环境中各称呼语类别所占的百分比。结果如图 6-4 所示。

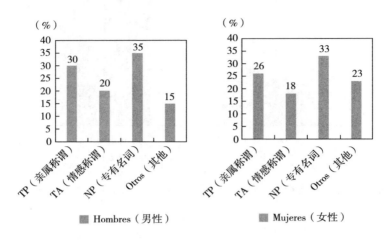

图 6-4　根据性别划分的家庭环境中最常见的称呼语类别（西班牙）

数据显示，在家庭环境中，男性和女性使用称呼类别的趋势大体一致。表 6-1 是家庭环境中常见的情感称谓语料。

表 6-1　家庭环境中常见的情感称谓语料

TIPOLOGÍA/SEMÁNTICA （类型/语义）	Relacionados con el aspecto físico-moral 与外貌—道德层面相关
Connotación positiva （正面含义）	guapo, a（帅哥，美女）；niño, a（小男孩，小女孩）；nene（小宝宝）
Connotación negativa-cariñosa （负面含义—亲切）	feo, a［丑八怪（男/女）］；gordo, a（gordi）［胖子，胖墩儿（男/女）］
Términos afectivos explícitos （明确的情感术语）	cariño（宝贝），amor（亲爱的）

可以观察到，上述词汇为本书第 4 章提供了有力支持。然而，令人惊讶的是，根据统计结果，男性使用情感术语更频繁，而不是女性。

在非家庭环境中，我们可以看到不同性别中每个称呼语类别所占的百分比，具体如图 6-5、图 6-6 所示。

图 6-5 反映的是在非家庭环境中获取的数据。图 6-6 为针对不同的研究类别和性别因素进行的领域间的比较分析。

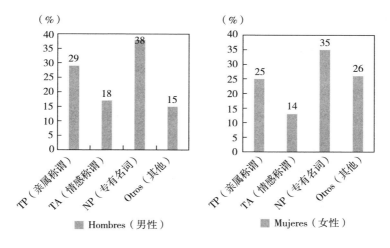

图 6-5　根据性别划分的非家庭环境中最常见的称呼语类别（西班牙）

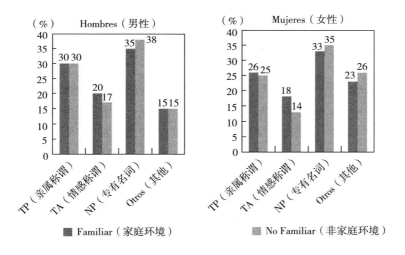

图 6-6　家庭环境和非家庭环境的类别比较（西班牙）

值得注意的是，在非家庭环境中，男性竟然比女性更倾向于使用情感词汇来称呼他们的亲戚，这似乎与一些同女性特质相关的社会文化观念不太一致。

通过对两个领域的比较分析，我们可以得出相对一致的结果。需要强调的是，由于西班牙文化强调开放和情感表达，因此在非家庭环境中，人们更倾向于使用情感词汇，以显示人际关系的程度，尽管这种程度略低于亲密关系。

6.1.2.2　社会领域

在西班牙的社交领域，根据我们的数据，可以总结如下：在专有名词（NP）

的使用方面，男性占比为 76%，而女性为 68%，均表现出较高的使用比例；在情感称谓（TA）方面，男性占 11%，女性占 12%；其他类别中，男性占 13%，女性占 20%。具体如图 6-7 所示。

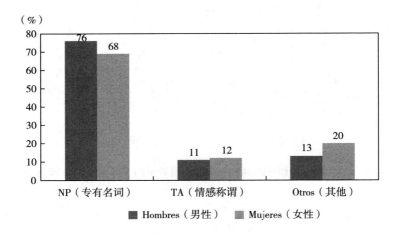

图 6-7　社交领域中常见的称呼语类别（西班牙）

从这些数据中我们可以得出结论：西班牙的社交领域更倾向于使用中性称呼词。在西班牙文化中，在社交领域通常以人名作为社交标签进行介绍。值得注意的是，图 6-7 显示，情感词汇在社交领域的使用呈现下降趋势，这与我们的预期一致。此外，性别方面的分布是相对均衡的，尤其是女性更倾向于使用未经具体量化分析的"其他"类型术语。

6.1.2.3　工作场合

在职场环境中，我们收集到的最常见的称呼类别如下：在专有名词（NP）使用方面，男性占 78%，女性占 82%，女性的使用率相对较高；在情感称谓（TA）方面，男性占比 6%，而女性占比 2%；在职衔称谓（TPC）方面，男性占比 3%，而女性占比 1%；在"其他"类别中，男性占比 13%，而女性占比 15%。具体如图 6-8 所示。

值得注意的是，与专有名词相比，表示职务或头衔的词汇的使用率相对较低。这与中国社会文化背景下职衔称谓词汇的较高使用频率形成明显对比。从社会语言学的角度来看，这一现象是在预期之内的。因为在西班牙，与担任高级职务的人交往时，通常使用"don"（先生）、"doña"（太太），或"señor"（先生）、"señora"（女士）这些尊称。然而，正如我们在理论部分所讨论的，这些用法正在逐渐减少。

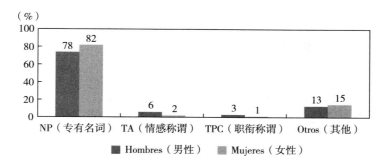

图 6-8　工作场所中常见的称呼语类别（西班牙）

6.1.3　调查中态度问题的分析

在西班牙模型的调查中，我们向受访者提出了一些与称呼用法态度相关的问题。这里我们展示了其中的三个问题，认为它们更具代表性和相关性。这三个问题分别是：

（1）您是否认为年青一代主要使用"tú"（你）代词作为称呼方式是正确的？

本问题的设立旨在探究受访者对于广泛使用"tú"（你）这个代词的态度，特别考察其在年青一代中的传播情况。根据图 6-9 所呈现的数据，我们得知在54 名受访者中，有 79% 的受访者未能同意这一观点，而有 21% 的受访者选择了"是"的选项。该结果表明，这一现象在整个西班牙社会尚未达成共识。具体如图 6-9 所示。

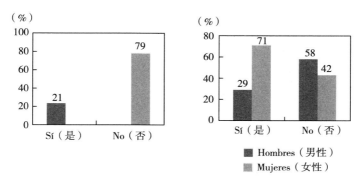

图 6-9　广泛使用"tú"（你）称谓形式的比例（西班牙）

此外，我们根据受访者的性别进一步将两个答案（"是"和"否"）分成两个子组，分别为男性和女性。在"是"选项的受访者中，女性占比达 71%，而男性则为 29%；在"否"选项的受访者中，男性占比达 58%，而女性为 42%。

值得注意的是，先前的选项中，一些受访者在回答其他问题时选择了"是"["我同意广泛使用'tú'（你）这种方式"]，但在这一问题上却选择了"否"["我不同意广泛使用'tú'（你）这种方式"]。这种相互矛盾的选择，可能源于调查背景的不同，因为调查要求受访者必须客观回答他们认为"语言上正确"的答案。

（2）关于姓氏排序问题。本问题的设计旨在了解受访者对于他们姓名中姓氏排列顺序的看法，不涉及更深层次的社会或文化问题。根据 54 名受访者的数据结果，其中 18 名受访者同意这一现象，10 名受访者持反对意见，选择"我无所谓"选项的受访者最多，有 26 名，占比达 48.1%。具体如图 6-10 所示。

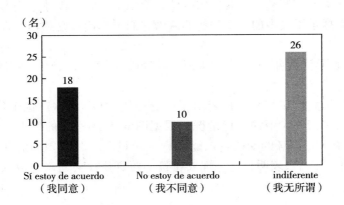

图 6-10　姓氏排序问题所持看法的数量（西班牙）

我们认为，强调一种观点胜过其他观点并不具有实际意义，因为在此类问题中往往不存在绝对正确的答案，我们也不打算引发关于哪种观点更合理的争论。然而，我们需要强调，在受访的女性中存在一些不同于传统姓氏排序的观点。她们认为，姓氏排序应当具备灵活性，应由相关当事人的意愿来决定，而不应受到外部规范的强制。这些回答在我们看来非常引人注目，因为它标志着未来社会文化和语言领域可能出现变革。

（3）请阅读以下文本（见表 6-2），并根据您的语言观点回答：每个文本中提到的人是男性还是女性。

表 6-2 文本内容

I	II
Fernández ha conseguido un viaje a Nueva York y le han dado dos semanas de vacaciones. Se irá con su familia y también va con ellos su suegra. Fernández tiene más suerte que nadie, ¡qué bien le va en todo!	Jiménez ha publicado recientemente un artículo que ha obtenido una reputación muy positiva, a finales de año le darán la plaza de catedrático en la Facultad de Química.
费尔南德斯获得了一次去纽约旅行的机会，而且 Ta 有两周的假期。Ta 和家人一起去，Ta 的岳母（婆婆）也将同行。费尔南德斯比任何人都幸运，Ta 什么都很顺利！	希梅内斯最近发表了一篇论文，并且赢得了良好的声誉。年底 Ta 将被聘任为化学系的教授。

本问题的设计旨在验证发话者是否倾向于使用姓氏作为对个体的指称方式，以此了解其对所提及个体性别的认知影响。

根据数据（见图 6-11），我们可以得出以下总体结论：在 54 名受访者中，有 34 名受访者将两个文本中的个体归类为男性，超过受访者总数的 50%。值得注意的是，在性别感知方面，男性表现出更大的灵活性，其中男性有 12 名，而女性有 8 名。

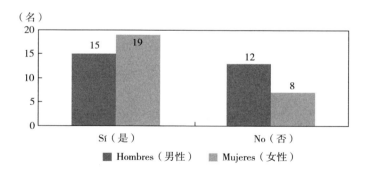

图 6-11 对被提及者的性别感知数量（西班牙）

6.2 汉语中的称呼语词汇使用分析

在进行中国调查问卷研究时，我们共分发了 70 份调查问卷，最终收回 61 份，其中，54 份被视为有效。受访者的性别、年龄与受教育水平满足研究要求，他们主要来自北京、上海、河南（郑州、开封、商丘）和陕西（西安、宝鸡）

等地。我们将相同的分析要素根据不同的应用领域划分为家庭、社交和职业领域，并着重考察性别因素的影响。

6.2.1 代词式称呼语

正如前几章所述，Alonso-Cortés（1999）指出，称呼功能主要通过使用第二人称代词和祈使句结构来实现；这些语言形式，通常被标记为 t/v（tu/vous）形式，已成为语用学领域的重要研究对象，因为它们具有标记社交亲疏关系和礼貌水平的能力，并与交际参与者之间的关系密切相关。

6.2.1.1 家庭环境

综合而言，几乎在所有文化中，家庭领域内的权力距离都较小，因此，正如图 6-12 所示，第二人称代词通常作为一种通用的称呼方式，占据着家庭交际中的主导地位。这方面，Hofstede（1999）关于权力距离指数的研究引人注目。他指出，在权力距离差异较大与较小的国家之间，人们的行为方式存在显著差异。权力距离小的国家通常呈现出社会等级差别较小、组织管理机构相对扁平的特征。人们在组织内强调不同的分工和权力分散，经常采用协商和讨论的方式来解决问题，不太强调地位高低；而在高权力距离的国家中，权力则相对集中，存在着较为严格的等级制度，人际情感距离相对较大。

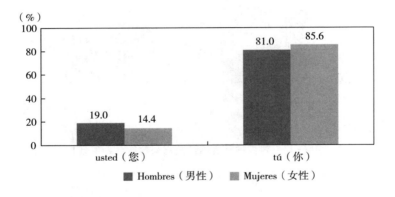

图 6-12 家庭环境中使用"usted"（您）和"tú"（你）的频率（中国）

具体到西班牙和中国两个国家，西班牙在工业化方面起步较早、程度较高，人们的性格较为开放和外向，追求个人自由，善于表达情感；与之不同，中国作为一个历史悠久的国家，更加强调国家利益和集体主义。自中华人民共和国成立以来，中国社会取得了迅速的进步和巨大的发展成就，人们追求平等相待、互尊互敬互爱。与西方国家社会相比，中国大多数人的性格更加内敛和沉稳，情感表达更为含蓄。

在受访男女中，有约 83% 的人习惯在家庭环境中采用"你"的称呼方式。在性别因素方面，两性之间的第二人称代词使用没有显著差异，结果呈现一致性。

关于"你"（tú）和"您"（usted）的使用数据，结合受访者的性别和受教育水平，我们得出以下结论：首先，在中国的家庭环境中，不论性别或受教育水平如何，使用"你"（tú）普遍占主导地位。其次，相较于其他受教育水平的受访者，受过较高教育的受访者在称呼长辈或年长同辈时更频繁地使用"您"（usted）。这可以解释为受高等教育的人更加尊重和遵守语言规范，就像受过良好教育的人通常更尊重语言规范的标准变体而不使用方言一样。至于性别因素，通过数据比较，我们观察到受过较高或中等教育的女性受访者与受过基础教育的女性受访者之间存在差异。在后者中，"你"（tú）的使用更为普遍，约占总使用率的 86%；而在其他组别中，"您"（usted）的使用率则高达 31.6%。

6.2.1.2　社交领域

在社交互动中，作为一个补充的环境因素，我们有必要考虑社交环境中第二人称代词的使用情况。此外，从性别角度出发，观察其使用差异也具有相当的研究价值。

根据调查问卷的统计数据，尽管女性更倾向于使用礼貌代词，但男女两性在使用第二人称代词时的频率相对平衡。正如我们在研究中一直强调的，传统社会中，女性通常被认为在社交环境中更有礼貌，因为她们常常处于相对劣势的地位，需要表现出更多的尊重和关心他人的态度。然而，随着社会的不断发展和人们思想观念的提升，语言表达方式已经趋于规范化，使在社交互动中男女两性的表达方式逐渐趋于一致。具体如图 6-13 所示。

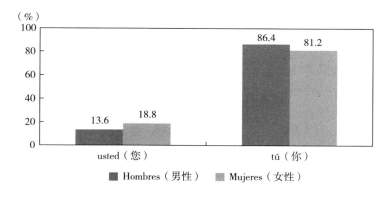

图 6-13　社交场合中使用"usted"（您）和"tú"（你）的频率（中国）

我们对受访者的性别和受教育水平进行了综合分析。总体而言，接受基础教育和中等教育水平的女性受访者的数据结果在某种程度上与总体结果存在一定差异。我们认为，这一差异可能与女性接受高等教育的程度和时间相关。换句话说，几十年来，一些女性仍然保持了社会赋予的礼仪标准，这些标准与她们的认知水平相符。此外，接受基础教育和中等教育水平的女性受访者较少使用"您"这一称呼，这也可以从社会包容性的角度来理解。相较于男性，她们通常更容易跨越不同社会阶层，获得更多机会，而不受其受教育水平的限制。

6.2.1.3　工作场合

图 6-14 展示了职场交往中使用第二人称代词的情况。

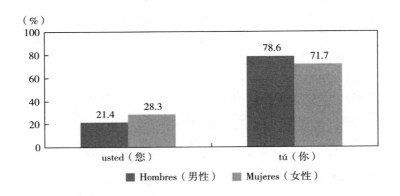

图 6-14　工作场所中使用"usted"（您）和"tú"（你）的频率（中国）

根据研究结果，整体而言，我们发现女性在职场环境中，尤其是在高层管理层中，表现出更大的等级距离。这一现象与当前社会文化的普遍背景相关，即女性在这些环境中越来越注重个人礼仪标准。

6.2.2　名词式称呼语

汉语中名词性的称呼语通常包含更多的语义上的细微差别，这一现象可以被解释为两方面因素的交织。首先，这些词汇本身具有丰富的语义内涵，既包括积极的，也包括消极的，因此它们作为一个无限的词类可以在称呼中被灵活运用，特别是名词和形容词。其次，为了满足语义需求，这些词汇在不同的应用领域中被细化，以确保在社交和公共环境中使用时符合相应的礼仪准则。这些领域既包括家庭环境，也包括非家庭环境。

6.2.2.1　家庭环境

正如相应章节中所强调的，名词式称呼语在家庭环境中具有多种形式，我们将其细分为两个主要应用领域，即家庭环境和非家庭环境。同时，值得注意的是，我们的分析局限于家庭、社交和职业环境。

在家庭环境（见图 6-15）中，我们展示了最常用的表达方式的数据，同时使用与分析类别相关的缩写进行标注。这些缩写代表了家庭环境中最常见的表达方式，包括亲属称谓（TP）、情感称谓（TA）、专有名词（NP）以及其他。总体而言，中国社会的家庭环境中以亲属称谓（TP）为主，几乎可以确定，除了少数例外情况，这种对话方式几乎适用于所有文化。

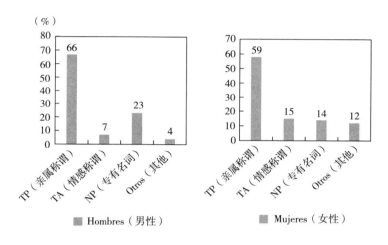

图 6-15　根据性别划分的家庭环境中最常见的称呼语类别（中国）

另外，情感称谓（TA）与专有名词（NP）之间的观察数据具有直接的相关性。正如本书第 3 章和第 4 章所讨论的，有关女性性别的概念和特征会显著影响女性对感情和情感术语的偏好，在相同的背景下，西班牙则没有呈现出这种特征。与此同时，由于男性通常会避免使用情感称谓（TA），因此在情感称谓（TA）与专有名词（NP）的使用结果方面表现出了相似之处。图 6-15 所提到的"其他"表示受访者使用了我们研究中未包括的术语，这些术语可能成为未来研究的对象。

在非家庭环境（见图 6-16）中，情感称谓（TA）的使用减少，这是因为它主要用于亲密关系之中。然而，在社交环境中，亲属称谓（TP）仍然是主要使用的形式。亲属称谓通常是固定和词汇化的，其使用不受对话者之间的信任程度或社会文化中的层级差距的影响，而主要取决于他们之间的亲属关系。

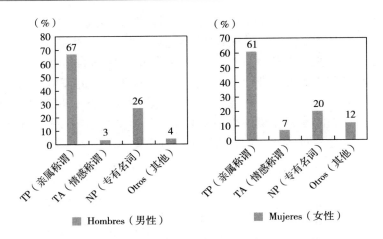

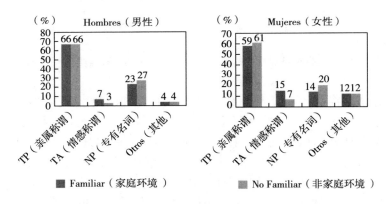

图6-16　根据性别划分的非家庭环境中最常见的称呼语类别（中国）

图6-17呈现出女性在非家庭环境中比男性更频繁地使用情感称谓的趋势。因此，我们可以得出结论：中国社会中的亲属称谓（TP）在家庭环境和非家庭环境两种背景下是通用的称呼方式。

图6-17　家庭环境和非家庭环境的类别比较（中国）

6.2.2.2　社会领域

在中国社交领域中，最常见的称呼语类别（见图6-18）如下：

专有名词（NP）方面，男性占51.0%，女性占51.4%。

情感称谓（TA）方面，男性占4.5%，女性占13.2%。

职衔称谓（TPC）方面，男性占15.6%，女性占13.2%。

亲属称谓（TP）方面，男性占12.3%，女性占11.5%。

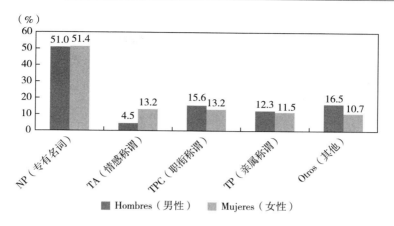

图 6-18 社交领域中最常见的称呼语类别（中国）

"其他"术语方面，男性占 16.5%，女性占 10.7%。

6.2.2.3 工作场合

在中国的职业环境中，最常见的称呼语类别（见图 6-19）如下：

专有名词（NP）方面，男女双方均为 33.3%。

情感称谓（TA）方面，男女双方均为 14.8%。

职衔称谓（TPC）方面，男性为 33.3%，女性为 35.6%。

亲属称谓（TP）方面，男性为 5.6%，女性为 11.6%。

"其他"术语方面，男性为 13.0%，女性为 4.6%。

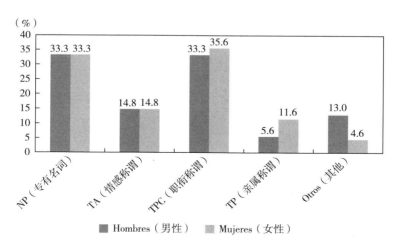

图 6-19 工作场所中最常见的称呼语类别（中国）

正如我们在图 6-19 中所观察到的，性别因素在不同称呼语类别的使用上存在差异。具体而言，女性在工作互动中使用亲属称谓的频率明显较高，这反映出女性在这一领域仍然保持了较大的等级制度距离，而男性在言语互动中则更倾向于使用平等的称呼方式。此外，职衔称谓（TPC）在工作场合的使用非常明显，相比而言，这在西班牙语中并不常见。

6.2.3　调查中态度问题的分析

在本节中，我们将提供有关态度问题的调查数据，这一部分是最为重要的。尽管两种语言存在某些相似之处，但我们还会探讨各自文化中特有的现象。总的来说，我们将重点关注四个特定问题以及它们的答案：

（1）面对面交谈时，您是否对长辈直呼其名？

在回答这个问题时，只有一个受访者明确表示使用专有名词（NP）来称呼长辈。他解释说，这是因为他与父亲之间的关系相当复杂，这促使他使用专有名词（NP）来称呼自己的父亲。这一发现表明在中国文化中，使用专有名词（NP）来称呼长辈被视为禁忌，被认为是一种不尊重的行为，特别是在家庭内部。对长辈来说，这种行为是不可想象和难以接受的。此外，有趣的是，晚辈要尽量避免使用那些已经包含在同一家族长辈名字中的字符。调查结果如图 6-20 所示。

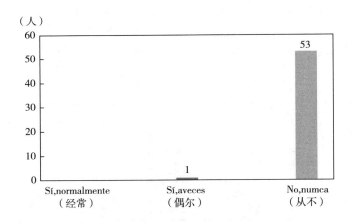

图 6-20　用专有名词称呼长辈的意见样本（中国）

（2）您对"带有'外'字的亲戚词语"有什么看法？

对于"带有'外'字的亲戚词语"，受访者普遍表达了明确的观点。数据（见图 6-21）显示，大多数中国受访者认为这是一项强制性规定，但同时也被社会广泛接受，因为它被视为文化价值的重要组成部分。然而，还有一些受访者认为应该重新审视这一概念，因为它似乎将母亲的亲属关系"排除"在核心家庭概念之外。总的来看，根据我们的样本数据，这种语言现象发生变化的可能性似乎仍然较小。然而，这并不意味着人们在亲属关系中不重视母亲的亲戚，通常情况下，这种概念主要限于语言上的分类。

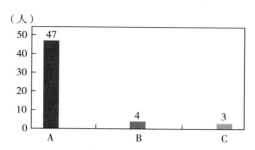

A. Se trata de una norma sociocultural establecida
（这是一种既定的社会文化规范）
B. Se trata de una tradición lingüísitca, me es indiferente
（这是一种语言传统，我不在乎）
C. Este concepto sociocultural debe cambiar
（这种社会文化观念必须改变）

图 6-21　关于带有"外"字的亲属称谓的意见样本（中国）

（3）您认为每个段落中提到的人是男性还是女性？

这里，我们提出了一个与对西班牙的调查设计类似的问题，以探究中国受访者是否存在通过某些非语言特征来感知一个人性别的现象。为了分析这些结果，我们为每个受访者提供了 A 到 F 段落的翻译文本，以及与中国社会文化背景相符的情境描述，具体如表 6-3 所示。

表 6-3　第三个态度问题的汉译西译文

Descripciones（陈述）
A. La hija de "académico Chen" siempre se queja de que "académico Chen" trabaje mucho tiempoextra y descuide los asuntos familiares. Pero "académico Chen" le responde que el trabajo extra siempre es necesario para llevar la delantera a sus compañeros extranjeros. 陈院士的女儿总是抱怨陈院士加班太多，忽略了家庭事务。但陈院士回答说，为了赶超外国同事，总加班是必要的。
B. El discurso de "ministro Wang" ha sido muy valioso e ilustrativo，del cual todos hemos aprendido mucho. 王部长的演讲很有价值，很有启发性，我们都从中学到了很多东西。
C. ¡"Gerente" ha conseguido una licitación gubernamental，la cual equivale a 60 millones yuanes！ 经理赢得了一项政府招标，价值6000万元！

Descripciones（陈述）

D. ¿Sabes que "nuestro catedrático" ha publicado su segunda tesis en *Nature* y es, además, el "autor princi-pal"?

我们的教授在《自然》杂志上发表了他的第二篇论文而且还是"第一作者"，你知道吗？

E. Joven Zhang ha servido en nuestra familia durante dos años y es muy "bueno".

小张在我们家服务了两年，非常"优秀"。

F. "Nuestro secretario" es una pesada, persona minuciosai, le da mucha importancia a todo.

我们的秘书是一个严肃认真、一丝不苟的人，他对任何事情都非常重视。

从图 6-22 可见，受访者对段落中提到的人物存在明显的绝对男性化倾向：前四个人物描述通常被视为男性，这些描述包括社会上广泛认可的职位和职业。而另外两个人物描述，即"小张"和"我们的秘书"，普遍被视为女性。

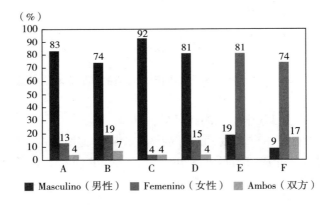

图 6-22　受访者的性别认知样本（中国）

综合这些结果，我们可以得出结论：性别刻板印象在中国社会依然存在。正如 Calero（2007）所指出的，社会对所提到的人物性别的认知受到社会特征的影响。换句话说，这是一个与非语言因素相关的可变现象。值得注意的是，这些特征是由社会塑造的，并与说话者对每个性别的社会期望密切相关。

（4）您是否认为为男孩取名字的规定与为女孩取名字的规定相同？您的立场是什么？

根据调查结果，无论是男性还是女性，总体而言，他们普遍认为为男孩和女孩取名字的规则或模式并不相同。尽管有 5.6% 的受访者声称他们从未思考过这个问题，但没有一个受访者声称这两个过程相似，具体如图 6-23 所示。

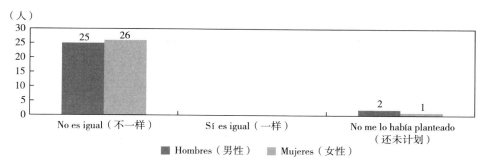

图 6-23 关于儿童取名标准的意见样本（a）（中国）

然而，当要求受访者具体解释支持这些规则或模式的标准时，答案呈现了多样的观点。大多数受访者坚决支持现行规则，认为这些规则为每个性别的命名提供了合适的指导。这一观点在中国文化中根深蒂固。有趣的是，答案 B 的受访者认为适当的命名不应取决于性别，而应取决于个体所具备的杰出品质。在这一情境下，女性倾向于支持这种平等观点，而男性更加倾向于保守，主要支持答案 A。具体如图 6-24 所示。

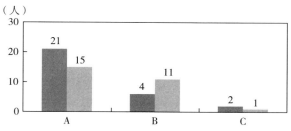

A. Estas normas son necesarias para la adecuación a cada sexo
（这些规则对于性别适宜性是必要的）
B. Se trata de destacar las características positivas, sin importar el sexo
（不区分性别，突出个体的优秀特征）
C. Me es indiferente
（我无所谓）

■ Hombres（男性）　■ Mujeres（女性）

图 6-24 关于儿童取名标准的意见样本（b）（中国）

6.3 两种语言称呼语词汇使用的对比分析

本书旨在通过简要探讨各文化中最常见的称呼方式，以及在不同情境下考虑

称呼语性别差异与礼貌原则

的一些因素，深入研究语言和社会文化方面的特征。通过比较和对比不同文化中的交际方式，更好地理解每个社会。在分析不同称呼方式时，我们丰富了相关概念，有助于后续研究的深入。

6.3.1 职业和对话者地位对称呼语选择的影响

在数据分析中，尤为重要的一点是从对比的角度来研究称呼形式与不同职业、职务或行业之间的关系。我们着重考察哪些职业或职务在两种文化中被视为更值得"尊敬"。为了实现这一目标，我们分析了"您"（usted）和"你"（tú）这两种称呼形式的使用情况，以此获得有关不同社会文化观念的数据。

图 6-25 和图 6-26 展示了我们的调查结果。我们的初衷是研究在称呼不同职业或职务的时候，性别因素是否会影响称呼的选择。然而，将性别作为核心参数进行的数据分析未能为我们提供明显的结果。因此，我们在此省略了对性别因素的讨论。

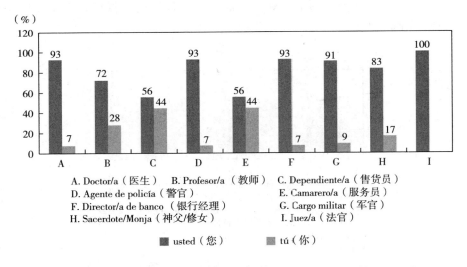

图 6-25　职衔因素影响下 "usted"（您）、"tú"（你）的使用情况（西班牙）

图 6-25 展示了对西班牙各职业和职务领域进行调查的结果。可见，所有职业普遍使用"您"（usted）这一称呼方式。尤其引人注目的是关于"法官"的结果，在西班牙社会中法官享有极高的社会声誉。换言之，在社会文化规范中，法官被视为绝对值得"尊敬"的职务，这表明了不同职业之间存在显著的社会层次差距。

另外，在西班牙社会中，享有更高社会声誉的职业包括医生、警官和银行经理，这三个职业的"您"（usted）使用率均高达 93%。随后是军官，使用率为 91%；神父/修女，使用率为 83%；教师，使用率为 72%。最后是售货员和服务员，使用率为 56%。这些数据明确地凸显了社会文化与语言之间的紧密关系。社会声誉的高低直接影响了"您"（usted）这一尊重性称呼的使用频率，即便在面对那些享有高社会声誉的职务时，性别和年龄因素都没有影响"您"（usted）的使用。同时，对于日常职业和较为普及的职务，如服务员和售货员等，大家更倾向于使用"你"（tú）这一称呼方式。

同样，在汉语中，我们将九个常见职业和职务分为不同类别。然而，需要指出的是，在汉语环境中，这一分类相对于西班牙语更加模糊。总结而言，研究结果明确表明，无论在何种情境下，"你"（tú）这种称呼形式都更为常见和普遍。

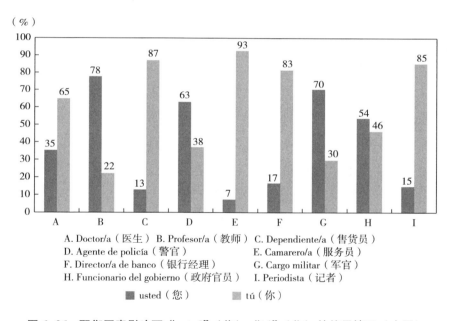

图 6-26　职衔因素影响下 "usted"（您）、"tú"（你）的使用情况（中国）

比较图 6-25 和图 6-26，结果是明显的：西班牙人更频繁地使用"您"（usted）这种礼貌和具有距离感的称呼方式，而中国的受访者在称呼时更倾向于使用"你"（tú）。这一数据异常引人深思，因为中国社会以谦逊和尊重为自身文化核心，充满了谦恭之风。此外，正如 Carrasco（1999）所指出的，西班牙社会倾向于平等和亲近，试图最小化权力关系和社会距离。Padilla（2005）也将西班牙人描述为友好、亲近、宽容的人，有助于交际，更平和友善，关系更简单。在这个意义上，Carrasco（1999）补充指出，非正式的交际有助于创造更加和谐轻松的氛围，并维护了在西班牙文化中地位较低者的形象。总结而言，我们得出的结论是，这一结果可能是由于受访者未提供清晰的正式或非正式语境，因此他们的回答具有客观社会视角。

6.3.2 家庭环境对称呼语选用的影响

家庭环境对称呼语选用的影响一直备受关注，因为中国文化强调不同层次的社会关系，年龄作为权力的重要标志在其中占据显赫地位，特别是在家庭环境中。中国以多代同堂家庭（包括祖父母、父母和子女共同生活）而著称，这加强了年龄和辈分观念（长辈——比说话者年长的人，平辈——与说话者同龄的人，晚辈——比说话者年轻的人）的重要性。这些概念在中国文化中具有关键地位，在家庭、社交关系、工作环境中，它们通常比其他因素更为重要。因此，在我们的研究框架中，我们采用对比的方法来深入探讨哪些因素可能提供更有意义的数据。

（1）在西班牙文化中，年龄的重要性如何体现？

（2）社会语言学视角下，年龄因素在两种文化中如何体现？

（3）性别对年龄因素的影响程度如何？

在深入讨论与这些问题相关的数据、结论之前，我们需要进行一些必要的背景说明，包括每种文化调查中的亲属关系，因为它们在两种文化中并不完全相同。在西班牙文化中，辈分的概念并不普遍存在，因为"它强调平等主义、亲近感，倾向于最小化权力关系和社会距离"（Carrasco，1999）。因此，为了在考虑每个语言社区的社会文化现实的同时维持平衡，我们将亲属关系划分为三个在两种文化中都相同的类别。

1）属于长辈的家庭成员包括：

（西班牙）父亲、母亲、祖父母、叔伯姑舅、岳父和岳母。

（中国）父亲、母亲、祖父母（不论是父亲方的还是母亲方的）、岳父和岳母、叔伯姑舅（不论是父亲方的还是母亲方的）、姑姨、姑姨父等。

2）属于同辈的家庭成员包括：

（西班牙）丈夫/妻子、兄弟姐妹、姐夫妹夫。

（中国）丈夫/妻子、兄弟姐妹（不论是父亲方的还是母亲方的）、姐夫妹夫。

3）属于晚辈的家庭成员包括：

（西班牙）儿子、女儿、侄子、侄女。

（中国）儿子、女儿、侄子、侄女（不论是父亲方的还是母亲方的）。

此外，我们再次提到了家庭环境和非家庭环境的区分，这一区分在西班牙语和汉语中都有所体现。

6.3.2.1　家庭环境

我们深入探讨了两种语言文化中对待长辈所采用的称谓方式。从图 6-27 中可清晰地观察到，汉语使用者极少以长辈的名字直呼其名，也不常使用情感称谓。若仔细研究各种称谓方式的百分比，我们会发现在西班牙语使用者中，"尊称" TP（亲属称谓）仅占男性的 44% 和女性的 41%。而在中国文化中，这一数字分别为男性的 93% 和女性的 87%。尽管在两种文化中，"尊称" TP（亲属称谓）都是常见的称谓方式，但在中国文化中，它的使用更为显著。

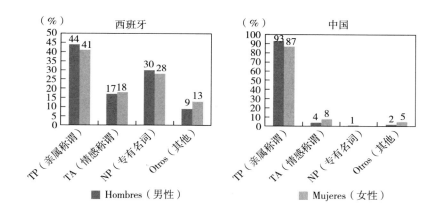

图 6-27　家庭环境中对长辈最常用的称呼语形式比较（西班牙和中国）

中国社会蕴含深厚的层级观念，无论是在家庭内部还是外部，对长辈的顺从和尊重被视为一种价值体现，这根源于儒家哲学的深刻影响。因此，在中国文化中，直呼年长者的名字被视为极其不礼貌的行为，即使亲属关系亲密无间。在其他文化背景下，如在西班牙文化中，以名字称呼长辈也被认为是不尊重和不得体的做法，相比之下，社会接受程度有所不同。

另外，两种文化在使用情感称谓（TA）方面呈现差异，汉语使用者表现出更为内敛的倾向，而西班牙语使用者则有更高的情感称谓使用比例。

关于面向同辈的称呼方式，我们可以从图 6-28 中明显看出两种文化之间的差异。西班牙语使用者更常用的类别是名字，相对而言，汉语使用者则主要使用亲属称谓（TP）。我们认为这可能是因为在汉语中，同辈范畴包含了既有较年长的哥哥姐姐，也包括较年幼的弟弟妹妹，因此汉语使用者倾向于选择与中国社会中的年龄等级概念相一致的称谓。此外，尽管同一辈的兄弟姐妹在文化观念中被视为同辈，但仍需采用一种尊敬的方式与他们互动，这也解释了使用亲属称谓的现象。然而，与之前的情况相比，情感称谓在这一层面的使用也有所增加，这表明不同辈分之间的等级差距已大大减弱。

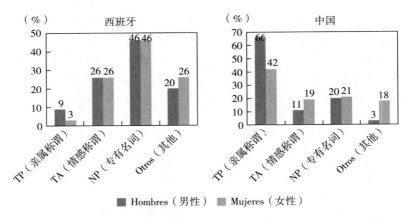

图 6-28　家庭环境中对平辈最常用的称呼语形式比较（西班牙和中国）

在家庭环境中，我们想要强调的最后一点是对晚辈称呼方式的性别差异。通过观察数据（见图 6-29），我们发现，男性在家庭环境中仍然更倾向于使用专有名词（NP），而女性则更常使用专有名词（NP）和情感称谓（TA）。不仅如此，值得关注的是，两种文化的数据对比也显著，在西班牙，男性使用情感术语（TA）的比例更高。然而，通过"其他"选项百分比的分析，我们可以看到近60%的女性受访者未填写此类回答或选择规避此问题。我们可以理解为这是出于个人原因或对此问题有所顾虑，这在西班牙文化中仍然是一个不寻常的结果。

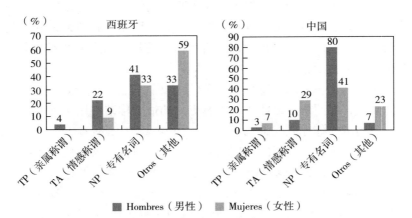

图 6-29　家庭环境中对晚辈最常用的称呼语形式比较（西班牙和中国）

6.3.2.2　非家庭环境

在非家庭环境中，尽管受访者与亲戚互动的数据显示出了一些差异，但总体而言，这些差异并不显著。在图 6-30 中我们可以观察到性别变量引起的轻微变化。

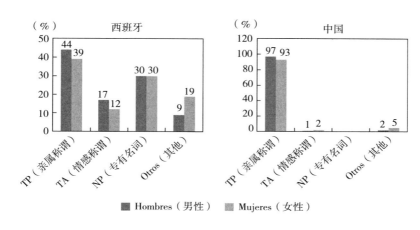

图 6-30　非家庭环境中对长辈最常用的称呼语形式比较（西班牙和中国）

首先，我们分析了在两种文化中受访者针对长辈采用的称呼方式。尽管各种称呼方式的使用百分比与家庭环境中的数据相当接近，但在非家庭环境中依然存在一些微小的差异，其中包括一些称呼方式的增加或减少。

从对比的角度来看，我们可以明显地观察到使用方式上的差异。与西班牙文化不同，汉语使用者仍然坚持将亲属称谓（TP）作为一种固定形式用于称呼，而后者的形式因个体喜好而异。在西班牙文化中，不论是在家庭环境内还是在外部，西班牙语使用者在与家庭成员交往中没有固定形式或规则，也不会在与家庭成员的语言互动中考虑相应的辈分。值得一提的是，在非家庭环境中，亲情术语的使用有所减少，而家庭成员关系术语在两种文化中仍然占主导地位。

与家庭环境中的结果相比（见图 6-31），我们可以观察到在中国文化下的非家庭环境中，专有名词（NP）的使用显著增加。这可能是因为这些非家庭成员与说话者属于同一辈分，因此尊重规则可能发生变化。在西班牙文化下的非家庭环境中，专有名词（NP）的使用明显多于其他类别，而在非家庭环境中家庭成员关系术语的使用相对较少。这可能解释为西班牙人不常使用这些亲属称谓（TP），因为除了夫妻关系（爸爸/妈妈和爷爷/奶奶）外，其他家庭成员通常以他们的名字相互称呼，包括其兄弟姐妹和孩子。

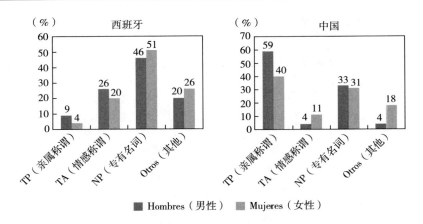

图 6-31　非家庭环境中对平辈最常用的称呼语形式比较（西班牙和中国）

综上所述，通过比较分析，我们看出了这两种文化在称呼方式方面存在着显著的差异，反映出它们各自独特的社会文化观念。

其次，我们将对年龄较小的对话者的称呼方式进行对比分析。如图 6-32 所示，在西班牙文化中，"其他"类别的结果突出，这表明在这一文化中，人们可能更多地使用绰号或其他类型的称呼方式与年龄较小的人互动。

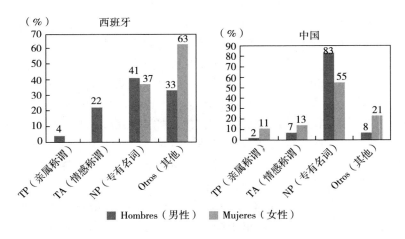

图 6-32　非家庭环境中对晚辈最常用的称呼语形式比较（西班牙和中国）

中国文化的结果与之形成鲜明的对比，其中，专有名词（NP）的使用占主导地位，与家庭环境中的结果相符。在中国文化中，说话者可以选择使用专有名词（NP）与年龄较小的家庭成员交往，当然也可以使用其他类别的称呼方式。

6.3.3　社会领域对称呼语选用的影响

总的来说，中国社会通常以谦逊和尊重等态度为特征，这在称呼的用法中得到体现。然而，通过两项调查结果，我们发现了一些差异。如图 6-33 所示，在西班牙社交领域中，最常见的三种词汇类别是：专有名词（NP），该类别受访者中，男性的使用频率为 76%，而女性为 69%；情感称谓（TA），男性占 11%，女性占 12%；"其他"，男性占 13%，女性占 20%。

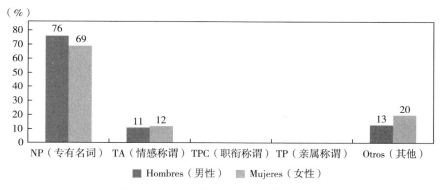

图 6-33　社交领域中常见的称呼语类别（西班牙）

相比之下，中国社交领域涵盖五个类别（见图 6-34）。这些类别包括：专有名词（NP），男女性别占比均约为 51%；情感称谓（TA），男性占 5%，女性占 13%；职衔称谓（TPC），男性占 16%，女性占 13%；亲属称谓（TP），男女性别均占约 12%；"其他"，男女性别分别为 17% 和 11%。

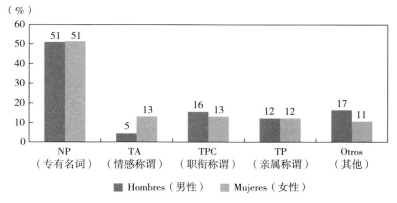

图 6-34　社交领域中常见的称呼语类别（中国）

通过图 6-33，我们可以明显地观察到，在社交环境中，西班牙社会并未回应职衔称谓（TPC）以及亲属称谓（TP）这两个类别。从社会文化的角度来看，这一现象可解释为，西班牙人通常不会在与他人互动时使用这些称呼。

在中国文化中，职衔称谓（TPC）在社交环境中被广泛使用，相对于亲属称谓（TP），其使用频率更高。这一现象可以被解释为：在中国社会，特别是在社交领域，已经形成了一套行为规范，要求使用备受尊敬的职业和职务术语作为对话对象的称呼方式。这种用法不仅彰显了对他人的尊重，还有助于维护社会凝聚力、缩小社会距离，并表达对互动伙伴的赞美。正如 Padilla（2016）所述，这种用法涵盖了"提升对话对象的社会形象"的目的。

另外，在社交环境中使用亲属关系术语显得引人注目。正如（Padilla）所指出的，中国文化通常以这些亲属关系术语来建立更亲近的联系。甚至在仅具有友情关系的情况下，如共同毕业于同一所大学或曾就读于同一所中学等，使用这些术语不仅表现出对相同学府或学校等的归属感，还彰显了对特定群体的亲切感。

6.3.4　工作场合对称呼语选用的影响

让我们从职场的角度来研究这一现象。根据图 6-35 和图 6-36，我们可以得出以下结论：在职场环境中，西班牙社会通常采用的常见称呼方式在中国社会中并未得到应用。具体而言，亲属称谓（TP）在西班牙受访者中并未出现；与之相比，在中国社会，男女受访者都选择了这两种称呼方式，男性受访者选择率为6%，而女性受访者选择率为12%。

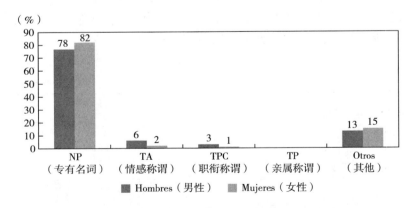

图 6-35　工作场合中常见的称呼语类别（西班牙）

这一结果具有显著的启发性，因为它印证了本书第 2 章和第 4 章中提出的观点：在中国社会中，不论是在专业领域、商业环境，还是在与家庭无关的各类情境中，亲属称谓被广泛使用。这是因为，"家庭"在中国文化中被视为基本和核心单位，被定义为整个国家的综合构成部分，并在社会文化价值中具有至关重要的地位。因此，以亲属称谓呼唤与家庭无关的人在某种程度上表明亲近和团结之情。

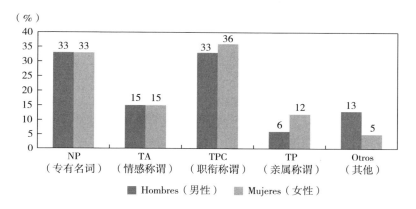

图 6-36　工作场合中常见的称呼语类别（中国）

此外，值得注意的是，在这个领域中，职衔称谓（TPC）的应用尤为显著。作为中国文化独有的特征，职场中使用职衔称谓（TPC）时，通常会采用比对话对象职务更高级的称谓，因为这种用法被认为是一种对接收者的尊重和褒扬（Ye, 1995）。例如，当一个人与一位担任大学副校长或类似职务的对话对象交谈时，他通常会使用"××校长"这一更高级的称谓，而不会简单地称呼为"××副校长"。

第 7 章　结论

　　当今世界，绝大多数社会已经摆脱了传统的封闭生活方式。各种形式的跨文化接触变得非常普遍，从旅游、互联网浏览、参与海外学术项目（如 Erasmus 欧盟伊拉斯谟助学计划）等基础性活动，到国际谈判、教育、政治事务，以及为全球发展而展开的国际合作等更为广泛、重要的领域，跨文化沟通能力的需求显著上升。

　　根据 Hofstede（1999）的观点，获取跨文化沟通能力大体包括三个阶段：意识、知识和技能。当前，我们主要处于第二阶段，即我们认识到文化冲突的存在，因此需要更加深入地了解和理解各社会的特殊限制和条件，这是避免文化冲突、促进跨文化沟通的途径。正如一位研究者所言："要成为双语人，首先需要成为双文化人。"在这个背景下，语用学所提供的研究和知识，在某种程度上有助于我们更好地运用语言解读对话者的意图，更加简捷地获取和提升跨文化沟通能力，从而使我们在跨文化交流中表现得更为得体。

　　此外，有普遍的共识认为，心理、社会和态度上的多样性不仅存在于不同文化或社会之间，还广泛存在于同一社会或文化内部。例如，基于性别的文化差异，即男性文化和女性文化，可能是所有社会中最经常讨论和最有争议的社会文化主题之一。

　　我们坚信，称谓用语及其使用规范以及多样性范式已经成为解释两个社会（中国和西班牙）之间的社会文化现实和价值观差异的强有力工具，同时也是评估两国男女之间的人际关系和行为语法范畴的关键要素。

　　因此，本书着重关注了称呼语，对相关理论进行了综述，并将其纳入研究框架，尝试通过两国文化的案例来具体探讨这一主题。从考察"性别"这一维度出发，我们总结出了一系列与称呼语使用相关、充满社会文化价值的特征。对这些特征的归纳和总结，不仅有助于我们更深刻地理解两种语言的通用规则，扩展研究视野，还有助于我们理解两种语言中性别变量在称呼语使用中的影响。

　　在本书中，我们根据 PRESEEA 方法论，设计了一系列调查，旨在探讨两种语言——汉语中普通话和伊比利亚西班牙语的使用者在称呼语方面的规则与偏好，以展示他们对与性别因素相关的社会文化问题的态度。

通过对称呼语以及其与性别变量关系的研究，我们得出了一些初步结论，我们将总结其中最重要的发现，并提出一些建议，以指导未来的研究方向。

（1）汉语中普通话和伊比利亚西班牙语都拥有广泛和多样的称呼语范例。即使文化类型或社会历史不同，但这两种语言的使用者都高度重视这些用语。

（2）大多数存在于男性和女性之间的差异并非源自生理性别，而是由社会对他们不同的期望所致。需要指出，这一论点在各个现代社会中并没有以相同的方式显现。

（3）在性别变量中嵌入年龄和受教育水平因素在社会语言学研究中同样具有强大的解释能力。

（4）性别概念在语言中反映相关的特定社会文化现实方面，两个社会展现出截然不同的态度。这些差异源于两个主要方面：一是这些社会文化现实的状态可能在变化，但这种变化可能并不明显；二是这些现实在社会中并未引起足够的重视。

（5）在相同的交际情境下，两个语言社区对不同的称呼语的使用反映了各自的意识形态模式，这与两个社会的社会文化层面以及国家特征密切相关。

对未来研究的建议如下：

首先，关于谁最适合成为特定社会文化现象的最佳观察者，研究领域存在不同的观点。其中，一半的研究者认为，当涉及对自身社会和文化的深入理解时，本土居民是最合适的观察者；另一半的研究者则认为，非本社会的研究人员更具洞察力。这两种观点都具有合理性。需要强调的是，在进行关于语言和社会文化现象的跨文化研究时，研究人员必须广泛而深入地了解他们所研究的社会，以确保研究具有客观性。

其次，在本书中，我们主要对两个语言社区中称呼语的普遍性进行了考察。这一综合性视角允许我们深入思考和探讨该主题的多个方面，但同时也带来了焦点问题。我们认为，未来的研究可以专注于特定方面，例如，从性别变量的角度出发，探讨男性和女性在称呼中对形容词的使用。因为相对于其他词类，形容词通常包含与我们研究相关的语义信息。因此，我们认为对称呼方式常常携带的语义内涵或微妙差异进行研究具有重大意义。

最后，根据对调查结果的分析，男性和女性的语言行为呈现出各自语言变体的特征，但尚不能确定每种性别语言变体在实际语言使用中是否确实存在，或者它们是否仅表现为表面现象。这是因为被调查者并未真实参与特定的交际环境，这也导致了理论上的客观性不足。鉴于这一点，通过将受访者置于实际沟通情境中，对不同性别语言变体进行比较研究将具有一定的价值。

此外，我们建议在语用学领域开展言语分析，以深入探讨男性和女性在称呼使用中采取的沟通策略，这将为我们提供有趣的研究方向。同样地，研究称呼在陈述句中的位置（开头、中间、结尾）所涉及的语言、语用等差异也将具有重要的价值。不可忽视超音段层面（语调）的研究，因为这对于探讨称呼语与说话者的交际意图之间的关系至关重要。

鉴于还有众多未解之谜需要进一步研究，笔者计划在不久的将来继续深入探讨称呼语的相关问题。

参考文献①

［1］ Abreu J. M. Estudio histórico de apellidos andaluces medievales ［M］. Madrid： Arco Libros， 2009.

［2］ Aguilar， Claramunt S. Tratado de análisis gramatical y lógico ［M］. Valencia： Imprenta de José Ortega， 1893.

［3］ Alarcos Llorach E. Gramática de la lengua española ［M］. Madrid： Espasa Calpe， 1999.

［4］ Alba de Diego V. ， Sánchez Lobato J. Tratamiento y juventud en la lengua hablada： Aspectos sociolingüísticos ［J］. Boletín de la Real Academia Española， 1980， 60 （219）： 95-130.

［5］ Alcaraz Varó， E. Tres paradigmas de la investigación lingüística ［M］. Alcoy： Marfil， 1990.

［6］ Alcina Franch J. ， Blecua J. M. Gramática española ［M］. Barcelona： Ariel， 1987.

［7］ Alcoba， Santiago. La flexión verbal ［C］ //Bosque I. ， Demonte V. Gramática descriptica de la lengua española. Madrid： Espasa， 1999.

［8］ Allerton D. J. Proper names and definite descriptions with the same reference： A pragmatic choice for language users ［J］. Journal of Pragmatics， 1996， 25 （5）： 623-633.

［9］ Alonso-Cortés A. Las construcciones exclamativas. La interjección y las expresiones vocativas ［C］ //Bosque I. ， Demonte V. Gramática descriptiva de la lengua española. Madrid： Espasa， 1999.

［10］ Alonso M. Gramática del español contemporáneo ［M］. Madrid： Guadarrama， 1968.

---

① 笔者已将中文参考文献按首字母顺序排列，与外文文献共同放置在总文献中。

［11］Alonso Sánchez L. La influencia del confucianismo en la discriminación de la mujer japonesa ［J］. Kokoro：Revista para la difusión de la cultura japonesa，2010（2）：2-13.

［12］Álvarez Alfredo I. Hablar en español ［M］. Oviedo：Ediciones Nobel，S. A.，2005.

［13］Álvarez de Miranda P. El género no marcado ［EB/OL］. http：//cultura. elpais. com/cultura/2012/03/07/actualidad/1331150944_957483. html.

［14］Andrés S. DE ¿Sexismo en la lexicología española？Aspectos positivos en el Diccionario del Español Actual de Seco，Andrés y Ramos（DEA99）［EB/OL］. http：//pendientedemigracion. ucm. es/info/circulo/no9/andres. htm.

［15］Austin J. L. How to do things with words ［M］. Oxford：Oxford University Press，1975.

［16］白解红. 语义多层面上的性别差异 ［J］. 湖南师范大学社会科学学报，2000（4）：110-114.

［17］白解红. 性别语言文化与语用研究 ［M］. 长沙：湖南教育出版社，2000.

［18］Bañón Hernández A. M. El vocativo en español ［M］. Barcelona：Octaedro，S. L.，1993.

［19］Beauvoir S. El segundo sexo ［M］. Madrid：Cátedra，2001.

［20］Beinhauer W. El español coloquial ［M］. Madrid：Gredos,1973.

［21］Benavides Carlos O. La evolución del voseo ［D］. El Paso：The University of Texas at El Paso，1994.

［22］Benavides Carlos O. La distribución del voseo en Hispanoamérica ［J］. Hispania，2003，86（3）：612-623.

［23］Berger P. L.，Luckmann T. La construcción social de la realidad ［M］. Madrid：Ed. Murguía，1986.

［24］Beristáin H. Gramática estructural de la lengua española ［M］. Mexico：Universidad nacional autónoma de Mexico，1981.

［25］毕晓宁. 性别语言研究 ［D］. 哈尔滨：黑龙江大学，2003.

［26］Blas Arroyo J. L. Mire usted Sr. gonzález personal deixis in Spanish political-electoral debate ［J］. Journal of Pragmatics，2000，32（1）：1-27.

［27］Blum-Kulka S.，House J. Cross-cultural and situational variation in Requesting behaviour ［C］//Blum-Kulka S.，House J.，Kasper G. Cross-cultural pragmatics：Requests and apologies. NJ：Ablex，1989.

［28］ Blum S. D. Naming practices and the power of words in China ［M］. Cambridge：Cambridge University Press，2009.

［29］ Bolaños Cuéllar S. Sexismo lingüístico：Aproximación a un problema complejo de la lingüística contemporánea ［J］. Forma y función，2013，26（1）：89-110.

［30］ Bosque I. El nombre común ［C］//Bosque I.，Demonte V. Gramática descriptica de la lengua española（Vol. I）. Madrid：Espasa，1999.

［31］ Bosque I. Sexismo lingüístico y visibilidad de la mujer ［EB/OL］. http：//cultura. elpais. com/cultura/2012/03/02/actualidad/1330717685_771121. html.

［32］ Bourdieu P. Ciencia de la ciencia y reflexividad ［M］. Barcelona：Anagrama，2003.

［33］ Boyero M. J. Los marcadores conversacionales que intervienen en el desarrollo del diálogo ［D］. Salamanca：Universidad Pontificia de Salamanca，2002.

［34］ Boyero M. J. Aportación al estudio de los marcadores conservacionales que intervienen en el desarrollo del diálogo ［D］. Madrid：Universidad Complutense de Madrid，2005.

［35］ Brandimonte G. Breve estudio contrastivo sobre los vocativos en el español y el italiano actual ［EB/OL］. http：//cvc. cervantes. es/ensenanza/biblioteca_ele/asele/pdf/21/21_0249. pdf.

［36］ Braun F. Terms of address：problems of patterns and usage in various languages and cultures ［M］. Berlin：Mouton de Gruyter，1988.

［37］ Bravo D. Imagen "positiva" vs. Imagen negativa：Pragmática socio-cultural y componentes de face ［J］. Oralia. Análisis del Discurso Oral 3，1999（5）：21-51.

［38］ Bravo D.，Briz A. Pragmática sociocultural：Estudios sobre el discurso de cortesía en español ［M］. Barcelona：Ariel，2004.

［39］ Brenes Peña E. Recursos lingüísticos al servicio de la（des）cortesía verbal. Los apéndices apelativos ［J］. Aproximaciones a la（des）cortesiía verbal en espanñol，2011（6）：119-137.

［40］ Brenes Peña E. Descortesía verbal y tertulia televisiva：Análisis pragmalingüístico ［M］. Bern：Peter Lang，2011.

［41］ Briz A.，Hidalgo Navarro A. Conectores pragmáticos y estructura de la conversación ［EB/OL］. https：//www. semanticsho-lar. org.

［42］ Briz Gómez A. Los conectores pragmáticos en español coloquial（I）Su papel argumentativo ［J］. Contextos，1993（21-22）：145-188.

［43］ Briz Gómez A. Los conectores pragmáticos en español colquial（II）. Su papel metadiscursivo [EB/OL]. https：//dialnet. unirioja. es.

[44] Briz Gómez A. Hacia un análisis argumentativo de un texto coloquial. La incidencia de los conectores pragmáticos [J]. Verba, 1994（21）：369-399.

[45] Briz Gómez A. Corpus de Conversaciones Coloquiales [M]. Madrid：Arco Libros, 2002.

[46] Briz Gómez A. El español coloquial：situación y uso [M]. Madrid：Arco Libros, 2005.

[47] Briz Gómez A. El español coloquial en la conversación. Esbozo de pragmagramática [J]. Editorial Planeta, 2011.

[48] Brown R. , Gilman A. The pronouns of power and solidarity [M]. Cambridge：MIT Press, 1960.

[49] Brown P. , Levinson S. C. Politeness：Some universals in language usage [M]. Cambridge：Cambridge University Press, 1987.

[50] Brubaker R. , Cooper F. Más allá de "identidad" [J]. Apuntes de Investigación del CECyP, 2002（7）：1-66.

[51] Brugmann K. Grundriss der vergleichende Grammatik der indogermanischen Sprachen [M]. Strassberg：Karl J. Trübner, 1911.

[52] Bruti S. , Perego E. Vocatives in subtitles：A survey across genres [J]. The Role of E-corpora in Translation and Language Leaning, 2008（5）：11-51.

[53] Bühler K. , Sprachtheorie S. , Gustav F. Traducción al español：Teoría del lenguaje [M]. Madrid：Revista de Occidente, 1934.

[54] Bustos Tovar J. J. De la oralidad a la escritura [EB/OL]. https：//cvc. cervantes. es.

[55] Buxó Rey M. J. Antropología de la mujer. cognición, lengua e ideología cultural [M]. Barcelona：Anthropos, 1988.

[56] Cabrillana Leal C. El vocativo latino：una revisión [J]. Tempus, 1996（13）：5-40.

[57] Cabrillana Leal C. Nominativo y vocativo en latín：Sintaxis, semántica y pragmática [M]. Liceus：Servicios de gestión y comunicación, S. L. , 2008.

[58] Chao Y. R. Chinese terms of address [J]. Language, 1956（32）：217-241.

[59] Chao Y. R. Aspects of Chinese sociolinguistics [M]. CA：Stanford University Press, 1976.

[60] Calero Fernández M. A. Sexismo lingüístico. Análisis y propuestas ante la

discriminación sexual en el lenguaje ［M］. Madrid：Narcea，S. A. ，1999.

［61］Calero Fernández M. A. Percepción social de los sexolectos ［M］. Cádiz：Universidad de Cádiz，2007.

［62］Calsamiglia Blancafort H. ，Tusón A. Las cosas del decir：Manual del análisis del discurso ［M］. Barcelona：Ariel，2012.

［63］Cantamutto L. "Ok，cortado de mierda：$". Las fórmulas de tratamiento como recurso expresivo en la interacción por SMS ［C］. En Pérez，Sara I. ，Actas del Ⅵ Coloquio de Investigadores en Estudios del Discurso y Ⅲ Jornadas Interdisciplina. Argentina：Bernal，2013.

［64］Cao X. H. A sociolinguistic study of addressing，openings and closings in contemporary chinese personal letters ［M］. Beijing：Science Press Company，2008.

［65］曹炜. 现代汉语口语词和书面语词的差异初探 ［J］. 语言教学与研究，2003（6）：39-44.

［66］曹炜. 现代汉语中的称谓语和称呼语 ［J］. 江苏大学学报（社会科学版），2005（2）：62-69.

［67］Carrasco Santana A. Revisión y evaluación del modelo de cortesía de Brown y Levinson ［J］. Pragmalingüística，1999（7）：1-44.

［68］Carrasco Santana A. Los tratamientos en español ［M］. Salamanca：Ediciones Colegio de España，2002.

［69］Carricaburo N. Las fórmulas de tratamiento en el español actual ［M］. Madrid：Arco Libros，S. L. ，1997.

［70］Casasanto D. Who's afraid of the big bad whorf? crosslinguistic differences in temporal language and thought ［J］. Language Learning，2008（58）：63-79.

［71］Castellanos G. ¿Existe la mujer? Género，lenguaje y cultura ［J］. Género e Identidad：Ensayos sobre lo femenino y lo masculino，1995（11）：39-59.

［72］Celdrán Gomáriz P. Diccionario de topónimos españoles y sus gentilicios ［M］. Madrid：Espasa Calpe，2002.

［73］陈保亚. 20 世纪中国语言学方法论 ［M］. 济南：山东外语教育出版社，1999.

［74］陈光磊. 汉语词法论 ［M］. 上海：学林出版社，2001.

［75］陈建民. 中国语言和中国社会 ［M］. 广州：广东教育出版社，1999.

［76］Chen Song-Cen. Social distribution and development of greeting expressions in China ［J］. International Journal of the Sociology of Language，1991（2）：55-60.

［77］Choi H. J. Los términos de parentesco como marcador conversacional en el lenguaje juvenil de Buenos Aires，Madrid y Santiago de Chile ［J］. Journal of the Institute of Iberoamerican Studies，2013，15 （2）：107-130.

［78］Chomsk Y. N. El lenguaje y los problemas del conocimiento ［M］. Madrid：Visor，1988.

［79］Christie C. Gender and Language ［M］. Edinburgh：Edinburgh University Press，Ltd. ，2000.

［80］Carmen Bravo Sueskun. Guía para un uso del lenguaje no sexista en las relaciones laborales y en el ámbito sindical. Guía para delegadas y delegados ［M］. Madrid：Secretaría confederal de la mujer de CCOO y Ministerio de Igualdad，2010.

［81］Commeleran Gómez F. A. Gramática comparada de las lenguas castellana y latina ［M］. Madrid：Agustín Jubera，1897.

［82］Congosto Martiín Y. Notas de morfologiía dialectal en los manuales del espannñol como segunda lengua：Los pronombres de segunda persona ［M］. Sevilla：Universidad de Sevilla，2005.

［83］Coseriu E. El hombre y su lenguaje. Estudios de teoría y metodología lingüística ［M］. Madrid：Gredos，1977.

［84］Coseriu E. Introducción a la lingüística ［M］. Madrid：Gredos，1986.

［85］Cortés Rodríguez L. Sobre conectores，expletivos y muletillas en el español hablado ［M］. Málaga：ágora，1991.

［86］Courtés J. Análisis semiótico del discurso：del enunciado a la enunciación ［M］. Madrid：Gredos，1997.

［87］Crawford M. Talking difference：On gender and language ［M］. London：Sage，1995.

［88］Crowley T. An introduction to historical linguistics ［M］. Oxford：Oxford University Press，1997.

［89］戴庆厦. 社会语言学概论 ［M］. 北京：商务印书馆，2012.

［90］Deely J. Basics of semiotics ［M］. Beijing：China Renmin University Press Company，2012.

［91］Díaz Rojo J. A. Sexismo léxico：enfoque etnolingüístico ［J］. Español Actual：Revista de español vivo，2000 （73）：39-56.

［92］Díaz Saldaña A. Gramática castellana y latina ［M］. Almería：Imprenta de Cordero Hermanos，1884.

［93］丁安仪. 当代中国社会关系称谓 ［J］. 河南师范大学学报（哲学社会科学版），2001 （6）：72-75.

［94］ Dueñas J. A. Tratado de gramática castellana ［M］. Habana： Librería Militar, 1864.

［95］ Edeso Nataías V. Usos discursivos del vocativo en español ［J］. Español actual, 2005 (84)： 123-142.

［96］ Edeso Nataías V. Contribución al estudio de la interjección en español ［M］. Bern, Peter Lang AG： International Academic Publishers, 2009.

［97］ Edeso Nataías V. El vocativo en español. Definición, características y combinatoria ［M］. Almería： Editorial Círculo Rojo, 2012.

［98］ Edeso Nataías V. Elementos que pueden funcionar como vocativo en español ［M］. Almería： Editorial Círculo Rojo, 2012.

［99］ Fareed H. A. , Musaab A. R. A. A critique of politeness theories ［J］. Theory and Practice in Language Studies, 2016, 6 (8)： 1537-1545.

［100］ Ekka F. Men's and women's speech in Kurux ［J］. Linguistic, 1972 (81)： 25-31.

［101］ Escandell Vidal M. V. Aportación de la pragmática ［M］. Madrid： SGEL, 2004.

［102］ Escandell Vidal M. V. Introducción a la pragmática ［M］. Barcelona： Ariel, 2006.

［103］ Escarpanter J. Introducción a la moderna Gramática española ［M］. Madrid： Playor, 1979.

［104］ Faure Sabater R. Diccionario de nombres propios ［M］. Madrid： Espasa, 2002.

［105］ Fernández García F. Implicaciones pragmáticas en la referencia personal mediante nombre propio. Un estudio sobre la comunicación político-electoral ［J］. Oralia, 2000 (3)： 75-94.

［106］ Fernández Loya C. La traducción y el análisis contrastivo de los marcadores del discurso： los casos de infatti y en efecto ［EB/OL］//https：//cvc. cervantes. es/literutura/aispi/pdf/20/ Ⅱ _08. pdf.

［107］ Fernández M. C. Sexismo lingüístico： Análisis y propuestas ante la discriminación sexual en el lenguaje ［EB/OL］. https：//www. semanticscholar. org.

［108］ Fernández Martínez P. Lengua y comunicación： Norma frente a uso ［M］. Madrid： Editorial Universitas, 2003.

［109］ Fernández Poncela A. M. Sexismo léxico-semántico y tensiones psíquicas¿ Por qué Dios creó a la mujer bella y tonta? ［J］. Educar, 2012 (15)： 175-196.

［110］Fernández Ramírez S. El vocativo ［M］. Madrid：Arco Libros，1986b：495-497.

［111］Fishman J. Language in Sociocultural Change ［M］. Stanford：Stanford University Press，1972.

［112］Fontanella de Weinberg M. B. Sistemas pronominales de tratamiento usados en el mundo hispánico ［C］//Bosque I. ，Demonte，Gramática descriptica de la lengua española. Madrid：Espasa，1999.

［113］Fuentes Rodríguez C. Enlaces extraoracionales ［M］. Sevilla：Alfar,1987.

［114］Fuentes Rodríguez C. Lingüística pragmática y análisis del discurso ［M］. Madrid：Arco Libros，S. L. ，2000.

［115］Fuentes Rodríguez C. Sintaxis del enunciado：los complementos periféricos ［M］. Madrid：Arco Libros，S. L. ，2007.

［116］Fuentes Rodríguez C. Diccionario de conectores y operadores del español ［M］. Madrid：Arco Libros，2009.

［117］Fuentes Rodríguez C. La gramática de la cortesía en español/Le ［M］. Madrid：Arco Libros，S. L. ，2010.

［118］García C. Cómo es la sociedad，la familia y el género en China-Las mujeres en la China imperial ［EB/OL］. http：//ssociologos. com/2014/04/15/como-es-la-sociedad-la-familia-y-el-genero-en-china-i/.

［119］García Aguiar L. C. Los sistemas de tratamiento en la enseñanza de E/LE ［EB/OL］. https：www. educacionyfp. gob. es. Congreso Internacional：la enseñanza del español en tiempo de crisis，2009.

［120］García Dini E. Algo más sobre el vocativo ［EB/OL］. http：//cvc. cervantes. es/literatura/aispi/pdf/10/10_055. pdf.

［121］García Gallarín C. Los gentilicios recategorizados en apellidos. Contribución al estudio de la influencia norteña en el Madrid de 1600 a 1630 ［J］. RION，Ⅶ，2001（2）：443-458.

［122］García Meseguer Á. Lenguaje y discriminación sexual ［M］. Barcelona：Montesinos，1988.

［123］García Meseguer Á. Sexo，género y sexismo en español ［C］//Actas de las Ⅷ Jornadas Interdisciplinarias：Los estudios sobre la mujer：De la investigación a la docencia. Madrid：Universidad Autónoma，1991.

［124］García Meseguer Á. ¿Es sexista la lengua española? Una investigación sobre el género gramatical ［M］. Barcelona：Ediciones Paidós Ibérica，S. A. ，1996.

［125］García Meseguer Á. El español, una lengua no sexista ［C］//Fernández de la Torre M. D., Madueño A. M. Medina Guerra y Taillefer de Haya, L. （eds.）. El sexismo en el lenguaje. Málaga: CEDMA, 1999.

［126］García Meseguer Á. El español, una lengua no sexista ［EB/OL］. http://elies. rediris. es/elies16/Garcia. html.

［127］García Meseguer Á. El sexismo del oyente ［N］. El País （opinión blogs）, 2006−12−14.

［128］García Mouton P. Cómo hablan las mujeres ［M］. Madrid: Arco Libros, S. L., 1999.

［129］García Mouton P. Género como traducción de gender. ¿Anglicismo incómodo? ［C］//Vigara Tauste, Ana Mª, Jiménez Catalán R. M. （eds.）. "Género", sexo, discurso. Madrid: Ediciones del Laberinto, S. L., 2002.

［130］葛本仪. 现代汉语词汇学（修订本）［M］.济南：山东人民出版社，2004.

［131］Gerhard Schaden. Vocatives: A note on addressee management ［J］. Penn Linguistics Colloquium, 2010, 16 （1）: 176−185.

［132］Gili Gaya S. Curso superior de sintaxis española ［M］. Barcelona: Biblograf, 1961.

［133］Gili Gaya S. Curso superior de sintaxis española ［M］. Madrid: Biblograf, 1970.

［134］Gisbert Y. Hoël L. Teoría y análisis de la oración gramatical ［M］. Madrid: Librería de Hernando y Compañía, 1900.

［135］Giulia Colaizzi. Feminismo y teoría del discurso ［M］. Madrid: Ediciones Cátedra, S. A., 1990.

［136］Gladwell M. Fuera de la serie ［M］. Madrid: Santillana, 2014.

［137］Goddard A., Patterson L. M. Lenguaje y género ［EB/OL］. https://www. semanticscholar. org. y Literarios UACh, 2005.

［138］González Lomas C. Mujer y educación ［M］. Barcelona: Graó, 2003.

［139］Gray J. Los hombres son de Marte, las mujeres de Venus ［M］. Barcelona: Grijalbo, 2002.

［140］Grice H. P. Logic and conversation ［J］. Academic, 1975 （3）: 41−58.

［141］Grijelmo A. Defensa apasionada del idioma español ［M］. Madrid: Santillana Ediciones Generales, S. L., 2004.

［142］谷丽娟. 甲骨文女部字与女性角色变迁探析 ［J］. 榆林学院学报，

2012, 22（1）：74-78.

［143］Gu Y. G. Politeness phenomena in modern Chinese ［J］. Journal of Pragmatics, 1990, 14（2）：237-257.

［144］顾曰国. 礼貌、语用与文化 ［J］. 外语教学与研究, 1992（4）：10-17.

［145］郭锐. 现代汉语词类研究 ［M］. 上海：商务印书馆, 2002.

［146］Halliday M. A. K., Mclntosh A., Strevens P. The linguistic sciences and language teaching ［M］. London：Longmans, 1964.

［147］Halliday M. A. K. Learning how to mean ［M］. London：Edward Arnold, 1975.

［148］Halim M. L., Ruble D. Gender identity and stereotyping in early and middle childhood ［J］. Handbook of Gender Research in Psychology, 2010（15）：495-525.

［149］Haas M. R. Men's and women's speech in Koasati ［J］. Language, 1944（20）：142-149.

［150］Haverkate H. Una conversación entre Calixto, Pármeno y Sempronio ［J］. Exploraciones semánticas y pragmáticas del espanñol, Revista Hispánica de Los Países Bajos, 1991（2）：109-119.

［151］Haverkate H. La cortesía verbal. Estudio pragmalingüístico ［M］. Madrid：Gredos, 1994.

［152］Haverkate H. El análisis de la cortesía comunicativa：categorización pragmalingüística de la cultura española ［J］. Bravo, 2004：55-66.

［153］He X. J. Las formas de tratamientos en español y la cortesía verbal ［M］. Beijing：Tourism Education Press, 2010.

［154］赫钟祥. 日语中的性别歧视 ［J］. 日语知识, 2004（4）：34.

［155］Hernández Alonso C. Sintaxis española ［M］. Valladolid：El Heraldo, 1971.

［156］Hernández-Flores N. La cortesía como la búsqueda del equilibrio de la imagen social ［C］//Diana Bravo, Antonio Briz. Pragmática sociocultural：Estudios sobre el discurso de cortesía en español. Barcelona：Editorial Ariel, S. A., 2004.

［157］Hintz R. F. A search for identity（Worlds of Change：Latin American and Iberian Literature）［M］. New York：Peter Lang, 1995.

［158］Ho D. Yau-fai. On the concept of face ［J］. American Journal of Sociology, 1975, 81（4）：867-884.

［159］Hofstede Geert H. Culturas y organizaciones. El software mental. La cooperación internacional y su importancia para la supervivencia [M]. Madrid: Alianza Editorial, S. A., 1999.

[160] Hofstede Geert H. Culture's consequences: Comparing values, behaviors, institutions, and organizations across nations [M]. Califonia: Sage Publications, Inc., 2001.

[161] Holmes J. Immigrant women and language maintenance in Australia and New Zealand [J]. International Journal of Applied Linguistics, 1993 (3): 159-179.

[162] Hong B. Politeness in Chinese: Impersonal pronouns and personal greeting [J]. Anthropological Linguistics, 1985, 27 (2): 204-213.

[163] Hornby A. S. Oxford advanced learner's English y Chinese dictionary [M]. Beijing: The Commercial Press, 2004.

[164] 胡晓琳. 西汉语言中性别歧视的比较研究 [D]. 广州: 广东外语外贸大学, 2013.

[165] 胡裕树. 现代汉语 (新版) [M]. 上海: 上海教育出版社, 1995.

[166] Huang T. L. La traducción del sentido cultural implícito: análisis de las diferencias entre la cultura occidental y la china [EB/OL]. http://www.aieti.eu.

[167] 黄伯荣, 廖序东. 现代汉语 [M]. 北京: 高等教育出版社, 2002.

[168] 黄兴涛. "她" 字的文化史: 女性新代词的发明与认同研究 (增订版) [M]. 北京: 北京师范大学出版社, 2015.

[169] Huang Y. T. Las dimensiones culturales aplicadas a la enseñanza/aprendizaje de ELE: un análisis de caso entre la cultura española y la cultura china [EB/OL]. http://marloele.com.

[170] Hudson R. A. Sociolinguistics [M]. Beijing: Cambridge University Press/Foreign Language Teaching and Research Press, 2000.

[171] Humme N. M., Kluge B., Vázquez Laslop Ma E. Formas y fórmulas de tratamiento en el mundo hispánico [M]. México: El Colegio de México, A. C., 2010.

[172] Izquierdo Maʲ J. Las, los, les (lis, lus). El sistema sexo/género y la mujer como sujeto de transformación social [M]. Barcelona: La Sal, 1983.

[173] Jakobson R. Los Essais de linguistique générale. Eltomo I: Les fondations du langage [M]. París: Les éditions de Minuit, 1963.

[174] Jakobson R. Lingüística y poética [M]. Barcelona: Editorial Cátedra, 1988.

[175] Jørgensen A. M. Uso de expresiones vocativas de saludo y despedida en el lenguaje juvenil de Madrid y de Oslo [EB/OL]. http://cvc.cervantes.es/literatura/

aispi/pdf/10/10_055. pdf.

［176］Jerome Packard L. The morphology of Chinese: A linguistic and cognitive approach ［M］. Cambridge: Cambridge University Press, 2000.

［177］Wood J. T. Interpersonal Communication: Everyday Encounter ［M］. Boston: Ringgold, Inc. , 2012.

［178］Jiménez Lucena I. ¿Qué es esa cosa llamada lo femenino? ［J］. Paradigma: revista universitaria de cultura, 2008 (5): 7-8.

［179］Juliano D. La construcción social de las jerarquías de género ［J］. Asparkia, 2008 (15): 19-27.

［180］Kerbrat-Orecchioni C. La enunciación de la subjetividad en el lenguaje ［M］. Buenos Aires: Hachette, 1986.

［181］Kerbrat-Orecchioni C. ¿Es universal la cortesía? ［EB/OL］. https: //dialnet. unirioja. es.

［182］Klerk V. De, Bosch V. Nicknames as evidence of verbal playfulness ［J］. Multilingua, 1999, 18 (1): 1-16.

［183］Lavandera B. R. The social pragmatics of politeness forms ［C］ //Ammon U. , Dittmar N. , Matteier K. Sociolinguistics – soziolinguistik. An international handbook of the science of language and society. Berlin: de Gruyter, 1988.

［184］Labov W. The social stratification of English in New York City ［M］. Cambridge: Cambridge University Press, 2006.

［185］Labov W. The intersection of sex and social class in the course of linguistic change ［J］. Language Variation and Change, 1990, 2 (2): 205-254.

［186］Lakoff R. T. The logic of politeness; or, minding your P's and Q's ［C］ //Papers from the ninth regional meeting. Chicago: Chicago Linguistic Society, 1973.

［187］Lakoff R. T. Language and women's place ［M］. New York: Harper and Row, 1975.

［188］Lakoff R. T. Stylistic strategies within a gramar of style ［J］. Annals of the New York Academy of Sciences, 1979: 53-80.

［189］Lakoff R. T. El lenguaje y el lugar de la mujer ［M］. Barcelona: Hacer, 1981.

［190］Lamas M. Diferencias de sexo, género y diferencia sexual ［EB/OL］. http: //www. redalyc. org/pdf/351/35101807. pdf.

［191］Lamíquiz V. Valores de entonces en el enunciado discursivo ［J］. Actas del

Ⅲ Congreso Internacional del Español de América，Ⅱ，Valladolid，Junta de Castilla y León，1991（15）：759-764.

［192］Lapesa R. Historia de la lengua española［M］. Buenos Aires：Escelicer，1959.

［193］Lapesa R. Los casos latinos：Restos sintácticos y sustitutos léxicos en español［J］. Boletín de la Real Academia Española，1964.

［194］Laqueur T. La construcción del sexo：Cuerpo y género desde los griegos hasta Freud［M］. Madrid：Ediciones Cátedra，S. A.，1994.

［195］Laufer L.，Rochefort F. ¿Qué es el género?［M］. Barcelona：Icaria editorial，S. A.，2016.

［196］Leech G. Principios de pragmática［M］. Logroño：Universidad de la Rioja，Servicio de Publicaciones，1998.

［197］Leech G. The distribution and functions of vocatives in American and British English conversation［C］//Hasselgárdd H.，Oksefjell S. Out of corpora. Amsterdam：Rodopi，1999.

［198］Lee W.，Song M. Politeness and face in Chinese culture［EB/OL］. https：//www. semanticscholar. org. Lang，2000.

［199］Levinson S. C. Pragmatics［M］. Cambridge：Cambridge University Press，1983.

［200］Li C. N.，Thompson S. A. Mandarin Chinese［M］. Taibei：Wenhe Press，1999.

［201］李明洁. 现代汉语称谓系统的分类标准与功能分析［J］. 华东师范大学学报（哲学社会科学版），1997（5）：92-96.

［202］李筱琳，石爱忠. 对 Gender 译为"社会性别"的几点质疑［J］. 中华女子学院学报，2007，19（5）：20-25.

［203］林祥楣. 汉语知识讲话［M］. 上海：上海教育出版社，1991.

［204］刘艳，李军，公静. 中西称谓语之比较［J］. 农业与技术，2008（2）：190-192.

［205］Lomas C. ¿Iguales o diferentes? género，diferencia sexual，lenguaje y educación［M］. Barcelona，Ediciones Paidós Ibérica，S. A.，1999.

［206］López，A.，Encabo，E. El lenguaje del centro educativo，elemento impulsador de la igualdad de oportunidades entre géneros：la formación permanente de la comunidad educativa［J］. Contextos Educativos，1999（2）：181-192.

［207］Lorenzo A.，Ortega G. Sobre algunas formas de tratamiento nominal en el español de Canarias ［J］. Fortvnatae，2014 （25）：261-273.

［208］ Lozano Domingo I. Lenguaje femenino，lenguaje masculino. ¿ Condiciona nuestro sexo la forma de hablar? ［M］. Madrid：Minerva Ediciones，2005.

［209］ 吕叔湘. 汉语语法分析问题 ［M］. 北京：商务印书馆，1979.

［210］ 吕叔湘. 现代汉语 800 词 ［M］. 北京：商务印书馆，1984.

［211］ Lyons J. Semántica ［M］. Barcelona：Teide，1980.

［212］ Maltz D. ，Ruth B. Los problemas comunicativos entre hombres y mujeres desde una perspectiva cultural ［J］. Signo，teoría y práctica de la Educación，1995 （16）：18-31.

［213］ Mao L. Beyond politeness theory：" Face" revisited and renewed ［J］. Journal of Pragmatics，1994，21 （5）：451-468.

［214］ Mao L. M. R. Beyond politeness theory：" Face" revisited and renewed ［J］. Journal of Pragmatics，1994 （21）：451-486.

［215］ Mao Jin L. I. Diccionario moderno español y chino chino-español ［M］. Beijing：Foreign Language Education Press，2001.

［216］ Martí M. Los marcadores en español L/E：Conectores discursivos y operadores pragmáticos ［M］. Madrid：Arco Libros，S. L. ，2008

［217］ Martín Conejo S. Lenguaje y género：Aproximaciones desde un marco teórico ［D］. Sevilla：Universidad de Sevilla，2015.

［218］ Martín C. L. ，Wood C. H. ，Little J. K. The development of gender stereotype components ［J］. Child Development，1990，61 （6）：1891-1904.

［219］ Martín Valbuena A. El vocativo en el " VOCABULARIO de refranes y frases proverbiales" de gonzalo correas ［D］. Barcelona：Universitat Autònoma de Barcelona，2009.

［220］ Martínez Robles D. La lengua China：Historia，signo y contexto. Una aproximación sociocultural ［EB/OL］. https：//www. torrossa. com/en/resources/an/25 17968.

［221］ Martín Zorraquino Mª. Oralidad y escritura en el discurso femenino （con especial referencia al ámbito hispánico） ［C］ //Garrido Medina J. La lengua y los medios de comunicación. Madrid：Universidad Complutense，1999.

［222］ Mary T. Language and Gender ［M］. Cambridge：Polity Press，2010.

［223］ Mas Álvarez I. Formas de tratamiento y enseñanza del español como lengua extranjera ［EB/OL］. http：//www. mecd. gob. es/dctm/redele/Material-RedEle/Revista/2014_26/2014_redELE_26_06Inmaculada%20Mas%20Álvarez. pdf? documentId＝0901e72b81946da7.

［224］ Mazzoleni M. Il vocativo ［M］. Bologna：Mulino，1995.

［225］ Mclaughlin B.，White D.，Mcdevitt T.，Raskin R. Mothers' and fa-thers' speech to their young children：Similar or different? ［J］. Journal of Child Lan-guage，1983（10）：245-252.

［226］ Medina López J. Estudio sociolingüístico del tratamiento. El uso de tú-usted en una comunidad rural（Buenavista del Norte）［D］. Beijing：Universidad de La Lengua，1992.

［227］ Medina Morales F. Las formas nominales de tratamiento en el Siglo de Oro. Aproximación sociolingüística ［EB/OL］. https：//cvc. cervantes. es/liferatura/ai-so/pdf/06/aiso_6_2_033. pdf.

［228］ 苗兴伟. 从标记理论看英语中的性别歧视 ［J］. 四川外语学院学报，1995（3）：51-55.

［229］ Mill J. S. La esclavitud femenina ［M］. Madrid：Artemisa，2008.

［230］ Milroy J. Language variation and change ［M］. Oxford：Blackwell，1992.

［231］ Moliner M. Diccionario de uso del español ［M］. Madrid：Gredos，2016.

［232］ Money J. Hermaphroditism，gender and precocity in hyperadrenocorticism ［J］. Buletin of Johns Hopkins Hospital，1955（96）：253-264.

［233］ Moralejo Álvarez J. L. Sobre los casos latinos ［J］. Revista Española de Lingüística，1986，16（2）：293-323.

［234］ Morales López E. Funciones comunicativas ［EB/OL］. http：//www. ub. edu/diccionarilinguistica/print/6822.

［235］ Moreno Fernández F. Metodología sociolingüística ［M］. Madrid：Gredos，1990.

［236］ Moreno Fernández F. Metodología del "Proyecto para el Estudio So-ciolingüístico del Español de España y de América"（PRESEEA）［EB/OL］. http：//preseea. linguas. net/Portals/0/Metodologia/METODOLOGíA%20PRESEEA. pdf.

［237］ Morgan L. H. Systems of consanguinity and affinity of the human family ［M］. Washington：Smithsonian Institution，1871.

［238］ Muñoz Valle I. La sustitución del sistema casual por el sistema de las pre-posiciones（estudio estructural）［J］. Archivum，1969（19）：293-300.

［239］ Navarro Romero B. Adquisición de la primera y segunda lengua en aprendi-entes en edad infantil y adulta ［J］. Revista Semestral de Iniciación a la Investigación en Filología，2010（2）：115-128.

[240] Noah Harari Y. Sapiens. De animal a dioses. Una breve historia de la humanidad [M]. Barcelona：Cayfosa，2016.

　　[241] Noboa A. M. Nueva Gramática de la lengua castellana según los principios de la filosofía gramatical [M]. Madrid：Imprenta de D. Eusebio Aguado，1839.

　　[242] Olmo Flecha I. La conversación telefónica：Conversación masculina y femenina [D]. León：Universidad de León，2005.

　　[243] Orío, Rubio M. Comprendio De la Gramática de la lengua castellana [M]. Logroño：Menchaca，1869.

　　[244] O' grady W. How children learn language [M]. Cambridge：Cambridge University Press，2005.

　　[245] Padilla M. de Las M. El registro conversacional en la tertulia radiofónica y lenguaje. Trabajo de investigación para el D. E. A. （no publicado）[D]. Madrid：Universidad Complutense de Madrid，2005.

　　[246] Padilla Foster Mᵃ M. La comunicación intercultural：pragmática de la petición en español y en chino mandarín [D]. Madrid：Universidad Complutense de Madrid，2016.

　　[247] 潘世松. 从上下结构"父"、"子"、"女"、"母"部字看汉字的性别歧视现象——以《汉语大字典（缩印本）》为例 [J]. 江汉大学学报（人文科学版），2011，30（5）：31-34.

　　[248] Pan Y. L. Politeness in Chinese face-to-face interaction [M]. Stamford：Ablex Publishing Corporation，2000.

　　[249] Paredes F. ¿Es factible un cuestionario estándar para el estudio del tratamiento? La experiencia del proyecto PRESEEA en Madrid y Alcalá de Henares [C] //Hummel M. , Betina Kluge, Vázquez Laslop M. E. . Fórmulas y formas de tratamiento en el mundo hispánico. México：El Colegio de México，2010.

　　[250] Pedroviejo J. M. Un estudio sociolingüístico. Sistemas de tratamiento de la juventud de Valladolid [EB/OL]. http：//www. um. es/tonosdigital/znum11/estudios/20-tratamiento. htm.

　　[251] Pérez Rioja J. A. Gramática de la lengua española [M]. Madrid：Gredos，1978.

　　[252] Pinker S. 语言本能 [M]. 欧阳明亮，译. 杭州：浙江人民出版社，2015.

　　[253] Piñeiro M. T. Estereotipos femeninos en la publicidad：la utilización del sexolecto como atributo caracterizador [J]. Cuadernos Kóre，2010（10）：156-178.

［254］Pons Rodríguez L. Una lengua muy larga ［M］. Barcelona: Arpa y Alfil Editores, S. L. , 2016.

［255］Portolés L. , Martín Zorraquino Mª A. Los marcadores del discurso ［C］//Bosque I. , Demonte V. Gramática descriptiva de la lengua española. Madrid: Espasa, 1999.

［256］Prat Sabater M. , Sierra Infante S. Los neologismos en la sociedad de la información: análisis de su presencia y ausencia en las fuentes lexicográficas escolares ［J］. Tesi, 2011, 12 (3): 141-164.

［257］Ramírez Bellerín L. Del carácter al contexto: teoría y práctica de la traducción del chino moderno ［D］. Barcelona: Universitat Autonoma de Barcelona, 1999.

［258］Real Academia Española. Esbozo de una nueva gramática de la lengua española. Real Academia Española ［M］. Madrid: Espasa Calpe, 1975.

［259］Real Academia Española. Esbozo de la nueva gramática de la Lengua española ［M］. Madrid: Editorial Espasa Calpe, 1991.

［260］Real Academia Española. Ortografía de la lengua española ［M］. Madrid: Espasa Calpe, 1999.

［261］Real Academia Española. Informe de la Real Academia Española sobre la expresión violencia de género ［J］. Journal of Medicine, Language and Translation, 2004 (5): 100-101.

［262］Real Academia Española. Nueva gramática de la lengua española ［M］. Madrid: Espasa Calpe, 2009.

［263］Real Academia Española. Diccionario de la lengua española. Edición del Tricentenario ［M］. Madrid: Versión de consulta electrónica, 2015.

［264］Real Academia Española y Asociación de Academias de La Lengua Española. El buen uso del español ［M］. Barcelona: Espasa Libros, S. L. U. , 2013.

［265］Richard J. , Gerrig P. , Zimbardo G. Psychology and life ［M］. Beijing: Posts & Telecom Press, 2016.

［266］Rigatuso Elizabeth Mª. Dinámica de los tratamientos en la interacción verbal: preparación y apertura conversacionales ［J］. Anuario de Lingüística Hispánica, Ⅲ, Universidad de Valladolid, 1987 (3): 161-183.

［267］Robinson W. P. Lenguaje y conducta social ［M］. México: Editorial Trillas, S. A. , 1978.

［268］Roldán Y. , Soto-Barba J. El V. O. T. de/p-t-k/y/b-d-g/en el español de Valdivia: un análisis acústico [J]. Estudios Filológicos, 1997 (32): 27-33.

[269] Romaine S. El lenguaje en la sociedad. Una introducción a la sociolingüística [M]. Barcelona: Talleres Gráficos Hurope, S. L. , 1996.

[270] Rona J. P. Geografía y morfología del voseo [M]. Porto Alegre: Pontificia Universidad Católica do Rio Grande do Sul, 1967.

[271] Ronald Adler B. , Proctor Russell F. Looking out looking in [M]. Towne: Adler, 2010.

[272] Sánchez de Las Brozas F. Minerva sive de causis linguae latinae [M]. Salamanca: Renaut, 1587.

[273] San Pedro B. Arte del romance castellano [M]. Valencia: Benito Monfort, 1769.

[274] Santamarina S. Mujer oriental: herencias del confucianismo [EB/OL]. http: //www. academia. edu/25208975/Mujer_ Oriental_ herencias_ del_ confucianismo.

[275] Sapir E. Male and female forms of speech in Yana. Reimpreso en Selected Writings of E. Sapir [M]. Berkeley: Mandelbaum, 1929.

[276] Sapir E. Culture, Languaje and Personality [M]. Califonia: The Regents of the University of Califonia, 1949.

[277] Saussure F. Curso de lingüística general [M]. Buenos Aires: Losada, 1979.

[278] Schegloff E. A. Sequence organization in interaction [M]. Cambridge: Cambridge University Press, 2007.

[279] Scotton C. M. , Zhu W. Tong zhi in China: Language change and its conversational consequences [J]. Language in Society, 1983 (12): 477-494.

[280] Scotton C. M. , Zhu W. The multiple meanings of shi fu, a language change progress [J]. Anthropological Linguistics, 1984 (26): 325-344.

[281] Searle J. R. Speech acts: An essay in the philosophy of language [M]. Cambridge: Cambridge University Press, 1969.

[282] Seco Reymundo M. , Olimpia A. , Gabino Ramos. Manual de gramática española [M]. Madrid: Aguilar, 1968.

[283] Seco Reymundo M. , Andrés O. , Ramos G. Diccionario del español actual [M]. Madrid: Aguilar, 2011.

[284] Serbat G. Grammaire fondamentale du latin IV: I'emploi des cas en latin [J]. Lovaina-París: Peters, 1996 (15): 29-84+87-111.

[285] Shannon C. , Weaver W. The mathematical thery of comunication [M].

Chicago：The University of Illinois Press，1964.

［286］沈家煊. 不对称和标记论［M］. 南昌：江西教育出版社，1999.

［287］史耕山，张尚莲. 国内语言性别差异研究概述［J］. 外语教学，2006，27（3）：24-27.

［288］施玉惠. 从社会语言学观点探讨中文男女两性语言的差异［J］. 教学与研究，1984（6）：207-228.

［289］宋海燕. 性别原型及其在两性言语交际能力中的反映［J］. 外国语，1998（2）：59-64.

［290］Song Y. Contraste de las formas pronominales de tratamiento en español y chino［M］. Beijing：Tourism Education Press，2015.

［291］Sterling A. F. Sexing the Body［M］. New York：Basic Books，Perseus Books Group，2000.

［292］Stoller R. Sex and gender［M］. New York：Science House，1968.

［293］苏杰. 汉字中的性别歧视［J］. 语文学刊，1999（4）：38-41.

［294］Suardiaz D. E. El sexismo en la lengua española［M］. Zaragoza：Pórtico，2002.

［295］孙汝建. 汉语的性别歧视与性别差异［M］. 武汉：华中科技大学出版社，2010.

［296］Sun Y. Zh. Nuevo diccionario chino y español［M］. Beijing：The Commercial Press，2008.

［297］孙维张. 汉语社会语言学［M］. 贵州：贵州人民出版社，1991.

［298］Tannen D. Ethnic style in male-femal conversations［C］//J. J. Gumperz. Language and social identify. Cambridge：Cambridge University Press，1982.

［299］Tannen D. ¡Yo no quise decir esto!［M］. Barcelona：Páidos，1986.

［300］Tannen D. You just don't understand：Women and men in conversation［M］. Nueva York：William Morrow，1990.

［301］田惠刚. 中西人际称谓系统［M］. 北京：外语教育出版社，1998.

［302］Torre A. T. Diccionario de gentilicios toponímicos españoles［M］. Madrid：Editorial Visión Net，2005.

［303］Tsai-W H. Aspectos discursivos en la traducción de la corresopondencia comercial chino-español：movimientos retóricos y estrategias de cortesía［D］. Barcelona：Universidad Autònoma de Barcelona，2010.

［304］Tusón Valls A. Analisis de la conversación［M］. Barcelona：Ariel，1995.

［305］Tusón Valls A. Diferencia sexual y diversidad lingüística［C］//Carlos

Lomas. ¿Iguales o diferentes? Género, diferencia sexual, lenguaje y educación. Barcelona：Ediciones Paidós Ibérica, S. A., 1999.

［306］Vigara Tauste A. M., Jiménez Catalán R. M. "Género", sexo, discurso ［M］. Madrid：Ediciones del Laberinto, S. L., 2002.

［307］Vigara Tauste A. M. Aspectos del español hablado：Aportaciones al estudio del español coloquial：problemas básicos del español ［M］. Madrid：Sociedad General Española de Librería, 1990.

［308］Vigara Tauste A. M. De igualdad y diferencia：Diez estudios de género ［M］. Madrid：Huerga y Fierro editores, S. L. U., 2009.

［309］Wang L. La fonética y la fonología de la lengua China ［M］. Shanghai：Zhong Hua Book Company, 1955.

［310］王力. 王力论学新著 ［M］. 南宁：广西人民出版社, 1983.

［311］Wardhaugh R. An introduction to sociolinguistics ［M］. Shanghai：Fudan University Press, 2009.

［312］Wolfson N., Marmor T., Jones S. Problems in the comparison of speech acts across cultures ［C］//Blum-Kulka, House Y. Kasper, Cross-cultural Pragmatics：Requests and apologies. New Jersey：Ablex, 1989.

［313］吴洁敏. 汉英语法手册 ［M］. 北京：知识出版社, 1981.

［314］Wu J. R., Cheng Zh Q. New age Chinese y English dictionary ［M］. Beijing：The Commercial Press, 2007.

［315］夏茜. 男女闲谈中性别差异语言现象考察 ［J］. 牡丹江大学学报, 2011, 20 (8)：44-45.

［316］邢福义. 说"您们" ［J］. 方言, 1996 (2)：100-106.

［317］徐大明, 陶红印, 谢天蔚. 当代社会语言学 ［M］. 北京：中国社会科学出版社, 2004.

［318］Yang Y. L. A study of sociolinguistic Lssues ［M］. Shanghai：Shanghai Foreign Language Education Press, 2004.

［319］杨永林. 社会语言学研究：功能·称谓·性别篇 ［M］. 上海：上海外语教育出版社, 2004.

［320］Ye L. Complementing in mandarin Chinese ［M］. Honolulu：University of Hawai'i Press, 1995.

［321］Yu N. The Chinese heart in a cognitive perspective：Culture, body, and language ［M］. Berlin：Mouton de Gruyter, 2009.

［322］Zhang C. H. M., Pan M. The new Oxford English y Chinese dictionary

［M］. Shanghai：Shanghai Foreign Language Education Press，2007.

［323］Zhang L. P. Las formas de tratamiento y su diferencia sexual en el idioma chino ［D］. Beijing：Min Zu University of China，2007.

［324］Zhang W. Y. A morphological study of "word" and "zi" （character） in English and Chinese from a Constrastive Perspective ［EB/OL］. https：//www. semanticscholar. org.

［325］Zhang X. L. La feminidad y los rasgos sexuales en la lengua china ［J］. Journal of Southwest University for Nationalities：Humanities & Social Sciences，2003，24（8）：326-328.

［326］赵士钰. 汉语、西班牙语双语比较 ［M］. 北京：外语教学与研究出版社，1999.

［327］Zhao X. W. Motivos de la ausencia de propuestas para un lenguaje no sexista en chino ［J］. Círculo de Lingüística Aplicada a la Comunicación，2014（60）：144-162.

［328］赵毅衡. 符号学 ［M］. 南京：南京大学出版社，2012.

［329］赵蓉晖. 语言与性别研究综述 ［J］. 外语研究，1999（3）：25-29.

［330］赵蓉晖. 语言与性别：口语的社会语言学研究 ［M］. 上海：上海外语教育出版社，2003.

［331］郑尔宁. 近二十年来现代汉语称谓语研究综述 ［J］. 语文学刊，2005（2）：120-122.

［332］Zhou M. K. Estudio comparativo del chino y el español：aspectos lingüísticos y culturales ［D］. Barcelona：Universidad Autónoma de Barcelona，1995.

［333］祝克懿. 口语称谓语的缺环现象考察 ［J］. 修辞学习，2004（1）：27-30.

［334］Zwebner Y. , Sellier A. L. , Rosenfeld N. , Goldenberg J. , Mayo R. We look like our names：The manifestation of name stereotypes in facial appearance ［J］. Journal of Personality and Social Psychology，2017，112（4）：527-554.